明治大学付属中野高等学校

〈収録内容〉

2024 年度 ……………………………… 一般（数・英・国）

2023 年度 ……………………………… 一般（数・英・国）

※国語の大問1は、問題に使用された作品の著作権者が二次使用の許可を出していないため、問題を掲載しておりません。

2022 年度 ……………………………… 一般（数・英・国）

2021 年度 ……………………………… 一般（数・英・国）

2020 年度 ……………………………… 一般（数・英・国）

2019 年度 ……………………………… 一般（数・英・国）

平成 30 年度 ……………………………… 一般（数・英・国）

平成 29 年度 ……………………………… 一般（数・英・国）

DL 平成 28 年度 ……………………………… 一般（数・英）

DL 平成 27 年度 ……………………………… 一般（数

便利な DL コンテンツは右の QR コードから

解答用紙　過去年度　⇒

※データのダウンロードは 2025 年 3 月末日まで。
※データへのアクセスには、右記のパスワードの入力が必要となります。 ⇒ 193870

〈合格最低点〉

2024年度	185点	2019年度	181点
2023年度	201点	2018年度	184点
2022年度	184点	2017年度	164点
2021年度	152点	2016年度	158点
2020年度	192点	2015年度	167点

本書の特長

実戦力がつく入試過去問題集

▶ 問題 …………… 実際の入試問題を見やすく再編集。
▶ 解答用紙 …… 実戦対応仕様で収録。
▶ 解答解説 …… 詳しくわかりやすい解説には、難易度の目安がわかる「基本・重要・やや難」の分類マークつき（下記参照）。各科末尾には合格へと導く「ワンポイントアドバイス」を配置。採点に便利な配点つき。

入試に役立つ分類マーク

基本 確実な得点源！
受験生の90%以上が正解できるような基礎的、かつ平易な問題。
何度もくり返して学習し、ケアレスミスも防げるようにしておこう。

重要 受験生なら何としても正解したい！
入試では典型的な問題で、長年にわたり、多くの学校でよく出題される問題。
各単元の内容理解を深めるのにも役立てよう。

やや難 これが解ければ合格に近づく！
受験生にとっては、かなり手ごたえのある問題。
合格者の正解率が低い場合もあるので、あきらめずにじっくりと取り組んでみよう。

合格への対策、実力錬成のための内容が充実

▶ 各科目の出題傾向の分析、合否を分けた問題の確認で、入試対策を強化！
▶ その他、学校紹介、過去問の効果的な使い方など、学習意欲を高める要素が満載！

解答用紙ダウンロード 解答用紙はプリントアウトしてご利用いただけます。弊社ＨＰの商品詳細ページよりダウンロードしてください。トビラのＱＲコードからアクセス可。

UD FONT 見やすく読みまちがえにくいユニバーサルデザインフォントを採用しています。

明治大学付属中野高等学校

明治大学への進学に有利
知・徳・体を尊重する
活気あふれる校風

URL	https://www.meinaka.jp/

普通科
生徒数　1233名
〒164-0003
東京都中野区東中野3-3-4
☎03-3362-8704
総武線・都営大江戸線東中野駅　徒歩5分
東西線落合駅　徒歩10分

プロフィール　知・徳・体の尊重

1929（昭和４）年に旧制の中野中学校が開校。1949（昭和24）年に明治大学の付属校となった。校訓は「質実剛毅・協同自治・修学錬身」。部活動も盛んで、活気あふれる雰囲気が魅力だ。付属校であることに甘えず、基礎学力をしっかりと身につけることはもちろん、行事や諸活動などを通じ、強い身体と精神力を養い、バランス感覚を備えた人物の育成を実践し、「生きる力」を育んでいる。

環境　校舎建て替えが完了し、施設が充実

実り豊かな学園生活に快適な環境は欠かせないとして、2018（平成30）年までに校舎の全面的な建て替え工事を行い、中学棟、高校棟、共用棟、第二体育館を設置、人工芝のグラウンドもリニューアルした。プロジェクターやWi-Fi環境を完備した普通教室をはじめ、教科専用の特別教室、図書館、生徒食堂など、設備の充実が図られている。第二体育館は、壁面に912席の電動可動式の椅子を備え、式典などの際は講堂としても使用される。また、温水プール、柔道場、剣道場、卓球場、相撲場、射撃場、ゴルフ練習場などの他に多摩市南野の野球グラウンドがあり、体育・部活動関連施設が充実している。

新高校棟校舎

カリキュラム　バランスの良いカリキュラム

大学付属校にふさわしい、バランスのよいカリキュラムが組まれている。２・３年次では文系・理系のコース編成をとるが、極端なカリキュラムにならないような工夫がされている。体育の授業では、充実した施設を活用した水泳や武道（柔道・剣道）の授業に特色があり、武道については、２年修了時の初段取得を目標にしている。芸術の授業が２年まであるのも普通科の高校としては珍しい。１人１台のタブレット端末を積極的に活用した授業も増えている。習熟度別学級編成や他大学受験コースはないが、苦手科目の克服やレベルの高い目標達成のための平常講習・夏季講習などが開設されている。

学校生活　全国的にも有名な部活動がいっぱい

部活動を通して協同自治の精神を学び、終生の友情を育んでいる。運動部・文化部合わせて35の部活動に多数の生徒が参加しており、中学生と高校生が共に活動しているものもある。陸上部、水泳部（水球）、ラグビー部、相撲部、柔道部、剣道部、野球部、ゴルフ部、射撃部などが有名で、全国大会や関東大会でも優秀な成績を収め、学校の伝統を形成している。文化部では、音楽部や棋道部、写真映画部などが盛んである。

［運動部］　軟式庭球、硬式庭球、水泳（水球）、射撃、山岳、剣道、相撲、卓球、陸上、硬式野球、柔道、スキー、ゴルフ、バドミントン、バスケットボール、スケート（アイスホッケー）、サッカー、バレーボール、ラグビー、アーチェリー

アメリカ語学研修（希望者）

［文化部］　新聞、地理、地学、棋道、写真映画、英語、生物、文芸、理化、美術、演劇、史学、放送、音楽、数学、コンピュータ

進路　明治大学への進学率は約８割

約８割の生徒が、付属高推薦で明治大学に進学する。推薦は、本人の志望・適性に基づき、定期試験に推薦学力テストの結果を含む高校３年間の総合成績によって決定される。条件付きで国公立大学および一部の大学校の併願制度もある。明治大学以外へ学校推薦型選抜や総合型選抜で進学する生徒、国公立大・難関私立大へ挑戦し進学する生徒、明治大学にない学部（医学・薬学など）を受験し進学する生徒もいる。

2024年度入試要項

試験日　1/22（推薦Ⅰ型総合、Ⅱ型スポーツ特別）　2/12（一般）

試験科目　適性〈国・数・英〉＋面接（推薦Ⅰ型総合）
作文＋面接（推薦Ⅱ型スポーツ特別）
国・数・英（一般）

2024年度	募集定員	受験者数	合格者数	競争率
推薦 Ⅰ型/Ⅱ型	約30/約30	66/31	35/31	1.9/1.0
一般	約105	841	261	3.2

過去問の効果的な使い方

① **はじめに**　入学試験対策に的を絞った学習をする場合に効果的に活用したいのが「過去問」です。なぜならば，志望校別の出題傾向や出題構成，出題数などを知ることによって学習計画が立てやすくなるからです。入学試験に合格するという目的を達成するためには，各教科ともに「何を」「いつまでに」やるかを決めて計画的に学習することが必要です。目標を定めて効率よく学習を進めるために過去問を大いに活用してください。また，塾に通われていたり，家庭教師のもとで学習されていたりする場合は，それぞれのカリキュラムによって，どの段階で，どのように過去問を活用するのかが異なるので，その先生方の指示にしたがって「過去問」を活用してください。

② **目的**　過去問学習の目的は，言うまでもなく，志望校に合格することです。どのような分野の問題が出題されているか，どのレベルか，出題の数は多めか，といった概要をまず把握し，それを基に学習計画を立ててください。また，近年の出題傾向を把握することによって，入学試験に対する自分なりの感触をつかむこともできます。

過去問に取り組むことで，実際の試験をイメージすることもできます。制限時間内にどの程度までできるか，今の段階でどのくらいの得点を得られるかということも確かめられます。それによって必要な学習量も見えてきますし，過去問に取り組む体験は試験当日の緊張を和らげることにも役立つでしょう。

③ **開始時期**　過去問への取り組みは，全分野の学習に目安のつく時期，つまり，9月以降に始めるのが一般的です。しかし，全体的な傾向をつかみたい場合や，学習進度が早くて，夏前におおよその学習を終えている場合には，7月，8月頃から始めてもかまいません。もちろん，受験間際に模擬テストのつもりでやってみるのもよいでしょう。ただ，どの時期に行うにせよ，取り組むときには，集中的に徹底して取り組むようにしましょう。

④ **活用法**　各年度の入試問題を全問マスターしようと思う必要はありません。できる限り多くの問題にあたって自信をつけることは必要ですが，重要なのは，志望校に合格するためには，どの問題が解けなければいけないのかを知ることです。問題を制限時間内にやってみる。解答で答え合わせをしてみる。間違えたりできなかったりしたところについては，解説をじっくり読んでみる。そうすることによって，本校の入試問題に取り組むことが今の自分にとって適当かどうかが，はっきりします。出題傾向を研究し，合否のポイントとなる重要な部分を見極めて，入学試験に必要な力を効率よく身につけてください。

数学

各都道府県の公立高校の入学試験問題は，中学数学のすべての分野から幅広く出題されます。内容的にも，基本的・典型的なものから思考力・応用力を必要とするものまでバランスよく構成されています。私立・国立高校では，中学数学のすべての分野から出題されることには変わりはありませんが，出題形式，難易度などに差があり，また，年度によっての出題分野の偏りもあります。公立高校を含め，ほとんどの学校で，前半は広い範囲からの基本的な小問群，後半はあるテーマに沿っての数問の小問を集めた大問という形での出題となっています。

まずは，単年度の問題を制限時間内にやってみてください。その後で，解答の答え合わせ，解説での研究に時間をかけて取り組んでください。前半の小問群，後半の大問の一部を合わせて50%以上の正解が得られそうなら多年度のものにも順次挑戦してみるとよいでしょう。

英語

英語の志望校対策としては，まず志望校の出題形式をしっかり把握しておくことが重要です。英語の問題は，大きく分けて，リスニング，発音・アクセント，文法，読解，英作文の5種類に分けられます。リスニング問題の有無(出題されるならば，どのような形式で出題されるか)，発音・アクセント問題の形式，文法問題の形式(語句補充，語句整序，正誤問題など)，英作文の有無(出題されるならば，和文英訳か，条件作文か，自由作文か）など，細かく具体的につかみましょう。読解問題では，物語文，エッセイ，論理的な文章，会話文などのジャンルのほかに，文章の長さも知っておきましょう。また，読解問題でも，文法を問う問題が多いか，内容を問う問題が多く出題されるか，といった傾向をおさえておくことも重要です。志望校で出題される問題の形式に慣れておけば，本番ですんなり問題に対応することができますし，読解問題で出題される文章の内容や量をつかんでおけば，読解問題対策の勉強として，どのような読解問題を多くこなせばよいかの指針になります。

最後に，英語の入試問題では，なんと言っても読解問題でどれだけ得点できるかが最大のポイントとなります。初めて見る長い文章をすらすらと読み解くのはたいへんなことですが，そのような力を身につけるには，リスニングも含めて，総合的に英語に慣れていくことが必要です。「急がば回れ」ということわざの通り，志望校対策を進める一方で，英語という言語の基本的な学習を地道に続けることも忘れないでください。

国語

国語は，出題文の種類，解答形式をまず確認しましょう。論理的な文章と文学的な文章のどちらが中心となっているか，あるいは，どちらも同じ比重で出題されているか，韻文(和歌・短歌・俳句・詩・漢詩)は出題されているか，独立問題として古文の出題はあるか，といった，文章の種類を確認し，学習の方向性を決めましょう。また，解答形式は，記号選択のみか，記述解答はどの程度あるか，記述は書き抜き程度か，要約や説明はあるか，といった点を確認し，記述力重視の傾向にある場合は，文章力に磨きをかけることを意識するとよいでしょう。さらに，知識問題はどの程度出題されているか，語句(ことわざ・慣用句など)，文法，文学史など，特に出題頻度の高い分野はないか，といったことを確認しましょう。出題頻度の高い分野については，集中的に学習することが必要です。読解問題の出題傾向については，脱語補充問題が多い，書き抜きで解答する言い換えの問題が多い，自分の言葉で説明する問題が多い，選択肢がよく練られている，といった傾向を把握したうえで，これらを意識して取り組むと解答力を高めることができます。「漢字」「語句・文法」「文学史」「現代文の読解問題」「古文」「韻文」と，出題ジャンルを分類して取り組むとよいでしょう。毎年出題されているジャンルがあるとわかった場合は，必ず正解できる力をつけられるよう意識して取り組み，得点力を高めましょう。

数学

出題傾向の分析と合格への対策

●出題傾向と内容

本年度の出題数は，大問が6題で，小問数にすると17題であった。

出題内容は，1が因数分解，計算の工夫，平方根，角度の小問群，2も確率，式の値，平面図形，連立方程式，数の性質の小問群となっている。3は関数と方程式の利用に関する記述式の問題，4は図形と関数・グラフの融合問題，5は数の性質，6は平面図形の問題であった。

どの問題も確実な知識に加えて応用力，思考力，数学的感覚，図形的な見方を試すように工夫されている。

✔学習のポイント

複雑な計算が多い。計算に時間がとられないよう工夫した計算方法を身につけるため，くり返し練習しておこう。

●2025年度の予想と対策

来年度も，問題の量・質ともに大きな変化はなく，よく工夫された標準レベルの問題を中心に，小問にして20題前後が出題されるだろう。

応用力・思考力を試す形での出題が多いが，それゆえになおさら基礎力の充実が求められる。まずは中学数学全領域にわたる基本事項をしっかりとおさえておくことが大切である。基礎を固めつつ，各分野の基本から標準レベルの問題に数多くあたり，応用力，思考力を磨いていこう。また，途中の計算過程を示す問題も出題されているので，答えを出すだけではなく，答えを出す過程を書く練習もしておくとよいだろう。

▼年度別出題内容分類表……

出題内容			2020年	2021年	2022年	2023年	2024年
数と式		数の性質	○	○	○	○	○
		数・式の計算	○	○	○	○	○
		因数分解	○	○	○	○	○
		平方根	○	○	○	○	○
方程式・不等式		一次方程式	○		○	○	○
		二次方程式			○	○	○
		不等式					
		方程式・不等式の応用	○	○		○	○
関数		一次関数			○	○	
		二乗に比例する関数	○	○	○	○	○
		比例関数					
		関数とグラフ	○	○	○	○	○
		グラフの作成					
図形	平面図形	角度		○	○	○	○
		合同・相似			○	○	○
		三平方の定理	○	○	○	○	○
		円の性質		○	○	○	○
	空間図形	合同・相似		○			
		三平方の定理	○	○		○	
		切断					
	計量	長さ	○	○		○	○
		面積	○		○		○
		体積			○	○	
	証明						
	作図						
	動点			○			
統計		場合の数	○			○	
		確率		○	○	○	○
		統計・標本調査		○		○	
融合問題		図形と関数・グラフ	○	○	○	○	○
		図形と確率			○		
		関数・グラフと確率		○		○	
		その他					
その他			○				

英語

出題傾向の分析と合格への対策

●出題傾向と内容

本年度は語句補充・選択問題，語彙の問題，語句整序問題，長文読解問題3題の計6題の出題であった。問題構成は例年通りで，今年度も長文問題は読むべき英文の量がかなり多い構成となっている。

本校の特徴は，長文問題に重点がおかれていることであろう。文章自体が長い上に，設問はさまざまな方向から出題され，短時間で正確に内容をとらえる読解力が問われている。

文法問題はいくつか難しい問題も含まれているが，全体としては標準的な出題であり，不定詞，受動態，分詞，動名詞，比較，関係代名詞など重要事項の文法が幅広く求められる。

✔学習のポイント

500～800字程度の，総合問題形式の長文読解問題をたくさん解いて，速く正確に内容をつかむ練習をくり返そう。

●2025年度の予想と対策

長文が多い傾向は来年度も変わらないであろう。日頃から長文に多く接し，慣れておくことが必要である。

文法は，広範囲にわたって出題されるので，中学で習う文法事項をしっかりと身につけておくこと。頻出語句は基本的なものからやや発展的なものまで，できるだけ多く正確に覚えておく必要がある。また，熟語の知識は必須である。

問題量が多く記述式解答も多いのに対して，試験時間が50分と短いことから，過去の問題に取り組む際には時間を意識して慣れておこう。

▼年度別出題内容分類表 ……

	出題内容	2020年	2021年	2022年	2023年	2024年
話し方・聞き方	単語の発音					
	アクセント					
	くぎり・強勢・抑揚					
	聞き取り・書き取り					
語い	単語・熟語・慣用句	○	○	○	○	○
	同意語・反意語					
	同音異義語					
読解	英文和訳(記述・選択)					
	内容吟味	○	○	○	○	○
	要旨把握	○	○	○	○	
	語句解釈					
	語句補充・選択	○	○	○	○	○
	段落・文整序	○				
	指示語			○	○	
	会話文					
文法・作文	和文英訳					
	語句補充・選択	○	○	○	○	○
	語句整序	○	○	○	○	○
	正誤問題					
	言い換え・書き換え					
	英問英答		○	○		
	自由・条件英作文					
文法事項	間接疑問文	○	○	○		
	進行形		○		○	
	助動詞					○
	付加疑問文					
	感嘆文				○	
	不定詞	○	○	○	○	○
	分詞・動名詞	○	○	○	○	○
	比較	○		○	○	○
	受動態	○	○	○	○	○
	現在完了				○	○
	前置詞		○	○	○	○
	接続詞	○	○	○	○	○
	関係代名詞	○	○	○	○	○

明治大学付属中野高等学校

国語

出題傾向の分析と 合格への対策

●出題傾向と内容

本年度は，論説文の読解問題が1題，ことわざの問題が1題，カタカナ語の意味に関する問題が1題，漢字の問題が1題の計4題の大問構成であった。読解問題では，指示語や適切な語句などの脱語補充の問題が含まれた。文章中におけるその言葉の内容を正確にくみ取る文脈把握力が要求される問題が，抜き出しや本文をまとめる形での記述形式で出題された。筆者の主張をとらえ，文章全体の流れをつかむ読解能力が要求されている。文章は比較的分量が多く，内容の水準も高い。常に文章全体を頭に入れて設問を丁寧に読んで解答するようにしたい。漢字・熟語などの知識問題は標準的だが，今年度はことわざやカタカナ語といった基礎的な知識が問われる問題が出題された。

学習のポイント

文章読解では，要旨(主題)を意識し，言い換え表現に注意しながら文脈を正しく読み取っていこう。語句知識の学習も丁寧に行おう。

●2025年度の予想と対策

現代文の読解問題と，知識問題，漢字の読み書きという組み合わせは，今後も継承されていくことが予想される。

読解問題への対策としては，新聞の社説，新書などに積極的に親しみ，抵抗なく硬い文章を読みこなす力を培っておくことが大切である。また，やや水準の高い記述式問題集を用いて，記述の設問形式に慣れ，得点力を高めるようにしておきたい。

知識問題については，語句の正しい用法，品詞の識別，ことわざ，慣用句，故事成語など幅広い知識の学習が必要だ。

▼年度別出題内容分類表……

出題内容			2020年	2021年	2022年	2023年	2024年
内容の分類	読解	主題・表題	○				
		大意・要旨	○	○	○	○	○
		情景・心情					
		内容吟味	○	○	○	○	○
		文脈把握	○	○	○	○	○
		段落・文章構成			○		○
		指示語の問題	○	○	○	○	○
		接続語の問題	○	○	○		○
		脱文・脱語補充	○	○	○	○	○
	漢字・語句	漢字の読み書き	○	○	○	○	○
		筆順・画数・部首					
		語句の意味	○	○	○	○	○
		同義語・対義語					
		熟語		○			
		ことわざ・慣用句	○		○		○
	表現	短文作成					
		作文(自由・課題)					
		その他					
	文法	文と文節	○	○			
		品詞・用法	○			○	○
		仮名遣い					
		敬語・その他					
	古文の口語訳						
	表現技法					○	
	文学史						
問題文の種類	散文	論説文・説明文	○	○	○	○	○
		記録文・報告文					
		小説・物語・伝記					
		随筆・紀行・日記					
	韻文	詩					
		和歌(短歌)					
		俳句・川柳					
	古文						
	漢文・漢詩						

明治大学付属中野高等学校

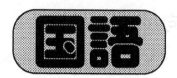

2024年度 合否の鍵はこの問題だ!!

数学　2.，4.，6.

2.（2）　余事象の確率として求める。

（3）　1つの角が共通な三角形の面積比は，その角をはさむ2辺の長さの積の比に等しいことは覚えておきたい。

（5）　正の約数を3個だけもつ自然数は，(素数)^{2}の形の数である。

4.（2）　三角形の合同に気づきたい。

6.（1）　角の二等分線の定理は使えるようにしておく。

◎計算力を要する問題が多いので，時間配分を考えながら，できるところから確実に解いていこう。

英語　Ⅲ

Ⅲは語句整序問題である。中学で学習する文法が幅広く出題されており，1題に複数の文法事項が含まれているため，難易度は高い。文法問題の後に長文読解問題が3題，その中の最終問題となる長文はかなり長く，設問も総合問題となっているためその問題に時間を残しておきたい。配点も高いと推測され，比較的時間を取られる語句整序問題を短い時間で正答できるか否かが合否を分ける。

語句整序問題には必ず重要文法事項や重要表現が含まれるので，与えられている日本語文と語群からいち早くそれを見極めよう。英語と日本語は文の構造が異なるので，日本語訳に惑わされないよう英語の構文から正答を導き出そう。

1　be laughed at by ～　と前置詞が2つ並ぶ形に注意。

2　It is ～ of 人 to …の構文　of と for の位置を間違えないようにしたい。「君は優しい」という日本語に惑わされyouを主語にしないよう注意。

3　分詞の後置修飾 / look ＋ 形容詞 / The man から taxi までが主語。carrying は動詞ではないことに注意。

4　仮定法の構文　仮定法過去の構文を正確に作れるかがポイント。

5　現在完了形の疑問文 / 関係代名詞が省略されていることに気づけるかがポイント　/ ask 人 to …の形。

6　No big differenceを主語に置く　No で否定文を作ることがポイント / between A and B　AとBが何になるのかを先に考えるとよい。　A ＝ clothes in the East　B ＝ those in the West　また clothes を代名詞 those にすることに気づけるかが大きなポイント。those clothes などとしないように注意。

可視化することですべての語句を使ったかのチェックだけでなく英文のミスも見つけやすくなるので，必ず英文を書いて確認しよう。

国語 一 問十三

★合否を分けるポイント

——線⑩「『私』は，他者に承認を求めることで，その欲求が満たされるために必要な条件を自ら掘り崩してしまう」とあるが，「必要な条件」とはどのようなことか，本文中の言葉を用いて指定字数以内で答える記述問題である。説明に必要な箇所を的確に見極め，端的にまとめられているかがポイントだ。

★「つまり」で言い換えられている部分に着目し，文脈を正確に捉える

「他者に承認を求めること」について，「私たちは生きていく上で……」から始まる段落から——線⑩までを確認すると，私たちは生きていく上で他者からの承認を必要とするが，自分の承認欲求をどのようにコントロールすればよいか→ヘーゲルによると，人間はひとりでは自分のことを確信することができないため，他者から承認されることが必要になる→「キラキラした人」のように，他者からの承認に基づいた人であろうと演じようとすると，本来の自分との間で引き裂かれ，自分を見失ってしまうだけでなく，他者を自分自身を確信するための道具として扱うことになる→【しかし，他者の承認が有効であるためには，その人が自由で，自分自身の意志で「私」を承認しなければ「私」は満足できない】→「私」が相手の自発性や自由を無視する形で扱っている限り，満足のいく承認を得られないという矛盾に陥る→つまり⑩である，という論の流れで述べている。これらの内容から，「私」が満足する形で相手が「私」を承認してくれること，すなわち，【　】の部分が，⑩の「必要条件」ということになる。——線部分にある語句の意味をさかのぼって確認するとともに，「つまり」で言い換えている部分にも着目し，文脈をしっかり捉えて説明に必要な内容を見極めることが重要だ。

2024年度

入　試　問　題

2024年度

明治大学付属中野高等学校入試問題

【数　学】（50分）〈満点：100点〉

1．次の問いに答えなさい。

（1）　$x^2+3xy+3x-18y-54$を因数分解しなさい。

（2）　$2024\times2018-2019^2$を計算しなさい。

（3）　$\sqrt{2}(\sqrt{18}-2)+\sqrt{28}+(\sqrt{7}+6)(\sqrt{7}-2)-\dfrac{35}{\sqrt{7}}+\dfrac{4}{\sqrt{2}}$を計算しなさい。

（4）　下の図は，正三角形ABPと正五角形PQRSTを組み合わせた図形です。2直線ℓ，mは平行で，3点B，P，Tが一直線上にあるとき，$\angle x$の大きさを求めなさい。

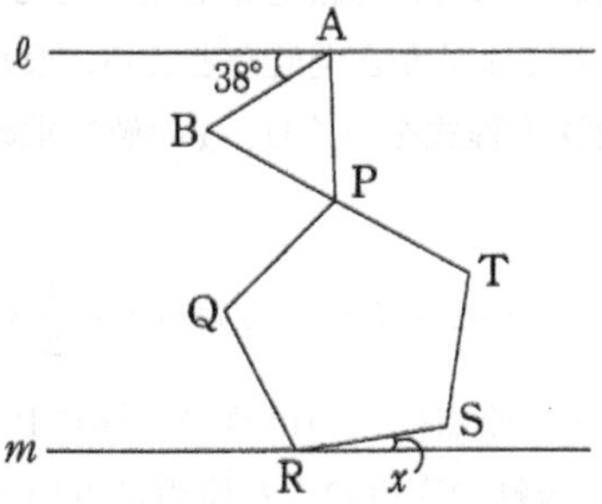

2．次の問いに答えなさい。

（1）　1から6の目のさいころを3回投げます。出た目の数を順にa，b，cとするとき，$(a-1)(b-2)(c-3)=0$をみたす確率を求めなさい。

（2）　$5-\sqrt{7}$の整数部分をa，小数部分をbとするとき，$\dfrac{3a^2-5ab+2b^2}{a^2-ab}$の値を求めなさい。

（3）　下の図の△ABCにおいて，辺BCの中点をD，辺CAを5：3に分ける点をE，辺ABを3：2に分ける点をFとします。△ABCの面積が80cm^{2}のとき，△DEFの面積を求めなさい。

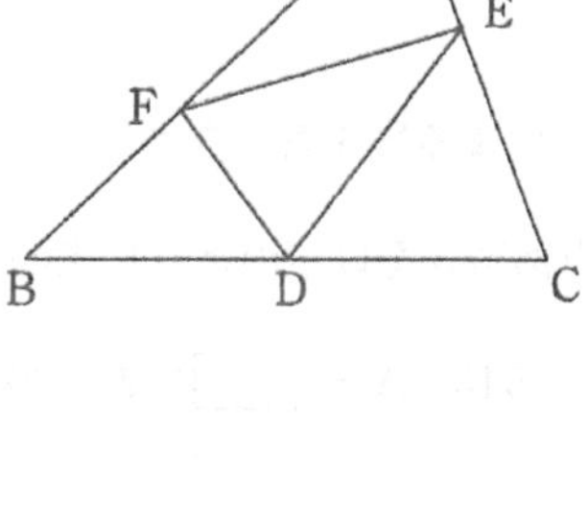

（4） x，yについて2組の連立方程式$\begin{cases} 6x+7y=11 \\ ax-y=-1 \end{cases}$ …①，$\begin{cases} 3x+4y=13 \\ 2x+by=-4 \end{cases}$ …②があります。②の解は①の解よりxが4だけ小さく，yが5だけ大きいとき，a，bの値を求めなさい。

（5） ある自然数は，正の約数を3個だけもち，その約数の総和が871です。この自然数を求めなさい。

3．次の問いに答えなさい。

ただし，この問いは答えだけでなく，答えを求める過程がわかるように，途中の式や計算を書きなさい。

（1） 関数$y=\frac{1}{3}x^2$について，xの変域が$a-6 \leqq x \leqq a$のときyの変域が$0 \leqq y \leqq 9$となります。このとき，aの値をすべて求めなさい。

（2） 12.5%の食塩水100gが入っている容器があります。この容器からxgの食塩水を取り出し，かわりにxgの水を入れてよくかき混ぜました。ここから，さらにxgの食塩水を取り出し，かわりにxgの水を入れてよくかき混ぜたところ，食塩水の濃度は4.5%になりました。このとき，xについての2次方程式をつくり，xの値を求めなさい。

4．下の図のように，点A(0，8)を中心とする円が放物線$y=\frac{1}{2}x^2$と異なる4点で交わっています。

そのうちx座標が正である点を，原点に近いほうから順にP，Qとします。また，2点PとAを通る直線と円の交点をR，円とy軸の交点のうち原点に近いほうをSとします。点Qのy座標が8であるとき，次の問いに答えなさい。

（1） 点Pの座標を求めなさい。

（2） 点Sから直線PRに引いた垂線との交点をHとするとき，SHの長さを求めなさい。

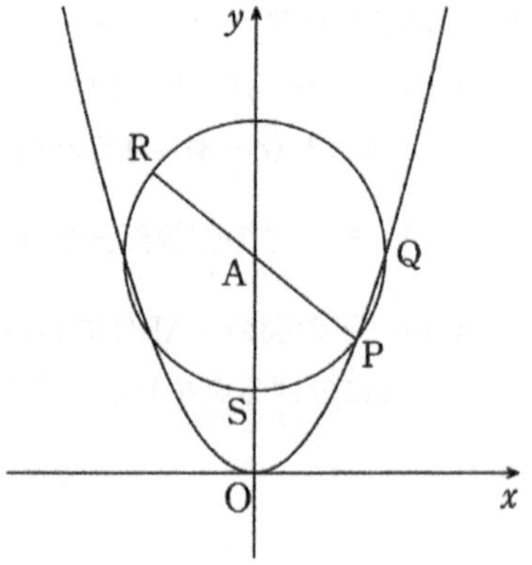

5．次の文章について，ア～カにあてはまる数を答えなさい。

$\sqrt{\frac{n^2+515}{n^2+2}}$が整数となるような自然数$n$を以下のように求めました。

$n^2+2=$Aとおくと，$n^2+515=$A＋［ア］であるので，

$\dfrac{n^2+515}{n^2+2}=\dfrac{\mathrm{A}+\boxed{\text{ア}}}{\mathrm{A}}=\boxed{\text{イ}}+\dfrac{\boxed{\text{ア}}}{\mathrm{A}}$となります。

したがって，$\dfrac{n^2+515}{n^2+2}=\boxed{\text{イ}}+\dfrac{\boxed{\text{ア}}}{n^2+2}$と表すことができます。

ここで，$\dfrac{\boxed{\text{ア}}}{n^2+2}$は自然数でなくてはならないので，

n^2+2は$\boxed{\text{ア}}$の正の約数となる必要があります。

nは自然数であるので，これを満たすn^2+2の値は

$n^2+2=\boxed{\text{ウ}}$，$\boxed{\text{エ}}$，$\boxed{\text{オ}}$　（$\boxed{\text{ウ}}<\boxed{\text{エ}}<\boxed{\text{オ}}$）

の3つとなります。

このうち，$\sqrt{\boxed{\text{イ}}+\dfrac{\boxed{\text{ア}}}{n^2+2}}$が自然数となるのは，1つだけなので，

求める自然数nは，$n=\boxed{\text{カ}}$となります。

6．下の図のように，ABを直径とする半径6cmの円Oの円周上に2点C，Dがあります。また，弦ACと弦BDの交点をEとします。弦ADの長さが8cm，∠BAC＝∠CADのとき，次の問いに答えなさい。

（1）　DEの長さを求めなさい。

（2）　弦CDの長さを求めなさい。

（3）　四角形ABCDの面積を求めなさい。

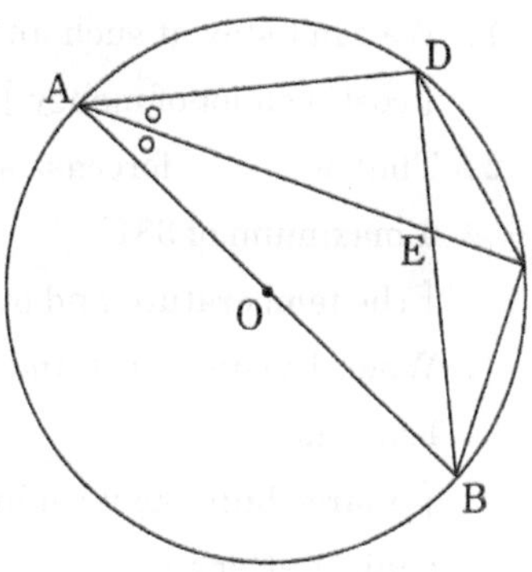

【英　語】（50分）〈満点：100点〉

Ⅰ．次の英文の（　　）に最も適するものを選び，記号で答えなさい。

1．I remember (　　) shooting stars during the camping trip last year.
　ア．watching　　イ．to watch　　ウ．watch　　エ．watched

2．Grapes are made (　　) wine.
　ア．of　　イ．from　　ウ．by　　エ．into

3．I've lost my umbrella, so I need to go to a shop and buy (　　).
　ア．it　　イ．other　　ウ．another　　エ．the other

4．He said, "If it (　　) rainy tomorrow, I'll come by taxi."
　ア．is　　イ．will be　　ウ．was　　エ．were

5．That's perfect. It couldn't be (　　).
　ア．worse　　イ．better　　ウ．more　　エ．less

6．A：What did you say?
　B：(　　) It wasn't important.
　ア．Why not?　　イ．Pardon?　　ウ．Never mind.　　エ．You're right.

Ⅱ．（　　）に指定された文字で始まる語を入れ，英文を完成させなさい。その際に［　　］内の定義を参考にすること。

1．We can't stay at such an(e　　　)hotel.
　[costing a lot of money]

2．The(w　　　)forecast says it will be much hotter today and temperatures will reach a maximum of 38℃.
　[the temperature and other conditions such as sun, rain and wind]

3．When I visited Scotland, I saw an old(c　　　)under the moonlight. It was amazingly beautiful.
　[a large building with high walls and towers that was built in the past to protect people against attack]

4．Emperor Naruhito and Empress Masako(f　　　)to Indonesia on June 17, 2023 to promote friendship.
　[to travel in an airplane]

5．When a natural(d　　　)occurs, we realize how powerless we are.
　[an event that causes a lot of harm or damage]

Ⅲ．次の日本語の内容になるように［　　］内の語句を並べかえ，英文を完成させなさい。
解答は(A)(B)(C)に入るものを書きなさい。

1．彼はクラスのみんなに笑われた。
　(　　)(A)(　　)(B)(　　)(C)(　　)(　　) class.
　[by / laughed / his / everyone / was / at / he / in]

2．お母さんに夕食を作るなんて君は優しいね。

(　　)(　　)(　　)(A)(　　)(　　)(B)(　　)(C) your mother.

[to / dinner / of / it / you / kind / make / for / is]

3．タクシーにスーツケースを運んでいる男性は疲れているように見える。

(　　)(A)(　　)(　　)(B)(　　)(C)(　　).

[carrying / the taxi / tired / to / the / a suitcase / man / looks]

4．もし水がなかったら，それらの木はよく育たないだろう。

(　　)(　　)(A)(　　)(　　),(　　)(B)(　　)(C)(　　)(　　).

[no / those / there / not / trees / well / water / were / would / if / grow]

5．あなたに探すように頼んでいた本は見つかりましたか。

Have you (　　)(　　)(A)(　　)(B)(　　)(　　)(C)?

[to / I / found / look / asked / the book / for / you]

6．東洋と西洋の衣服の間には大きな違いは見られない。

(A)(　　)(　　)(　　)(　　)(B)(　　)(　　)(　　)(　　)(C) in the West.

[be / and / between / can / no / the East / clothes / big / in / those / found / difference]

Ⅳ．次のサヴァン症候群(savant syndrome)の男性についての英文を読んで，あとの問いに答えなさい。

Most of us have reasonably good memories. We are able to think back to different periods in our lives and remember where we were and things that happened then. But our memories are limited. For example, we cannot remember everyone we have ever met or what we did on every single day of our lives. (　　1　　) Our brains simply do not allow us to retain* such a vast amount of information.

However, there are some people who do have prodigious* memories. These people have a rare condition known as savant syndrome. (　　2　　) For example, a savant may show brilliance* in music, mathematics, or language learning but have great difficulty in other areas, as well as limited social skills.

Kim Peek was a savant who lived in Salt Lake City, Utah, in the United States. He was born with damage to parts of his brain, but it seems that other parts of his brain — particularly those relating to memory — became overdeveloped to compensate*. Peek's unique abilities appeared at a very early age. (　　3　　) After he had memorized a book, he would turn it upside down to show that he didn't need to read it again, and this became a life-long habit.

Peek could read two pages of a book at the same time — one page with the right eye and one with the left — in less than 10 seconds and remember everything he read. By the time he died, Peek had memorized more than 9,000 books. He could remember all the names and numbers in a variety of telephone books. He could recite* thousands of facts about history, literature, geography, and sports. He could remember most classical music compositions and say when they were written and first performed as well as the dates of the composer's birth and death. Dr. David Treffert, an expert on savant syndrome, once described Peek as "a living Google" because of his astonishing ability to retain and connect facts.（　　4　　）

In 1989, the movie *Rain Man* won the Oscar for Best Picture. The main character in the movie, played by Dustin Hoffman, was based on Kim Peek's life. After this, people began to learn about Peek. He started to appear on television, where he would amaze audiences by correctly answering obscure* questions on a range of topics.（　　5　　）For much of his life, Peek had been uncomfortable with people, but he began to enjoy sharing his experience, and his social skills improved. He inspired* a great many people with his story and his words："Recognizing and respecting differences in others, and treating everyone like the way you want them to treat you, will make our world a better place for everyone. You don't have to be handicapped to be different. Everyone is different!"

注）retain　保持する　　prodigious　驚異的な　　brilliance　素晴らしい才能
compensate　埋め合わせをする　　recite　暗唱する　　obscure　複雑でわかりにくい
inspire　勇気づける

問　（1）～（5）に適するものをそれぞれ選び，記号で答えなさい。

ア．Peek became world famous, and he and his father began touring widely to talk about living with disabilities.

イ．Though his abilities were known all over the world, he himself didn't recognize his own advantages.

ウ．However, at the same time, Peek was unable to carry out simple tasks, such as brushing his hair or getting dressed, and he needed others to help him.

エ．When he was just 20 months old, he could already remember every book that was read to him.

オ．And for most people, it would be impossible to read and remember every name and number in a telephone directory.

カ．Savants suffer from a developmental disorder*, but they also exhibit remarkable talents that contrast sharply with their physical and mental disabilities.

注）a developmental disorder　発達障害

V．次の英文を読んで，あとの問いに答えなさい。

When you walk into a hospital room, you expect to see a nurse or a doctor. But in some hospitals you might also see a dog or a cat, or even a rabbit or a turtle. These pets aren't there to be treated, however. They're part of the medical team! The animals don't have medical degrees*, of course. They help patients get better simply by being there.

After 30 years of study, researchers are convinced* that animals provide many health benefits. These range from lowering blood pressure to faster healing after surgery*. One study shows that even 10 minutes with an animal can significantly* lower blood pressure. There are many examples of how pets improve people's health. Studies show that pet owners have lower cholesterol levels than non-owners do. Pet owners are also in better physical health overall and have fewer doctor visits. Also, people who have suffered heart attacks live longer if they have a pet. And pet owners have better mental health because pets make them happier, more relaxed, and less stressed.

Did you have a pet as a child? Do your grandparents own a pet? The health benefits of pets are quite strong for both children and the elderly. For example, a pet can help children cope with* family problems, such as illness or the death of a relative*. Studies also show that children who own pets are more likely to be involved in sports and hobbies. Emotionally disturbed* and mentally ill children are also helped greatly by pets. Animals calm* children and improve their behavior and even their mental abilities. Animals do wonders for the elderly too, such as helping them live longer, healthier lives. How do they do this? For one thing, pets make older people feel less lonely and depressed. And some pets, such as dogs, encourage elders to exercise by getting out for walks. Some aid groups* take pets into nursing homes to cheer up the residents*. Pets bring out smiles of happiness from elders and help improve their quality of life.

Some groups also bring pets into hospitals. Most often, the animals are dogs, but they can also be cats, rabbits, birds, and others. They are called therapy animals. These animals are trained to give comfort and affection* to patients. Good therapy animals are friendly, gentle, and patient. They allow people to pet* and talk to them. They bring laughter and enjoyment to sick people and help them feel better.

There are many animal healing programs today. One interesting example is the Dolphin Program. Researchers at universities and dolphin centers worldwide study the healing effects of swimming with dolphins. Some researchers believe that the sounds dolphins make underwater can heal people. Others say dolphins heal because they make people feel peaceful and happy. Dolphin programs for children with special needs have been very successful. Even patients with serious illnesses improve by swimming with dolphins.

Another interesting example of animals helping sick people is a program that uses dogs to detect* cancer. Researchers have found that dogs can smell cancer in patients' breath because it contains certain chemicals. A dog's sense of smell is 10,000 to 100,000 times better than that of humans. In studies, trained dogs have detected cancer in early stages between 88 and 97 percent of the time. Since detecting cancer early is important to a patient's survival, these trained dogs could save many lives.

Researchers know that animals make people feel better and extend* their lives. But they can't fully explain why. They suspect it's because people can count on pets to be there, always loving and never judging. This gives people a good feeling and relaxes them. Patients feel calm and happy around pets. This mental and emotional state helps them feel better physically. Whatever the reasons, there is no doubt that animals are good medicine for people of all ages. Pets have a valuable place in homes, hospitals, and all places of care.

注） degree　学位　　convinced　確信している　　surgery　手術　　significantly　著しく
cope with　うまく対処する　　relative　親戚　　emotionally disturbed　情緒障害のある

calm　落ち着かせる　　aid group　支援団体　　resident　入居者　　affection　愛情
pet　なでる　　detect　見つける　　extend　延ばす

問　本文の内容に合うように，質問の答えとして適切なものを選び，記号で答えなさい。

1．What can happen when people are with an animal even for a short time?
　ア．It is possible to see a significant fall in their blood pressure.
　イ．It is possible that they will improve their pets' health.
　ウ．Some may improve their cholesterol levels and it makes them live longer.
　エ．Some may suffer a serious change in their blood pressure.

2．Which of the following is true about a benefit of having a pet?
　ア．Pets can help children develop a good relationship with their parents.
　イ．Children have more time for studying.
　ウ．Older people gain more opportunities to move their bodies.
　エ．Older people make their pets feel less lonely and depressed.

3．Which of the following is true about therapy animals?
　ア．There are as many therapy dogs as therapy cats.
　イ．Therapy animals are taught how to make patients feel comfortable.
　ウ．Good therapy animals cure patients' diseases by touching them.
　エ．There are not enough healing programs with therapy animals yet.

4．What did researchers find out about animals?
　ア．Dolphins can improve sick children's health with their smell.
　イ．Dolphins can make patients want to swim, and that is good for patients' health.
　ウ．Dogs can tell if people have cancer by smelling their breath.
　エ．Dogs can save from 88 to 97 percent of the patients who have cancer.

5．According to the article, which of the following is true?
　ア．There are only a few animals that can heal humans, so we should treat dogs, cats, rabbits, birds and dolphins as friends.
　イ．Good mental condition of pets helps patients feel better physically, and then their health condition gets better.
　ウ．No one doubts that animals are good medicine for people of all ages, but animals need special condition to heal people.
　エ．Pets help patients feel better, but even researchers cannot completely tell the reason.

Ⅵ．次の英文を読んで，あとの問いに答えなさい。

It is a chilly January morning on the campus of San Jose State University, and the start of a new term. Twenty-two-year-old Ryan Adams is walking with some friends to their first class. Ryan is beginning his final semester as a college student; at the end of May, he will graduate with a degree in finance. ①(　　) graduation is a few months away, Ryan is already working on a resume and plans to start applying for jobs in April. He is both excited and a little nervous about making the transition* from student to full-time employee. "I'm hoping to have a job by the summer," he explains. "You know, it'll be good to finally get out into the working world. On the other hand, it'll be the first real ②(　　　) I've ever had and that's a little scary."

By the time Ryan graduates, he will have spent four years in college and a total of sixteen years of his life in school. Like many students, ③Ryan believes that the time and money spent on his education will pay off: he will eventually* be able to get a good job and do well in the field he has chosen. And yet, in spite of all of the years spent in school preparing to enter the workplace, many recent graduates* say that they struggle with* the transition from classroom to career world and have difficulty adjusting to* life on the job.

Writer and editor Joseph Lewis, who blogs for the website WorkAwesome.com, suggests one reason why this is the case. Lewis believes that most of our school experiences — from childhood through university — are fairly ④predictable, while life in the working world is far more ambiguous. In school, for example, the pattern stays more or less the ⑤(　a　) from year to year. All students have to take a fixed* number of classes each year and in those classes they have to do certain things to succeed: study assigned material, do homework, and take and pass tests. In the workplace, however, ⑤(　b　) change is the norm*, and one has to adapt quickly. A project you are working on this month might suddenly change next month — or next week — and it's often hard to anticipate* what you'll be doing six to twelve months from now. Life in the workplace can be ⑤(　c　) in other ways as well. Lewis notes that in school, for example, you advance each year to the next grade "and that change carries with it a sense of progress, a sense of... growth and importance." In the workplace, however, "you ⑥[　　X　　]; it depends on the economy, on your coworkers, on your boss or clients, or a hundred other things you can't control."

Another problem that graduates entering the workforce encounter* is that they are unprepared to think analytically*. In school, many students — including those in college — spend a lot of time memorizing facts and repeating what they "learned" on tests. But in the workplace, notes the Career Services Network at Michigan State University, employees "⑥[　　Y　　], not just follow a supervisor's* instructions*." An employee who is facing a problem at work, for example, needs to be able to identify* different solutions, select the best course of action, and explain his choice to others. Less time needs to be spent in school on testing, says one recent report, and more on helping students to analyze and interpret* information, solve problems, and communicate their ideas effectively — skills that will prepare them to succeed in today's workplace.

Finally, many recent graduates say that ⑦[difficulties / the / one / face / is / biggest / they / of] adjusting to teamwork on the job. In some ways, school does prepare one for the collaborative* nature of the workplace. Learners sit in classes every day with many other students. They must listen to others' opinions, participate at times in group discussions, and learn how to get along outside the classroom. Nevertheless*, in school, a student normally works independently to complete most tasks (tests, homework, and projects) and receives a grade according to how well he or she has done. In the workplace, however, employees ⑥[　　Z　　]. In other words, if an employee has to work with others to complete a given project, that employee's success not only depends on his hard work and expertise*, but also on how well his colleagues* perform. Knowing how to participate effectively in teamwork — and deal with problems when they arise — is extremely important, and yet, it is also something many students don't get enough practice with in a school setting.

How can we better prepare young adults for the workplace? Recent graduates, looking back on their educational experience, have some advice. Many think that all students should be required* to do an internship while they are in school. Volunteering part time at a company, hospital, or government organization, for example, can ⑧[learn / help / skills / succeed / needed to / one] in the real world. Other graduates believe that teachers should include more teamwork as part of class activities; such tasks would familiarize* students with the demands of collaborating with colleagues in the workplace. Still others feel there should be more focus on developing writing and public speaking skills — abilities many employees must regularly use on the job. Pairing this kind of practical work experience with classroom instruction, say the graduates, will help prepare students for the realities of the workplace and make the transition from school to career world less stressful.

注) transition　移行　　eventually　最終的には　　graduate　卒業生　　struggle with　苦労する
adjust to　適応する　　fixed　決められた　　norm　普通のこと　　anticipate　予想する
encounter　遭遇する　　analytically　分析的に　　supervisor　管理者　　instruction　指示
identify　明確にする　　interpret　解釈する　　collaborative　協働の
nevertheless　それにもかかわらず　　expertise　専門的知識　　colleague　同僚
require　必要とする　　familiarize　慣れさせる

問１．下線部①の(　　)に適するものを選び，記号で答えなさい。
ア．As soon as　　イ．Even though　　ウ．Therefore　　エ．However

問２．下線部②の(　　)に入る語を第１段落より抜き出しなさい。

問３．下線部③についてRyanが信じている内容として適切なものを選び，記号で答えなさい。
ア．教養を身につけるためにこれからお金と時間がどんどん使われていく。
イ．お金と時間をかければかけるほど良い教育を受けられる。
ウ．今までかけたお金と時間のおかげで希望の進路に進むことができる。
エ．教育にかけるお金と時間が将来の年収を決める。

問４．下線部④の意味として適切なものを選び，記号で答えなさい。
ア．happening or behaving in a way that you expect
イ．confusing as a result of having more than one meaning
ウ．making you feel very happy and interested
エ．showing a strong feeling about a subject

問5．下線部⑤の(a)―(b)―(c)に入る語の組み合わせとして適切なものを選び，記号で答えなさい。

1．same　　2. uncertain　　3. constant

ア．1―2―3　　イ．1―3―2　　ウ．2―1―3

エ．2―3―1　　オ．3―1―2　　カ．3―2―1

問6．下線部⑥の[　X　]―[　Y　]―[　Z　]に入るものの組み合わせとして適切なものを選び，記号で答えなさい。

1．are often expected to think critically and make decisions about their work

2．must regularly interact with others and are often dependent on their coworkers for their success

3．have no idea when you might be promoted*

注）be promoted　昇進する

ア．1―2―3　　イ．1―3―2　　ウ．2―1―3

エ．2―3―1　　オ．3―1―2　　カ．3―2―1

問7．下線部⑦の[　　]内の語を正しく並べかえなさい。

問8．下線部⑧の[　　]内の語句を正しく並べかえなさい。

問9．本文の内容に合うものを2つ選び，記号で答えなさい。

ア．Ryan is upset because he is late in searching for a job.

イ．Students in college spend less time in preparing for the exams than high school students.

ウ．Students should be independent enough to complete their tasks on their own.

エ．School should provide students with more chances to work together.

オ．Students who don't follow graduates' advice will not be able to succeed in the future.

カ．Some graduates think the ability to speak in front of others is important.

〈語　群〉

［　］の下の力持ち　文は［　］に勝る
的を［　］る　［　］上の空論
灯台［　］暗し　思い立ったが［　］日
［　］夫の利　［　］天の霹靂《へきれき》

三、次の①～⑤の言葉と同様の意味を持つ言葉を、後の語群からそれぞれ一つ選び、漢字に改めて答えなさい。

①　ファンタジー　②　ハーモニー　③　シンメトリー
④　レトリック　⑤　ノスタルジー

〈語　群〉

たいしょう　しゅうじほう　きょうしゅう
ちょうわ　げんそう

四、次の①～⑦の――線部を漢字に改め、⑧～⑩の――線部の読みをひらがなで答えなさい。

①　建設計画がトウケツされるおそれがある。
②　係長から課長にショウシンした。
③　そこに松尾芭蕉のクヒがあった。
④　電子ゴミから貴金属をチュウシュツする。
⑤　ホウシ活動に参加する。
⑥　森林のバッサイを禁じていた。
⑦　種田山頭火はヒョウハクの旅を続けた。
⑧　適切な措置を講じる。
⑨　穏やかで如才ない振る舞い。
⑩　克己心を合い言葉に練習に励む。

問十三、――線⑩「『私』は、他者に承認を求めることで、その欲求が満たされるために必要な条件を自ら掘り崩してしまう」とありますが、「必要な条件」とは、どのようなことですか。本文中の言葉を用いて、三十字以内で答えなさい。

問十四、――線⑪「根本的な矛盾」が生じる理由を、「から。」に続くように本文中から四十字以内で抜き出し、その最初と最後の五字を答えなさい。

問十五、――線⑫「Instagram のなかでキラキラしている自分は自分のすべてではない」と同じ内容が述べられている部分を、本文中から二十五字以内で抜き出し、その最初と最後の五字を答えなさい。

問十六、――線⑬「『相互承認』という承認のあり方」とありますが、「相互承認」が成立するために大切なこととはどのようなことですか。その内容が述べられている部分を、本文中から四十字以内で抜き出し、その最初と最後の五字を答えなさい。

問十七、［⑭］に当てはまる言葉を、本文中から四字で抜き出して答えなさい。

問十八、――線⑮「あなたは私にとって、単なる便利な存在ではない」とありますが、「私」が「あなた」を「単なる便利な存在」として見ているとき、「あなた」をどのようなものとして捉えているのですか。本文中から二字の熟語で抜き出して答えなさい。

問十九、――線⑯「尊重」の「重」の意味と**異なる意味で使われているもの**を、次の（ア）～（エ）の中から一つ選び、記号で答えなさい。

（ア）重要　（イ）重箱　（ウ）重鎮　（エ）重視

問二十、この文章の内容として**適切でないもの**を、次の（ア）～（エ）の中から一つ選び、記号で答えなさい。

（ア）人には誰でも承認が必要であり、「自分が何者かを知りたい」というのも承認欲求の一つである。

（イ）承認欲求はときとして有害なものとなるが、生きていく上では不可欠なものである。

（ウ）自律性と他律性は対立するものではなく、大きな影響を及ぼし合いながら存在しているものである。

（エ）人は、他者に頼らなければ自分自身のアイデンティティを確立することはできない存在である。

問二十一、次の形式段落は本文中から抜いたものですが、どこへ入れるのが適切ですか。**その直後**の五字を答えなさい。

> 同じことが、子どもだけでなく大人についても言えます。大人もまた、他者の影響を受けながらアイデンティティを形成するのです。そして、大人にとってのそうした他者の代表例が、友達です。

二、次の①～⑤のことわざと同様の意味を持つ言葉を、後の語群からそれぞれ一つ選び、その〔　〕に当てはまる漢字一字を答えなさい。

①　ペンは剣より強し　②　善は急げ　③　寝耳に水

④　ぬれ手で粟《あわ》　⑤　絵に描いた餅

ティティを形成することも、認識することもできない」とありますが、「自分のアイデンティティを形成する」ために必要なことを、本文中から二十五字以内で抜き出し、その最初と最後の五字を答えなさい。

問四、――線Ⓐ～Ⓓの「ない」のうち、働きが他と**異なるもの**を一つ選び、記号で答えなさい。

問五、――線③「アイデア」とは、何についての「アイデア」ですか。それが具体的に述べられている部分を、本文中から十字以内で抜き出して答えなさい。

問六、――線④「うっすらとした驚き」とは、どのようなことに対する「驚き」ですか。本文中から二十字以内で抜き出して答えなさい。

問七、――線⑤「ここ」の指示内容として最も適切なものを、次の（ア）～（エ）の中から選び、記号で答えなさい。

（ア）自分が友達に長所を書いてあげることが、友達にとって大切だということ。

（イ）性格や長所は自分ではわからないので、友達に教えてもらうとよいということ。

（ウ）私たちは、ほんとうに自分のことをよくわかっていないのだということ。

（エ）友達に書いてもらった長所を見て、自分の長所に気づくことがあるということ。

問八、――線⑥「依存・不安・疎外の泥沼」を抜け出すためには、どのようなことが必要なのですか。その内容が述べられている形式段落を一つ本文中から抜き出し、その最初の五字を答えなさい。

問九、――線⑦「召喚」の言葉の意味として適切なものを、次の（ア）～（エ）の中から選び、記号で答えなさい。

（ア）人を招き入れること。

（イ）人を呼び寄せること。

（ウ）適役の人を呼ぶこと。

（エ）故人を思い出させること。

問十、――線⑧「そうした確信」と同じ内容を指している言葉を、本文中から八字で抜き出して答えなさい。

問十一、――線⑨「疎外された状態」とは、どのような「状態」のことですか。その説明として最も適切なものを、次の（ア）～（エ）の中から選び、記号で答えなさい。

（ア）「自分」が自信を持って断言できるような自分自身と、「他者」から承認された自分自身とが全く異なっている状態。

（イ）「他者」が「自分」の漠然としたイメージを認めようとせず、そのために「自分」の自尊心を傷つけられている状態。

（ウ）「自分」にとっての「他者」を、自分自身を確信するための存在としてしか捉えることができなくなっている状態。

（エ）「他者」からの承認に基づいた「自分」を演じようとして、本来の「自分」のあり方との間で引き裂かれている状態。

問十二、［a］・［b］に当てはまる言葉として最も適切なものを、次の（ア）～（エ）の中からそれぞれ選び、記号で答えなさい。

（ア）必然的　（イ）現実的

（ウ）大局的　（エ）相互的

とで、「自分をこう見てほしい」「自分を認めてほしい」という他者への期待や要求を放棄し、他者をも解放することができるのです。

ヘーゲルはここで、一方的な承認欲求のぶつけあいではない⑬「相互承認」という承認のあり方を提案しています。相互承認において「私」が相手（他者）に伝えるのは、「自分をこういう存在として認めてほしい」という［⑭］ではありません。そうではなく、「⑮あなたは私にとって、単なる便利な存在ではない」というメッセージであり、「役に立つかどうかは関係なく、私はあなたとかかわっていたい」というメッセージです。

相互承認というかかわり方において、まず「私」は相手（他者）の自由を認めます。そのとき「私」もまた、自分があくまでも自由であることを、はじめて他者から承認されることになります。「私」は自由であり、相手にどう見られるか、相手に承認されるかどうかを気にすることなく、自分の感じ方や考え方を⑯尊重してよいのであって、それでも「私」は他者とのかかわりのなかにいることができるのです。それが、相互承認によって得られる承認にほかなりません。

では、SNSにおいて相互承認はどのように実現できるのでしょうか。

そのためには、まず、SNS上の自分が実際の自分とイコールではないということを、受け入れることでしょう。その上で、あなたが友達にSNS上の自分を承認するように求めることをやめるなら――つまり、ファボや＊4即レスを期待することをやめるなら――、それは友達の自由を尊重することにつながります。そしてその尊重はブーメランのように跳ね返ってきて、あなたもまた友達から、あなた自身の自由を尊重されることになるのです。

「承認欲求を捨てろ」と言っているのではありません。相互承認を求めることもまた、承認欲求であることにはちがいないからです。重要なのは、相手の自由を尊重し、相手からも自由を尊重されるという形での承認を求めることです。私たちには、そうしたワンランク上の承認欲求をめざすこともできるのではないでしょうか。そしてそれが、「SNS疲れ」から距離をとり、風通しのよいSNSとのつきあい方を可能にする――そう考えることもできるように思います。

（戸谷洋志『SNSの哲学　リアルとオンラインのあいだ』による　なお、出題の都合上、本文を一部改めた部分があります）

＊1　Instagram…SNS（ソーシャル・ネットワーキング・サービス）の一つ。
＊2　Twitter…SNSの一つ。現在の名称は「X」。
＊3　ファボ…SNSで「いいね！」を押すこと。
＊4　即レス…すぐに返事を送ること。

問一、［Ⅰ］～［Ⅲ］に当てはまる言葉の組み合わせとして最も適切なものを、次の（ア）～（エ）の中から選び、記号で答えなさい。

（ア）　Ⅰ　たとえば　Ⅱ　しかし　Ⅲ　ただし
（イ）　Ⅰ　しかし　Ⅱ　ただし　Ⅲ　たとえば
（ウ）　Ⅰ　ただし　Ⅱ　たとえば　Ⅲ　しかし
（エ）　Ⅰ　たとえば　Ⅱ　ただし　Ⅲ　しかし

問二、［①］に当てはまる言葉を漢字一字で答えなさい。

問三、――線②「人間は、自分ひとりの力では、自分のアイデンとを意味します。このとき、相手は「私」にとって「私をキラキラした人として認めてくれる人」としてのみ現れ、それ以上の存在ではなくなってしまいます。

しかし、ある人による承認が「私」にとって有効であるためには、その人は自由でなくてはいけません。自由な相手が、自分自身の意志で「私」を承認してくれるのでなければ、「私」は満足できないのです。しかし、そうだとすると、「私」が相手を、自分の承認欲求を満たすための手段として——つまり、相手の自発性や自由を無視する形で——扱っている限り、「私」は相手から満足のいく承認を得られない、という矛盾に陥ることになります。つまり⑩「私」は、他者に承認を求めることで、その欲求が満たされるために必要な条件を自ら掘り崩してしまうのです。

それだけではありません。ヘーゲルは「承認」の問題を、あくまでも[b]な関係の問題として捉えていました。つまり、「私」が他者に承認を求めるとき、その他者もまた「私」に対して承認を求める、ということです。

*1Instagramや*2Twitterにおける*3ファボを例にとってみましょう。「私」は自分の投稿にファボがつくと、自分が認められている気持ちになります。そして、その気持ちをもっと味わいたくて、多くの人にファボをつけてもらうために、自分も他者の投稿に積極的にファボをつけていきます。このとき「私」は、「私」にファボをつけてくれるように相手に働きかけているのであり、相手を自分の承認欲求を充足させるための手段として扱っているのだと言えます。そして、相手もまた、自分の投稿にファボをつけてほしいから、「私」の投稿に対してファボをつけてくるのです。

このとき「私」は、自分に寄せられるファボが、「私」の存在を承認するためにつけられたものではなく、相手が「私」に承認してほしくて（＝その人の投稿にファボをつけてほしくて）つけられたものだということに気づきます。そのとき「私」は、自分が他者の承認欲求を満たすための道具に成り下がっていると感じ、自尊心を傷つけられることになります。——ここに、承認欲求の陥る⑪根本的な矛盾があるのです。

このような関係に本人たちが納得しているなら、それはそれでよいのかもしれません。しかしヘーゲルは、少なくともこのような形では承認が実現されることはなく、自分自身を確信することもできない、と考えていました。とはいえ、だからといって他者との関係を断ち、ひとりぼっちになれと言ったわけでもありません。

ヘーゲルによれば、承認をめぐる矛盾を乗り越え、承認を実現させるためには、「私」は他者から見えている「私」のイメージを自ら捨てなければなりません。つまり、それまで他者から認識されている「私」のイメージを通して自分を確信しようとしていた「私」が、その「私」のイメージにこだわることから、自分を解放するということです。

たとえば、⑫Instagramのなかでキラキラしている自分は自分のすべてではない、それは一つの可能性にすぎないということを、自ら積極的に受け入れるということです。

そしてそれは、自分だけではなく、他者を自由にすることをも意味します。「私」は、他者からどう見られているかを気にしなくなるこ反対に、私が友達に長所を書いてあげたことも何度かあります。私としては、その友達の長所としてはあまりにもあたりまえなことを書いているつもりなのに、それを読んだときの友達の顔は、たいていの場合は④うっすらとした驚きに包まれています。それくらい、私たちは自分のことをよくわかっていないのです。

おそらく、⑤ここに「承認」の持つもっとも基本的な働きが表れています。すなわち、「自分が他人にどのような人として見られ、受け入れられているかを知ることによって、自分が何者であるかを知る」ということです。そうした形で「自分が何者であるのかを知りたい」と望むことこそ、承認欲求にほかならないのではないでしょうか。

とはいえ、承認欲求は⑥依存・不安・疎外の泥沼に人をひきずりこんでいく力も持っています。そのなかで苦しみ、疲れ果ててしまって、自分のアイデンティティがわからなくなり、自律性を奪われ、自尊心を傷つけられている人も多いかもしれません。

ここに、別の問いが立ち現れることになります。

私たちは生きていく上で他者からの承認を必要とします。しかし、承認欲求はときとして有害なものになります。では、私たちは「他者からの承認」という事柄に対して、どのような態度をとるべきなのでしょうか。自分の承認欲求をどのようにコントロールしていけばよいのでしょうか。

実はこの問いは、ＳＮＳが登場するずっと前から、哲学の世界では大問題として論じられてきたものでした。ここでひとりの哲学者を⑦召喚したいと思います。近代ドイツの哲学者、フリードリヒ・ヘーゲル（１７７０―１８３１）です。彼は、主著『精神現象学』のなかで、人はどのようにして自分自身を確信するのか、と問いかけました。

「自分自身を確信する」とは、言い換えるなら、自分に関して漠然としたイメージを持つだけではなく、「よし、これが自分なんだ！」と自信を持って断言できるような、そうした状態になることです。ヘーゲルによれば、人間は自分ひとりでは自分のことを確信することができません。⑧そうした確信を得るためには、他者から承認されることが必要なのです。

たとえば、まわりの人が「私」を「キラキラした人」として承認するとしましょう。すると「私」は、そのように承認されることで、自分が「キラキラした人」だということを確信します。ところが、そのように確信することは、同時に「私」を⑨疎外された状態に陥らせてしまう、と彼は言います。なぜでしょうか。

理屈は単純です。この場合、「私」は他者からの承認に基づいて、自ら「キラキラした人」であろうとします。実際には「キラキラした人」としてではない生き方もできるはずなのに、まわりの人から認めてもらえる「キラキラした人」を演じようとするのです。このとき「私」は、「キラキラした人」以外でもありえる自分と、他者から承認されている「キラキラした人」としての自分との間で、引き裂かれることになります。そして、いつの間にか自分を偽り、見失うことになってしまうのです。

このようにして承認欲求は［ａ］に挫折します。ところがこの挫折は、これだけでは終わりません。

他者による承認によって自分自身を確信しようとすることは、他者を、自分自身を確信するための手段として、いわば道具として扱うこ

【国　語】〈五〇分〉〈満点：一〇〇点〉

【注意】字数指定がある問いでは、句読点・記号なども一字として数えます。

一、次の文章を読んで、後の問いに答えなさい（字数指定がある問いでは、句読点・記号なども一字として数えます）。

私たちは多くの場合、自律性こそが大切だと教えられて育ちます。私も小学生のころは「自分で考え、自分で行動しよう」と先生にいつも言われていました。何かがわからなくて答えを聞こうとすると、「まずは自分で考えてみなさい」と怒られたものです。

［Ⅰ］、自律性と他律性が、まるで水と［①］のように、決して交わることなく対立するものとして捉えられるなら、そうした考え方には疑問の余地があります。たとえば「自律的であるためには他律的であってはならず、また他律的であるならば決して自律的ではない」という考えは、おそらく私たちの現実を反映したものではありません。なぜなら②人間は、自分ひとりの力では、自分のアイデンティティを形成することも、認識することもできないからです。

アイデンティティとは、言い換えれば「自分は何者なのか」「自分にはどんな可能性があるのか」ということについての自分なりの理解です。

［Ⅱ］子どもは、大人からさまざまな可能性を提示され、それを一つ一つ試していくことによって、自分を少しずつ知っていくことになります。

ある子どもが歌をうたったとき、そばにいた大人がそれを聞き、うれしそうに微笑《ほほえ》んだとしましょう。するとその子は、「自分には歌をうたうことができるんだ。そしてそれによって、他の人を喜ばせることもできるんだ」と気がつきます。そうした、他者とのかかわりからもたらされる気づきの蓄積が、「自分は何者なのか」「自分には何ができるのか」というアイデンティティの形成には欠かすことができⒶないのです。

子どもは、まわりの大人から世話や関与を受けることなしに生きていくことはできません。その意味で、子どもは自分を育ててくれる大人たちに対して他律的です。［Ⅲ］、その他律性は、子どもの人生から自律性を奪い去ることを決して意味しません。むしろ反対に、自律性とはそうした他律性のなかからしか育まれてこⒷないものなのです。

つまり、自律性と他律性はつながっています。私たちは、自分が何者であるかを知り、自分のアイデンティティを確立するために、どうしても他者の力を借りなければならⒸないのであり、それは決してよくⒹないことではなく、むしろ人が成長していく上で自然なあり方なのです。

たとえばみなさんは、受験や、クラブなどへの申し込み、何かの活動などのために、自分の性格や長所を書類に書いて提出しなければならなくなったとき、何を書いたらいいのかわからなくなることはありませんか。そんなときに有効な対処法の一つは、友達に③アイデアを書いてもらう、という方法です。そうして書かれたものを見て、「なるほど、自分にはこういう長所があるのか」と、はじめて自分の個性に気づかされることはよくあることです。

2024年度

解　答　と　解　説

《2024年度の配点は解答欄に掲載してあります。》

＜数学解答＞《学校からの正答の発表はありません。》

1.　(1)　$(x-6)(x+3y+9)$　　(2)　8071　　(3)　$1+\sqrt{7}$　　(4)　$\angle x=14$度

2.　(1)　$\frac{91}{216}$　　(2)　$\sqrt{7}$　　(3)　21cm^2　　(4)　$a=-\frac{2}{3}$，$b=-\frac{1}{2}$　　(5)　841

3.　(1)　$a=3\sqrt{3}$，$6-3\sqrt{3}$　　(2)　$x=40$(答えを求める過程は解説参照)

4.　(1)　$\mathrm{P}(2\sqrt{3},\ 6)$　　(2)　$2\sqrt{3}$

5.　ア　513　　イ　1　　ウ　3　　エ　27　　オ　171　　カ　13

6.　(1)　$\frac{8\sqrt{5}}{5}\text{cm}$　　(2)　$2\sqrt{6}\text{cm}$　　(3)　$20\sqrt{5}\text{cm}^2$

○推定配点○

1.　各5点×4　　2.　各5点×5　　3.　各8点×2　　4.　各6点×2　　5.　各2点×6

6.　各5点×3　　計100点

＜数学解説＞

1.　(因数分解，計算の工夫，平方根，角度)

基本　(1)　$x^2+3xy+3x-18y-54=x^2+3x-54+3y(x-6)=(x-6)(x+9)+3y(x-6)=(x-6)(x+9+3y)=(x-6)(x+3y+9)$

基本　(2)　$2024\times2018-2019^2=(2019+5)(2019-1)-2019^2=2019^2+4\times2019-5-2019^2=8076-5=8071$

基本　(3)　$\sqrt{2}(\sqrt{18}-2)+\sqrt{28}+(\sqrt{7}+6)(\sqrt{7}-2)-\frac{35}{\sqrt{7}}+\frac{4}{\sqrt{2}}$
$=6-2\sqrt{2}+2\sqrt{7}+7+4\sqrt{7}-12-5\sqrt{7}+2\sqrt{2}=1+\sqrt{7}$

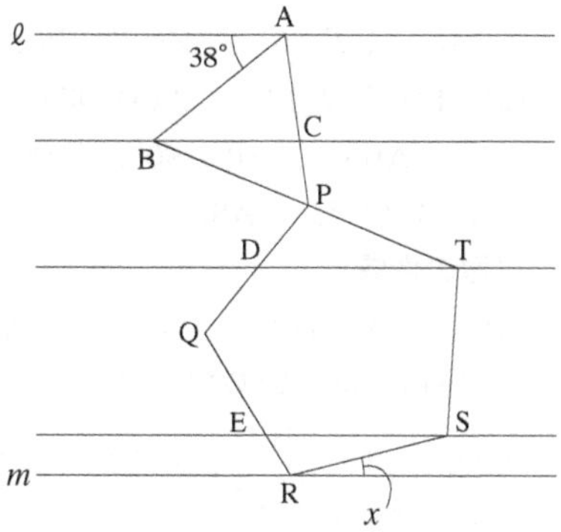

(4)　右の図のように，点B，T，Sを通る直線ℓに平行な直線をそれぞれひき，線分AP，PQ，QRとの交点をそれぞれC，D，Eとする。平行線の錯角は等しく，正五角形の1つの内角の大きさは108°だから，∠ABC＝38°，∠CBP＝60°−38°＝22°＝∠PTD，∠DTS＝108°−22°＝86°　　よって，∠TSE＝180°−86°＝94°　したがって，$\angle x$＝∠ESR＝108°−94°＝14°

2.　(確率，式の値，平面図形，連立方程式，数の性質)

重要　(1)　さいころの目の出方の総数は$6^3=216$(通り)　　このうち，題意を満たすのは，$a=1$，$b=2$，$c=3$が少なくとも1つ成り立つときだから，余事象を考えて，$a\neq1$かつ$b\neq2$かつ$c\neq3$の場合は，$5^3=125$(通り)。よって，求める確率は，$1-\frac{125}{216}=\frac{91}{216}$

基本　(2)　$2<\sqrt{7}<3$より，$-3<-\sqrt{7}<-2$　　$2<5-\sqrt{7}<3$　　よって，$a=2$，$b=5-\sqrt{7}-2=3-\sqrt{7}$
$\frac{3a^2-5ab+2b^2}{a^2-ab}=\frac{(a-b)(3a-2b)}{a(a-b)}=\frac{3a-2b}{a}=\frac{3\times2-2(3-\sqrt{7})}{2}=\sqrt{7}$

重要 (3) $\frac{\triangle \mathrm{AFE}}{\triangle \mathrm{ABC}}=\frac{\mathrm{AF}}{\mathrm{AB}}\times\frac{\mathrm{AE}}{\mathrm{AC}}=\frac{3}{5}\times\frac{3}{8}=\frac{9}{40}$より，$\triangle \mathrm{AFE}=\frac{9}{40}\triangle \mathrm{ABC}$　$\frac{\triangle \mathrm{BDF}}{\triangle \mathrm{ABC}}=\frac{\mathrm{BF}}{\mathrm{BA}}\times\frac{\mathrm{BD}}{\mathrm{BC}}=\frac{2}{5}\times\frac{1}{2}=\frac{1}{5}$より，$\triangle \mathrm{AFE}=\frac{1}{5}\triangle \mathrm{ABC}$　$\frac{\triangle \mathrm{CED}}{\triangle \mathrm{ABC}}=\frac{\mathrm{CD}}{\mathrm{CB}}\times\frac{\mathrm{CE}}{\mathrm{CA}}=\frac{1}{2}\times\frac{5}{8}=\frac{5}{16}$より，$\triangle \mathrm{AFE}=\frac{5}{16}\triangle \mathrm{ABC}$　よって，$\triangle \mathrm{DEF}=\left(1-\frac{9}{40}-\frac{1}{5}-\frac{5}{16}\right)\triangle \mathrm{ABC}=\frac{21}{80}\times80=21$ (cm^2)

(4) $6x+7y=11$…(ア)，$ax-y=-1$…(イ)　題意より，$3(x-4)+4(y+5)=13$　$3x+4y=5$…(ウ)，$2(x-4)+b(y+5)=-4$　$2x+b(y+5)=4$…(エ)　(ウ)×2−(ア)より，$y=-1$　これを(ア)に代入して，$6x-7=11$　$6x=18$　$x=3$　よって，(イ)より，$3a+1=-1$　$a=-\frac{2}{3}$　(エ)より，$6+4b=4$　$b=-\frac{1}{2}$

重要 (5) 求める自然数は素数aを用いてa^2と表せる。その約数の総和について，$1+a+a^2=871$　$a^2+a-870=0$　$(a+30)(a-29)=0$　aは素数だから，$a=29$　よって，求める自然数は，$29^2=841$

3. (関数，2次方程式の利用－食塩水)

重要 (1) $y=\frac{1}{3}x^2$に$y=9$を代入して，$9=\frac{1}{3}x^2$　$x^2=27$　$x=\pm3\sqrt{3}$　$a=3\sqrt{3}$のとき，$a-6=3\sqrt{3}-6<0$だから，$y=\frac{1}{3}x^2$は$x=0$で最小値$y=0$をとり，成り立つ。$a-6=-3\sqrt{3}$のとき，$a=6-3\sqrt{3}>0$だから，$y=\frac{1}{3}x^2$は$x=0$で最小値$y=0$をとり，成り立つ。よって，求めるaの値は，$3\sqrt{3}$と$6-3\sqrt{3}$

(2) 最初にxgの食塩水を取り出してから水を入れてできた食塩水中の食塩の量は，$(100-x)\times\frac{12.5}{100}$ (g)　次にまたxgの食塩水を取り出してから水を入れてできた食塩水中の食塩の量は，$(100-x)\times\frac{12.5}{100}\times\frac{100-x}{100}$ (g)　これが4.5%の食塩水100g中の食塩の量に等しいから，$\frac{(100-x)^2\times12.5}{100^2}=100\times\frac{4.5}{100}$　$(100-x)^2=\frac{9}{25}\times100^2$　$100-x=\pm60$　$x=160,\ 40$　$x<100$より，$x=40$

4. (図形と関数・グラフの融合問題)

(1) $y=\frac{1}{2}x^2$に$y=8$を代入して，$8=\frac{1}{2}x^2$　$x^2=16$　$x=\pm4$　よって，Q(4, 8)　P$\left(t,\ \frac{1}{2}t^2\right)$とすると，AP＝AQ＝4より，$\mathrm{AP}^2=16$　$(t-0)^2+\left(\frac{1}{2}t^2-8\right)^2=16$　$t^2+\frac{1}{4}t^4-8t^2+64=16$　$t^4-28t^2+192=0$　$(t^2-12)(t^2-16)=0$　$t^2=12,\ 16$　$t>0$より，$t=2\sqrt{3},\ 4$　$t=2\sqrt{3}$より，$\frac{1}{2}t^2=6$　よって，P$(2\sqrt{3},\ 6)$

重要 (2) Pから線分ASにひいた垂線をPIとすると，$\mathrm{PI}=2\sqrt{3}$　△ASHと△APIにおいて，AS＝AP＝4，∠AHS＝∠AIP＝90°，共通だから，∠SAH＝∠PAI　直角三角形の斜辺と1鋭角がそれぞれ等しいので，△ASH≡△API　よって，$\mathrm{SH}=\mathrm{PI}=2\sqrt{3}$

5. (数の性質)

$n^2+2=\mathrm{A}$とおくと，$n^2+515=\mathrm{A}+\underline{513}_{\text{ア}}$だから，$\frac{n^2+515}{n^2+2}=\frac{\mathrm{A}+513}{\mathrm{A}}=\underline{1}_{\text{イ}}+\frac{513}{\mathrm{A}}$　ここで，n^2+2は513の正の約数で，$513=3^3\times19$だから，$n^2+2=\underline{3}_{\text{ウ}},\ \underline{27}_{\text{エ}},\ \underline{171}_{\text{オ}}$となり，$n=1,\ 5,\ 13$　このうち，$\sqrt{1+\frac{513}{n^2+2}}$が自然数となるのは，$n=\underline{13}_{\text{カ}}$

重要 6. (平面図形の計量)

(1) ABは直径だから，∠ADB＝90°　$\mathrm{BD}=\sqrt{\mathrm{AB}^2-\mathrm{AD}^2}=\sqrt{12^2-8^2}=4\sqrt{5}$　角の二等分線の定理より，BE：DE＝AB：AD＝12：8＝3：2　よって，$\mathrm{DE}=\frac{2}{3+2}\mathrm{BD}=\frac{2}{5}\times4\sqrt{5}=\frac{8\sqrt{5}}{5}$ (cm)

(2) △ABEと△DCEにおいて，弧BCの円周角だから，∠BAE＝∠CDE　対頂角だから，∠AEB＝∠DEC　2組の角がそれぞれ等しいので，△ABE∽△DCE　BA：CD＝AE：DE　ここで，$\mathrm{AE}=\sqrt{\mathrm{AD}^2+\mathrm{DE}^2}=\sqrt{8^2+\left(\frac{8\sqrt{5}}{5}\right)^2}=\frac{8\sqrt{30}}{5}$　よって，$\mathrm{CD}=\frac{\mathrm{BA}\times\mathrm{DE}}{\mathrm{AE}}=12\times\frac{8\sqrt{5}}{5}\div\frac{8\sqrt{30}}{5}=\frac{12}{\sqrt{6}}=2\sqrt{6}$ (cm)

(3) 弧BCの円周角だから，∠BAC＝∠BDC　弧CDの円周角だから，∠CAD＝∠CBD　仮定より，$\angle BAC = \angle CAD$　よって，$\angle BDC = \angle CBD$となり，$CD = CB$　CからBDにひいた垂線をCHとすると，$DH = \frac{1}{2}BD = 2\sqrt{5}$　よって，$CH = \sqrt{CD^2 - DH^2} = \sqrt{(2\sqrt{6})^2 - (2\sqrt{5})^2} = 2$
四角形ABCDの面積は△ABDと△CBDの面積の和に等しいから，$\frac{1}{2} \times 4\sqrt{5} \times 8 + \frac{1}{2} \times 4\sqrt{5} \times 2 = 20\sqrt{5}$ (cm^2)

★ワンポイントアドバイス★

昨年度と出題構成，難易度に大きな変化はない。大問では各小問は関連しているので，前問の結果を手がかりにして考えよう。

＜英語解答＞《学校からの正答の発表はありません》

Ⅰ　1 ア　2 エ　3 ウ　4 ア　5 イ　6 ウ
Ⅱ　1 expensive　2 weather　3 castle　4 flew　5 disaster
Ⅲ　1 A was　B at　C everyone　2 A of　B make　C for
3 A man　B to　C looks　4 A were　B trees　C not
5 A I　B you　C for　6 A No　B found　C those
Ⅳ　1 オ　2 カ　3 エ　4 ウ　5 ア
Ⅴ　1 ア　2 ウ　3 イ　4 ウ　5 エ
Ⅵ　問1 イ　問2 transition　問3 ウ　問4 ア　問5 イ　問6 オ
問7 one of the biggest difficulties they face is　問8 help one learn skills needed to succeed　問9 エ，カ

○推定配点○
Ⅰ・Ⅱ　各2点×11　Ⅲ　各3点×6(各完答)　Ⅳ～Ⅵ　各3点×20　計100点

＜英語解説＞

重要　Ⅰ　(適語選択補充問題：動名詞，前置詞，慣用句，比較)

1 「私は昨年のキャンプ旅行の間に流れ星を見たことを覚えている」remember …ingで「…したことを覚えている」の意味になるのでアが正解。remember to …「…することを覚えておく[忘れずに…する]」と混同しないように。

2 「ぶどうはワインになる」 ア be made of ～「～でできている」材料がわかる　イ be made from ～「～からできている」製品の材料が見た目にはわからない　ウ be made by ～「～によって作られる」 エ be made into ～ 「～になる[～に作り変える]」 ここではgrapesが主語なのでmade into を使う。

3 「私は傘を失くしてしまったので，店に行ってもう一本買う必要がある」 ア it では my umbrella を指すことになるので不可。 イ other「その他の[別の]」 ウ「もう一つ別のもの[代替品]」という意味のanotherを入れる。 エ one …, the otherという形で使い「2つのもののうちのもう一つ」という意味。

4 「彼は『もし明日雨が降ったら，僕はタクシーで行く』と言った」 条件を表す副詞節では未来のことも現在形で表すので　ア isを入れる。

5 「完璧だ。最高だよ。」 It couldn't be better.「それ以上良くならない」＝「最高だ」という意

味の慣用表現。

6 「A：何て言った？　B：気にしないで。大事なことじゃなかった。」 It wasn’t important.「大事なことではなかった」が続くので　ウ　Never mind.「気にしないで」が適当。　ア　Why not? には「なぜだめなの?」「いいね」の2つの意味があるので文の流れからどちらの意味かを判断するが，ここではいずれも不適。　イ 「もう一度言ってください」 エ「その通り」

基本 Ⅱ （語彙問題）

1 「そんなに高いホテルには滞在できない」［多額のお金がかかる］ → expensive「高い［高額な］」

2 「天気予報によると，今日はさらに暑くなり最高気温は38度に到達するだろう」［気温や太陽，雨，風のような他の状況］ → weather「天候」　weather forecastで「天気予報」の意味。

3 「私がスコットランドを訪れた時，月夜に照らされた古い城を見た。それは驚くほどに美しかった」［敵の襲来から人々を守るために過去に建てられた高い壁と塔がある大きな建物］ → castle「城」

4 「天皇徳仁様と皇后雅子様は2023年6月17日に友好親善のためにインドネシアを飛行機で訪ねられた」［飛行機で旅をする］ → flew　2023年6月の出来事なので fly「飛行機で旅をする」の過去形 flew にする。

5 「自然災害が起こった時に，私たちは自分たちがいかに無力かを思い知る」［多くの危害と破壊を引き起こす出来事］ → disaster「災害」

重要 Ⅲ （語句整序問題：受動態，不定詞，分詞，仮定法，現在完了，関係代名詞，受動態，慣用句）

1 He was laughed at by everyone in his(class.)　主語は「彼は」He。「彼が笑う」のではなく「笑われる」なので，laugh at ～「～を笑う」の受動態be laughed at にby everyoneと動作主を続ける。

2 It is kind of you to make dinner for (your mother.)　It is kind of you to ～で「～してくれるなんてあなたは親切だ［優しい］」の意味。make dinner for ～「～のために夕食を作る」 ofとforの使い方に注意。

3 The man carrying a suitcase to the taxi looks tired.　主語は「男性」The man　タクシーにスーツケースを運んでいる男性と特定されているので定冠詞Theを付ける。carrying a suitcase to a taxiはThe manを後置修飾する分詞句。The manからa taxiまでがひとまとまりでこの文の主語になる。looks tired「疲れているように見える」 looksがこの文の動詞。<look ＋ 形容詞>「～のように見える」

4 If there were no water, those trees would not grow well.「もし…なら，～だろう」現在の事実に反する仮定。仮定法過去<If ＋ 主語 ＋ 動詞の過去形　…，主語 ＋ 助動詞の過去形 ＋ 動詞の原形～>に当てはめる。those trees「それらの木」 grow well「よく育つ」

やや難 5 (Have you) found the book I asked you to look for?「本は見つかりましたか」は現在完了形の疑問文，Have you found ～?「あなたに探すように頼んでいた本」 は　the book (that) I asked you ～. と関係代名詞を省略した形にする。<ask ＋ 人 ＋ to …>で「人に…するよう頼む」 look for ～「～を探す」

やや難 6 No big difference can be found between clothes in the East and those (in the West).「大きな違いは見られない」はNo big differenceとdifferenceにNoを付けることで否定文にする。この部分が主語になるのでcan be foundと受動態になる。助動詞を含む受動態の文の形に注意。<between A and B>「AとBの間に」 A ＝ clothes in the East, B ＝ those in the West　those ＝ clothes

重要 Ⅳ （長文読解問題・説明文：文挿入）

（全訳） ほとんどの人にはある程度の記憶力がある。私たちは自分たちの人生における異なる時代のことを思い起こし，その時にどこにいて何が起こったかを思い出すことができる。しかし，私たちの記憶は限られている。たとえば，私たちはこれまでに出会った人をすべて覚えられないし，人生で毎日何をしたかも覚えられない。(1)(オ)そしてほとんどの人たちにとって電話帳のすべての名前と電話番号を読んで覚えることは不可能である。私たちの脳は，そのような膨大な情報を保持することは単にできないのだ。

しかしながら，驚異的な記憶力を持つ人がいる。その人たちは，サヴァン症候群として知られているまれな病気を持つ人たちである。(2)(カ)サヴァンの人たちは発達障害を抱えているが，心身の障害とは全く対照的に彼らは卓越した才能を発揮する。たとえば，サヴァンの人は音楽，数学，言語習得に素晴らしい才能を見せるが，他の分野は困難を極め，社会性も限られている。

キム・ピークはサヴァンでアメリカのユタ州，ソルトレークシティーに住んでいた。彼の脳の一部には先天的障害があったが，脳の他の部分――特に記憶に関係するところ――は埋め合わせをするため異常に発達してしまった。ピーク独特の才能はかなり幼いころに現れた。(3)(エ)彼はたった20か月という月齢で，読んでもらった本すべてを既に暗記することができた。彼は本を暗記した後，もう一度それを読む必要はないことを示すためにさかさまにしていて，それは生涯変わらない習慣だった。

ピークは同時に2つのページを読むことができた――右目で1ページを読み，左目でもう1ページ読む――10秒以下で読み，読んだものすべてを覚えていた。ピークは亡くなるまでに9,000冊以上の本を暗記した。彼はさまざまな電話帳の名前と番号の全てを暗記することができた。歴史，文学，地理，スポーツの何千もの事実を暗唱することができた。クラシック音楽の楽曲のほとんどを覚え，それがいつ書かれ初演され，作曲家の誕生日と亡くなった日も言うことができた。サヴァン症候群の専門家であるデイビッド・トレフェルトはある時，事実を関連付けて保持するピークの驚異的な能力が理由で，彼のことを「生きるGoogle」と言った。(4)(ウ)しかしながら，それと同時にピークは，髪の毛をブラシでとかす，洋服を着替えるといった簡単な作業を行うことはできず，他の人に助けてもらう必要があった。

1989年映画「レインマン」がオスカーの最優秀賞を獲得した。ダスティン・ホフマンが演じたその映画の主人公はキム・ピークの人生に基づいたものだった。この後，人々はピークについて学び始めた。彼はテレビに出演するようになり，そこで彼は幅広いテーマの複雑でわかりにくい問題に正確に答えて観客を驚かせた。(5)(ア)彼は世界的に有名になり，彼を父親は広く旅をして障害と共に生きることについて話をした。彼の人生の多くは人といることに居心地の悪さを感じていたが，彼の経験を共有することを楽しみ始め，彼の社会性は向上した。彼の物語や言葉は非常にたくさんの人々を勇気づけた。「他人との違いを認め尊重し，自分が扱われたいように皆を扱うことで世界は皆にとって良い場所になるだろう。他と違うということで障害者になる必要はない。誰もが皆違う!」

問 全訳参照。 イ「彼の能力は世界的に知られるようになったが，彼自身は自分の利点を認識していなかった」

基本 Ⅴ （長文読解問題・論説文：内容把握，内容正誤判断）

（全訳） 病室に歩いて入ったら，看護師か医師に会えることを期待するだろう。しかし，犬や猫，またはウサギや亀に遭遇するかもしれない病院がある。しかしながら，これらのペットは医療を受けるためにそこにいるわけではない。彼らは医療チームの一員なのだ。動物は当然のことながら医学の学位は持っていない。そこにいるだけで患者を回復させるのに役立つのだ。

30年の研究後，研究者たちは動物には健康に良い効果があると確信を持っている。それは血圧を下げることから，手術後の回復にまで広範囲に及ぶ。ある研究では，動物と10分間いただけで血圧を著しく下げることができるとある。ペットがどのように人々の健康を改善するかの例はたくさんある。ペットの飼い主はペットを飼っていない人よりもコレステロール値が低いと研究では示されている。ペットの飼い主は全体的に身体健康で，医者にかかる人もより少ない。また，心臓発作を起こした人も，ペットがいるとより長生きする。そして，ペットは飼い主を幸せにし，リラックスさせ，ストレスを軽減するので，飼い主は精神的にもより健康なのだ。

子どもの頃，ペットを飼っていましたか？　あるいは祖父母がペットを飼っていましたか?　ペットがもたらす健康に良い効果は子供とお年寄りの両方にとってかなり大きい。たとえば，ペットは病気や親族の死のような家族の問題にうまく対処するのを助けることができる。ペットを飼っている子供はスポーツや趣味に打ち込んでいる傾向にあるとも研究で示されている。情緒不安定や精神疾患のある子どもたちはペットにも大いに助けられている。動物は子どもたちを落ち着かせ，彼らの行動や精神的な能力でさえも改善させる。動物たちはお年寄りにも，長生きをして健康的な生活を送るのを助けるといった良い影響を与える。どのように？　1つに，ペットはお年寄りの寂しさや孤独を軽減させる。そして犬のようなペットは散歩に連れ出すことでお年寄りに運動をさせるのだ。介護施設にペットを連れていき入居者を元気づける支援団体もある。ペットはお年寄りから幸せな笑顔を引き出し彼らの生活の質を向上させるのだ。

ペットを病院にも連れていく団体がある。ほとんどの場合，動物は犬だが，猫やうさぎ，鳥や他のものであることもある。それらはセラピー動物と呼ばれている。それらの動物は，患者に安らぎや愛情を与えるよう訓練されている。良いセラピー動物は友好的でおとなしく忍耐強い。なでたり話しかけたりさせてくれる。病気の人たちに笑いや楽しみをもたらし，気分が良くなる手助けをする。

今では動物によるヒーリングプログラムがたくさんある。ある興味深い例はイルカプログラムだ。大学の研究者たちと世界中のイルカセンターが，イルカと泳ぐことの癒し効果について研究している。水中でイルカが出す音が人々を癒すと信じている研究者たちがいる。イルカは人々を穏やかで幸せな気持ちにするので癒しを与えるのだと他の研究者たちは言う。援助を必要とする子供向けイルカプログラムは大成功だった。深刻な病気を抱える患者たちでさえ，イルカと泳ぐことで改善したのだ。

病気の人たちを助ける動物の別の興味深い例は，癌を見つけるために犬を使うプログラムだ。研究者たちは，患者の呼気には特定の化学物質が含まれるので，犬が癌を嗅ぎ取ることを発見した。犬の嗅覚は人間よりも10,000から100,000倍鋭い。研究では，訓練された犬は88から97％の確率で早期の癌を見つけた。早期に癌を見つけることは患者の生存に重要なので，これらの訓練された犬たちはたくさんの命を救うことができたのだ。

動物たちが人々の気分を良くさせ寿命を延ばすことを研究者たちは知っている。しかし，その理由ははっきりと説明できない。そこにいてくれて，いつも愛情にあふれ評価もしないでいてくれることを人々がペットに期待するからではないかを思っている。このことが人々に良い感情をもたらし彼らを癒すのだ。理由が何であれ，あらゆる年代の人たちにとってペットは良い薬になることは疑う余地はない。家や病院，ケアを必要とするあらゆる場所がペットの貴重な居場所となっているのだ。

1 「たとえ短い時間であっても人々が動物といると何が起こり得ますか？」 ア 「血圧の著しい降下を見ることができる」第2段落第3文に一致。 イ 「彼らは彼らのペットの健康を改善することができる」第2段落第文参照。ペットが飼い主の健康を改善するので不一致。 ウ 「コレステロールの値が改善する人もいるかもしれず，それが彼らを長生きさせる」短い時間で値が改善するという記述はない。　エ「血圧の深刻な変化に苦しむ人もいるかもしれない」そのような記述はない。

2「ペットを飼うことの利点でどれが正しいですか?」　ア「ペットは子供たちが両親と良い関係を成長させるのに役立つ」両親との関係に関する記述はない。　イ「子どもたちは勉強のための時間がある」そのような記述はない。　ウ「お年寄りが体を動かす機会がより増える」第3段落最後から3文目に一致。　エ「お年寄りは自分たちのペットの寂しさや落ち込みを軽減させる」第3段落最後から4文目参照。ペットがお年寄りの寂しさを軽減させるので不一致。

3「セラピー動物に関して正しいものはどれですか?」　ア「セラピー猫と同じくらいたくさんのセラピー犬がいる」猫との比較に関する記述はない。　イ「セラピー動物は患者たちを居心地よくさせる方法を教えられている」第4段落第3文に一致。　ウ「良いセラピー動物は患者を触ることで病気を治す」そのような記述はない。　エ「まだセラピー動物によるヒーリングプログラムは十分にない」第5段落最初の文参照。たくさんあると書かれているので不一致。

4「動物に関して研究者たちが発見したことは何ですか?」　ア「イルカは自分たちの匂いで病気の子どもたちを改善させることができる」匂いに関する記述はない。　イ「イルカは患者たちに泳ぎたいと思わせそれが患者の健康に良い」そのような記述はない。　ウ「犬は人々の呼気を嗅ぐことで，癌があるかどうかを教える」第6段落第2文に一致。　エ「犬はがん患者の88から97%を救うことができる」第6段落最後から2文目参照。88から97%の確率で癌を見つけるので不一致。

5「この記事によると，以下のどれが正しいですか?」　ア「人間を癒す動物はほんの少ししかいないので，私たちは犬，猫，ウサギ，鳥やイルカを友達として扱うべきだ」そのような記述はない。　イ「ペットの良い精神状態は患者を身体的に気持ち良くさせることに役立ち，その後彼らの健康状態はより良くなる」そのような記述はない。　ウ「動物はあらゆる年代の人にとって良い薬になることは誰も疑わないが，動物は人々を癒すために特別な状態である必要がある」最終段落最後から2文目参照。良い薬になることは書かれているが，特別な状態である必要があるという記述はない。　エ「ペットは患者を気分良くさせる助けとなるが，研究者たちでさえもその理由を完全に言えることができない」最終段落最初の2文に一致。

重要 VI （長文読解問題・論説文：適語補充，内容把握，適文補充，語句整序，内容正誤判断）

（全訳）サンホセ州立大学のキャンパスで肌寒い朝，それは新学期の始まりだった。22歳のライアン・アダムズは最初の授業に向かうために友達と歩いている。ライアンは大学生として最後の学期を始めようとしている；5月終わりには彼は財政学の学位を取得し卒業する予定だ。卒業は数か月先①だが，ライアンは4月に就職のための応募をするために履歴書や計画に取りかかっている。彼は学生から正社員への移行をすることに，わくわくと同時に少し緊張もしている。「僕は夏までには仕事を得たい」と彼は説明する。「えぇと，ついに実社会に飛び出すのは嬉しい。一方で，これまで経験した中で初めて本当の②移行になるので，それは少し怖い。」

ライアンが卒業するまでに，彼は大学で4年間過ごすことになり，彼の人生で16年間は学校で過ごしてきたことになる。他の多く学生たち同様，彼の教育のために費やされた時間とお金は報われると③ライアンは信じている：最終的には彼は良い仕事に就け，彼が選んだ分野で成功するだろう。だが，入社するために何年間も学校で準備をしてきたにもかかわらず，最近の多くの卒業生たちは教室から仕事の世界への移行に苦労し，仕事生活に適応することが困難だと言う。

ワークオーサムのウェブサイトにブログを載せている作家で編集者のジョセフ・ルイスは，それが事実である1つの理由を示唆している。私たちの学校生活での経験のほとんどは――子ども時代から大学まで――かなり④予測できるものであるが，一方で実社会での生活は，はるかにあいまいである。たとえば，学校では毎年パターンはだいたい⑤(a)同じである。全生徒は毎年決められた数の授業を取らねばならず，その授業に合格するために特定のことをしなければならない：割り当てられた課題を勉強し，宿題をし，試験を受け合格する。しかしながら，職場では⑤(b)絶えず変化するのは普通のことであり，それにすぐに適応しなければならない。今月取り組んでいた企画が来月には突然変更されるかもしれない――来週かもしれない――そして今から6か月，12か月後にあなたが何をしているかを予想するのはしばしば難しい。職場での生活はいろいろな意味でも⑤(c)不確定なのだ。たとえば，学校では毎年次の学年に上がり「その変化は進歩しているという感覚，成長と重要性…といった感覚を伴う」とルイスは指摘する。しかしながら，職場では「⑥[X]いつ昇進するかは見当もつかない；経済や同僚，上司や顧客，あるいはあなたがコントロールできない何百ものことによるのだ。」

卒業生が従業員になって遭遇するもう1つの問題は，分析的に考える準備ができていないということである。学校では，多くの生徒は――大学生も含め――事実を暗記しテストで「学んだこと」を繰り返すことに多くの時間を費やす。しかし職場では上司の指示にただ従うだけでなく，⑥[Y]従業員は分析的に考え自分の仕事に決定を下すことを期待されるとミシガン州立大学の職業サービスネットワークは指摘する。たとえば，仕事で問題に直面した従業員は別の解決策を明確にし，最善の行動を選択し，他の人たちに説明できることが必要とされる。学校ではテストの時間を減らし，生徒たちが情報を分析して解釈し，問題を解決し，自分たちの考えを効果的に伝えるのに――今日の職場で成功するための準備となる技能――役立つ時間を増やす必要があると最近の報告では言われている。

最後に，最近の多くの卒業生が言うには，⑦彼らが直面する最大の困難の一つが仕事のチームワークに適応することだ。学校でもある意味職場での協働体質のための準備はしている。学習者は毎日他のたくさんの生徒たちと教室に座る。彼らは他者の意見を聞き，時にはグループディスカッションに参加し，教室外でも仲良くする方法を学ばなければならない。それでもなお，学校では生徒たちは普通，ほとんどの課題(テスト，宿題，プロジェクト)を独力で完成させ，その出来栄えに応じて成績をもらう。しかしながら，職場では従業員は⑥[Z]他者と定期的に交流し，成功はしばしば同僚によって決まる。つまり，もし従業員が他の人たちと与えられた課題を完成させなければならない場合，従業員の成功は彼の大変な努力や専門知識だけでなく，同僚がいかによい立ち振る舞いをするかにかかっているのだ。チームワークに効果的に参加する方法――そして問題が起こった時の対処の仕方――を知っておくことは非常に大切だが，それにもかかわらずこれもまた多くの生徒たちが学校という環境で十分な練習をしていないことである。

若者は職場のためにどうしたらよりよい準備ができるだろうか？　最近の卒業生たちが自分たちの教育経験を振り返りアドバイスをくれた。学校にいる間に全員にインターンシップが必要だと多くが思った。たとえば，企業，病院，政府機関でアルバイトボランティアをすることは実際の社会で⑧成功するために必要とされる技能を学ぶ手助けとなり得る。他の卒業生たちは，先生たちが教室でのアクティビティとしてチームワークの作業を入れるべきだと確信している；このような課題は職場で同僚と協働するという要求に生徒たちを慣れさせる。他の人たちは今でも文章力と弁論の力を伸ばすこと――多くの従業員が定期的に仕事で使う能力――に焦点を当てるべきだと感じている。教室での指示にこのような類の実践的作業経験を組み合わせることで職場の実態への準備の手助けとなり，学校から仕事社会への移行のストレスをより少なくすることだろう。

問1　イ　Even though「～だが[～にもかかわらず]」を入れ「卒業は数か月先だが…に取り掛かっている」という意味にする。ア「～するとすぐに」ウ「したがって」エ「しかしながら」

問2　空所の後は関係代名詞が省略されているので，空所に入る語はライアンが初めて経験することだとわかる。transition「移行」が適当。

問3　that以下が信じている内容になる。pay off「報われる」の意味。その具体的な内容が：(コロン)の後に書かれており，その内容はウに一致。

問4　predictable「予想できる[予測可能な]」という意味。　ア「あなたの予測通りの出来事や行動様式」に一致。　イ「1つ以上の意味を持った結果，混乱する」　ウ「あなたを幸せな気持ちにし，興味を抱かせる」　エ「教科に強い気持ち示す」

問5　イが正解。本文参照。(a) sameを入れ「毎年だいたい同じ」という意味にする。(b) constant「絶えず」を入れ「職場では絶えず変化する」という意味にする。　(c) uncertain「職場での生活は不確定だ」という意味にする。

問6　オが正解。本文参照。

やや難　問7　one of the biggest difficulties they face is「彼らが直面する最大の困難の一つは…である」という意味にする。　<one of the ＋ 複数名詞>「～のうちの1つ」 the biggest difficulties「最大の困難」 one of the biggest difficulties (that) they face と関係代名詞が省略されており，face までが that 節内の主語になる。ここでのfaceは「直面する」という意味。最後に動詞isを続ける。

やや難　問8　help one learn skills needed to succeed「成功するために必要とされる技能を学ぶのを助ける」という意味にする。<help ＋ 人 ＋ 動詞の原形>で「人が～するのを助ける」 learn skills「技能を学ぶ」 needed to succeed「成功するために必要とされる」はskillsを後置修飾する分詞句。

問9　ア「ライアンは仕事を探すのが遅いのでがっかりしている」(×)第1段落第4，5文参照。already working, both excited and nervousとあるので不一致。　イ「大学生は高校生よりも試験に費やす時間が少ない」(×)そのような記述はない。　ウ「生徒たちは自分の課題を自分一人で完成させるのに十分自立しているべきだ」(×)Finallyで始まる段落第5文，最終文参照。学校では一人で完成させるが職場ではチームワークが必要とされその練習が足りないとあるので不一致。　エ「学校は生徒たちが一緒に作業をする機会をより多く提供するべきだ」(○)最終段落最後から3文目に一致。　オ「卒業生たちのアドバイスに従わない生徒たちは将来成功できない」(×)そのような記述はない。　カ「他の人たちの前で話す能力は大切だと考える卒業生たちもいる」(○)最終段落最後から2文目に一致。

★ワンポイントアドバイス★

問題量が多いので時間配分に気をつけよう。分量の多い長文読解に十分な時間を残せるよう前半の文法問題では時間をかけずに正答を導き出せるよう落ち着いて取り組もう。また，長文に知らない単語が出てきても意味を推測して読み進めよう。

＜国語解答＞《学校からの正答の発表はありません。》

一　問一　ウ　　問二　油　　問三　他者とのか～づきの蓄積　　問四　Ⓓ
問五　自分の性格や長所　　問六　はじめて自分の個性に気づかされること　　問七　ウ
問八　ヘーゲルに　　問九　イ　　問十　これが自分なんだ　　問十一　エ
問十二　a　ア　　b　エ　　問十三　(例)　相手が自発的に自分自身の意志で「私」を承認してくれること。　問十四　「私」が他～認を求める(から。)　　問十五　「キラキラ～方もできる　　問十六　相手の自由～求めること　　問十七　承認欲求
問十八　道具　　問十九　イ　　問二十　ウ　　問二十一　たとえばみ

二　①　武　　②　吉　　③　青　　④　漁　　⑤　机

三　①　幻想　　②　調和　　③　対称　　④　修辞法　　⑤　郷愁

四　①　凍結　　②　昇進　　③　句碑　　④　抽出　　⑤　奉仕　　⑥　伐採　　⑦　漂泊
⑧　そち　　⑨　じょさい　　⑩　こっきしん

○推定配点○
一　問二・問四・問九・問十二・問十七・問十九　各2点×7　　問十三　4点　　他　各3点×14
二～四　各2点×20　　計100点

＜国語解説＞

一　(論説文－大意・要旨，内容吟味，文脈把握，段落構成，指示語，接続語，脱語補充，語句の意味，品詞・用法)

重要　問一　Ⅰは直前の内容の例外的なことを補足した内容が続いているので「ただし」，Ⅱは直前の内容の具体例が続いているので「たとえば」，Ⅲは直前の内容から予想される結果とは異なる内容が続いているので「しかし」がそれぞれ当てはまる。

問二　①には「油」が当てはまり，「水と油」は性質が合わず，しっくり調和しないことを表す。

問三　「ある子どもが……」で始まる段落で，「他者とのかかわりからもたらされる気づきの蓄積」が，「アイデンティティの形成には欠かすことができない」ことを述べている。

問四　═══線Ⓓのみ，形容詞，他は打消しの助動詞。「ない」は，「ぬ」に言い換えることができれば助動詞，できなければ形容詞であることが識別できる。

問五　――線③は「自分の性格や長所」を友達に書いてもらう，ということである。

問六　――線④は「私が友達の長所を書いてあげた」ときの友達の反応で，同様のこととして直前の段落で，筆者が友達に書いてもらったものを見て「はじめて自分の個性に気づかされること」がよくあることを述べているので，この部分を④の「驚き」に対することとして抜き出す。

問七　――線⑤は，直前の「私たちは自分のことをよくわかっていない」ことを指しているのでウが適切。

重要　問八　「ヘーゲルによれば，……」で始まる段落で，――線⑥を抜け出すためには「他者から認識されている『私』のイメージを通して自分を確信しようとしていた『私』が，その『私』のイメージにこだわることから，自分を解放するということ」を述べている。

問九　――線⑦は，人を呼んで来させる，という意味なのでイが適切。

問十　――線⑧は「『よし，これが自分なんだ！』と自信を持って断言できるような」状態のことなので，⑧と同じ内容の言葉を指しているのは「これが自分なんだ」である。

問十一　――線⑨の説明として直後の段落で，実際は違う生き方もできるはずなのに，他者からの

承認に基づいた人を演じようとして，本来の自分と演じている自分との間で引き裂かれることを述べているのでエが適切。直後の段落内容を踏まえていない他の選択肢は不適切。

問十二　aは必ずそうなるさまを表すア，bは相手と自分の両方が同じように働きかけるさまを表すエがそれぞれ当てはまる。

重要　問十三　――線⑩のある段落で，「ある人による承認が『私』にとって有効であるためには，その人は自由でなくてはいけません。自由な相手が，自分自身の意志で『私』を承認してくれるのでなければ，『私』は満足できない」と述べていることをふまえ，⑩の「必要な条件」を具体的に説明する。

重要　問十四　「承認欲求の陥る」ものである――線⑪は，「それだけでは……」で始まる段落で「『承認』の問題」として，「『私』が他者に承認を求めるとき，その他者もまた『私』に対して承認を求める」ということを述べているので，この部分を⑪が生じる理由として抜き出す。

問十五　――線⑫と同様のこととして「理屈は単純……」で始まる段落で，「『キラキラした人』としてではない生き方もできる」ということを述べている。

重要　問十六　――線⑬について「『承認欲求を捨てろ』……」で始まる段落で，「相互承認を求めること」に「重要な」こととして「相手の自由を尊重し，相手からも自由を尊重されるという形での承認を求めること」を述べているので，この部分を⑬の「相互承認」が成立するために大切なこととして抜き出す。

問十七　⑭は「『自分をこういう存在として認めてほしい』という」ことなので，⑭のある段落冒頭でも述べている「承認欲求」が当てはまる。

問十八　――線⑮は「一方的な承認欲求のぶつけあいではない『相互承認』という承認のあり方」のことで，「他者による承認に……」で始まる段落で「他者による承認によって自分自身を確信しようとすることは，他者を，自分自身を確信するための……いわば道具として扱うことを意味」すると述べているので，「『私』が『あなた』を『単なる便利な存在』として見ているとき」の「あなた」は「道具」として捉えている，ということである。

基本　問十九　イのみ「かさねる」という意味で使われている。――線⑯と他の選択肢は「大切にする，おもんじる」という意味。

やや難　問二十　「子どもは，まわりの……」で始まる段落で，「自律性とはそうした他律性のなかからしか育まれてこないもの」であることを述べているので，「自律性と他律性は……大きな影響を及ぼし合いながら存在している」とあるウは適切でない。アは「おそらく，ここに……」で始まる段落，イは「私たちは生きていく上で……」で始まる段落，エは「つまり，自律性と……」で始まる段落内容をいずれも踏まえている。

問二十一　抜けている形式段落の「同じこと」は，「子どもは，まわりの……」から続く2段落で，子どもが自分を育ててくれる大人たちに対して他律的であるように，「自律性と他律性はつながってい」て「人が成長していく上で自然なあり方」であることと「同じこと」であること，また，抜けている形式段落最後の「友達」について，「たとえばみなさんは……」で始まる段落から述べていることから，「たとえばみなさんは，」の直前へ入るのが適切。

二　（ことわざ・空欄補充）

①と「文は〔武〕に勝る」は，思想や文学の力は武力よりも大きな力をもつという意味。②と「思い立ったが〔吉〕日」は，良いと思ったことは，ためらわずにすぐに実行するべきという意味。③と「〔青〕天の霹靂」は，突然思いがけないことが起きて驚くこと。④と「〔漁〕夫の利」は，苦労せずに利益を得ること。⑤と「〔机〕上の空論」は，実際には何の役にも立たないこと。他の語群は，「〔縁〕の下の力持ち」は陰で他人を支える努力や苦労をする人のこと。「的を〔射〕る」は的確に要点

をとらえること。「灯台〔下〕暗し」は身近なことはかえって気づきにくいこと。

三 (語句の意味，漢字の書き取り)

①は「幻想」「空想」という意味で，空想や想像力によって生み出された物語や世界観を指す言葉。②は「調和」「合致」という意味。③は「対称」という意味で，左右のつり合いが取れていること。同音異義語の「対象」「対照」などと区別する。④は「修辞法」のことで，説得力を持つ話術や文章を作成するための技術を指し，具体的な表現技法としては比喩，反語などがある。⑤は「郷愁」のことで，過ぎ去った時代や時間を懐かしむ気持ちを意味する。

重要 四 (漢字の読み書き)

①は計画の実施などを止めること。②は地位や役職などが上がること。③は俳句を彫りつけ，記念として立てた石のこと。④は抜き出すこと。⑤は報酬や見返りを求めず，私心を捨てて力を尽くすこと。⑥は樹木を切り取ること。⑦は居所を決めずにさまよい歩くこと。同音異義語の「漂白」と区別する。⑧は事態に応じて必要な処置などをすること。⑨の「如才ない」は気が利いていて手抜かりや手落ちが無いこと。⑩は自分の欲望や邪念を制して自己に打ち勝つ心。

★ワンポイントアドバイス★

論説文では，本文で用いられている語句の意味を正確に捉えて読み進めよう。

2023年度

入　試　問　題

2023年度

2023年度

明治大学付属中野高等学校入試問題

【数　学】（50分）　＜満点：100点＞

1. 次の問いに答えなさい。

(1) $\left(\dfrac{1}{\sqrt{3}}-\sqrt{6}\right)^2+\dfrac{6}{\sqrt{2}}+\left(\dfrac{2\sqrt{2}}{\sqrt{3}}\right)^2$ を計算しなさい。

(2) $4x(x-4)-(x^2-6x+8)$ を因数分解しなさい。

(3) 2次方程式 $(x-\sqrt{3})^2-(x-\sqrt{3})-2=0$ を解きなさい。

(4) 右の表は，40人のクラスで実施した数学の小テストの結果をまとめたものです。このとき，得点の中央値を求めなさい。

得点（点）	人数（人）
5	6
4	14
3	8
2	7
1	3
0	2
計	40

2. 次の問いに答えなさい。

(1) x，y についての連立方程式 $\begin{cases} 4x+3y=11 \\ x-ky=-\dfrac{1}{2}k \end{cases}$ の解が $\begin{cases} x=p \\ y=q \end{cases}$ であり，

$p+q=3$ が成り立つとき，k の値を求めなさい。

(2) 2つの関数 $y=ax-8$ と $y=bx^2$ は，x の変域が $-4 \leqq x \leqq 2$ のとき，y の変域が一致します。このとき，a，b の値を求めなさい。ただし，$a>0$ とします。

(3) 下の図の△ABCにおいて，辺BCの中点をMとし，頂点B，Cから辺AC，ABにそれぞれ垂線BD，CEをひきます。このとき，$\angle x$ の大きさを求めなさい。

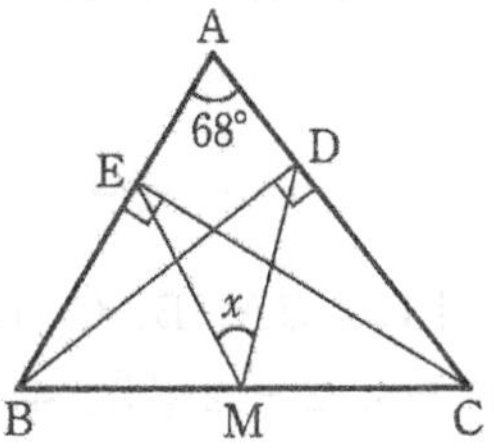

(4) 2次方程式 $x^2-4x+1=0$ の2つの解を a，b とするとき，

$a^{10}b^8+a^6b^8-3a^5b^5$ の値を求めなさい。

(5) 等式 $\dfrac{1}{x}-\dfrac{2}{y}=3$ が成り立つとき，$\dfrac{6x-3y}{3xy-2x+y}$ の値を求めなさい。

ただし，x，y はともに0でないものとします。

(6) $\sqrt{2233-33n}$ が整数となるような自然数 n の値をすべて求めなさい。

3. 次の文章について，記号ア～ウにあてはまる数を答えなさい。

正十二面体のさいころの各面に，1から12までの整数が1つずつ書かれています。このさいころを2回投げ，1回目に出た目の数をa，2回目に出た目の数をbとします。ただし，このさいころを投げたとき，どの面が出ることも同様に確からしいとします。

3本の直線$y=\dfrac{b}{a}x$……①，$y=2x-4$……②，$x=3$……③について，

2本の直線①，②が平行となる場合の数は［ア］通りであり，

3本の直線①，②，③が1点で交わる場合の数は［イ］通りです。

すなわち，このさいころを2回投げたとき，

3本の直線①，②，③により，三角形ができる確率は［ウ］です。

4. ある容器に濃度がx%の食塩水200gが入っています。この容器から20gの食塩水をくみ出し，かわりに$5x$gの水を入れて，よくかき混ぜたところ，濃度が3%薄くなりました。このとき，次の問いに答えなさい。

(1) 水を入れた後，容器の中の食塩水には何gの食塩が溶けていますか。
xを用いた1次の単項式で答えなさい。

(2) xについての2次方程式をつくり，xの値を求めなさい。
ただし，答えだけでなく，答えを求める過程がわかるように，途中の式や計算なども書きなさい。

5. 右の図のように，1辺が$6\sqrt{2}$cmの正方形から，4つの合同な二等辺三角形である斜線部分を切り取り，残った部分で正四角錐《すい》を作ります。この正四角錐《すい》の底面が1辺3cmの正方形であるとき，次の問いに答えなさい。

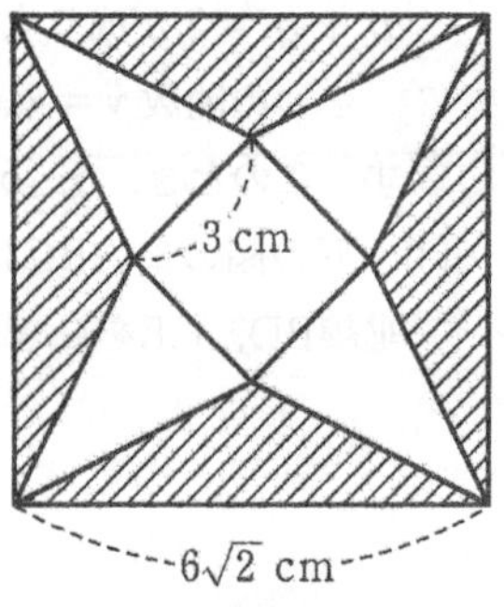

(1) この正四角錐《すい》の体積を求めなさい。

(2) この正四角錐《すい》の内部にあり，すべての面に接する球の半径を求めなさい。

6. 右の図のように，放物線$y=\dfrac{1}{4}x^2$上に4点A，B，C，Dがあり，それぞれのx座標は順に-8，$2-2\sqrt{5}$，4，$2+2\sqrt{5}$です。このとき，直線ABと直線BCは垂直に交わり，直線CDと直線DAも垂直に交わります。直線ACと直線BDの交点をEとするとき，次の問いに答えなさい。

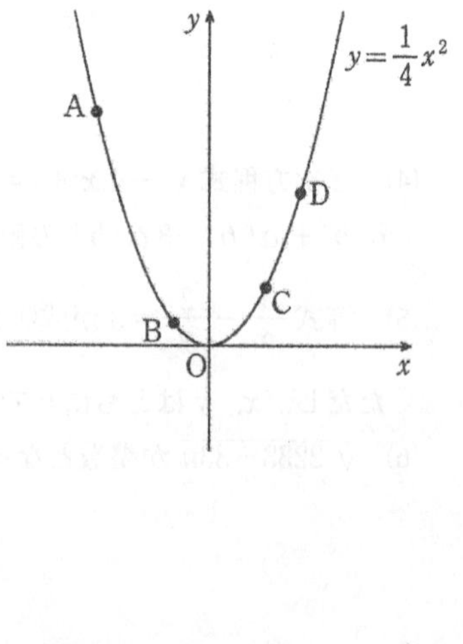

(1) 線分BDの長さを求めなさい。

(2) 点Eの座標を求めなさい。

(3) △ADEの面積をS，△BCEの面積をTとします。このとき，積STの値を求めなさい。

【英　語】（50分）　＜満点：100点＞

Ⅰ．次の英文の（　）に最も適するものを選び，記号で答えなさい。

1．Please let me know your answer when you (　　).
ア．finish　　イ．finished　　ウ．will finish　　エ．were finishing

2．New Caledonia, which is known (　　) "the island closest to heaven," is one of the most popular spots among Japanese tourists.
ア．in　　イ．by　　ウ．to　　エ．as

3．There is no problem that (　　) at today's meeting.
ア．we should talk about　　イ．we should be talked
ウ．should talk about　　エ．should be talked

4．Italy is a country (　　) population is about (　　) that of Japan.
ア．which － half as large as　　イ．whose － half as large as
ウ．which － as half as　　エ．whose － as half as

5．His mother will be surprised to learn (　　) well he has done it all by himself.
ア．so　　イ．what　　ウ．how　　エ．that

6．A：Can I have some more soup?
B：Sure. (　　)
ア．Take care.　　イ．Take it easy.　　ウ．Help yourself.　　エ．You're welcome.

Ⅱ．（　）に指定された文字で始まる語を入れ，英文を完成させなさい。その際に［　］内の定義を参考にすること。

1．I bought a new (d　　) at the bookstore yesterday.
[a book in which you write down the things that happen to you each day]

2．It is a (p　　) to have Jim back in my team.
[a feeling of happiness, satisfaction or enjoyment]

3．"Daddy, (l　　) me up. I can't see."
[to raise something or someone from a lower to a higher position]

4．The United States midterm elections were (h　　) on November 8, 2022.
[to have an event in a particular place or at a particular time]

5．In 2010, almost 700,000 (i　　) students were studying in colleges and universities in the U.S.
[involving two or more countries]

Ⅲ．次の日本語の内容になるように［　］内の語句を並べかえ，英文を完成させなさい。解答は（A）（B）（C）に入るものを書きなさい。

1．なぜその市はワシントンD. C. と名付けられたのですか。
(　　)(A)(B)(C)(　　)?
[named / why / the city / was / Washington, D.C.]

2．もし私があなたの立場なら，彼に本当のことを教えるのになあ。

I (　　)(A)(　　) the truth if I (B)(　　)(C)(　　).

[were / your / tell / in / him / place / would]

3．このジャングルを安全に案内してくれる人が必要だ。

We (　　)(A)(　　)(B)(　　) safely (C)(　　)(　　).

[through / to / jungle / us / need / guide / someone / this]

4．ナポレオンが着ていたシャツと彼が英語の練習用に書いた手紙が，ベルギーの博物館で展示されている。

(　　)(　　)(A)(　　)(B)(　　)(　　)(C)(　　)(　　) his English have gone on display at a museum in Belgium.

[and / a shirt / Napoleon / wrote / a letter / worn / he / to / by / practice]

5．南極大陸では，凍った大陸を覆う巨大な氷床がゆっくりと溶けてきている。

In Antarctica, the giant ice sheets (　　)(A)(　　)(　　)(B)(　　)(C)(　　) slowly.

[that / continent / been / cover / the / melting / frozen / have]

6．彼は黄色いコートを身につけた男が空港に戻るのを見た。

He (A)(　　)(B)(　　)(C)(　　) to the airport.

[in / saw / go / a man / back / a yellow coat]

Ⅳ．次の英文を読んで，あとの問いに答えなさい。

One day in 1676, Antony van Leeuwenhoek, a Dutch scientist, looked through a microscope. He reacted with surprise. Something appeared that no one had ever seen before. He saw bacteria. As he continued to watch, the things moved. They were so tiny that he could see them only through a microscope. He did not know what they were. He did not know where they came from. Today, over 350 years later, scientists know that the world is filled with bacteria. Scientists know that bacteria can harm and can help humans.

(1) They exist deep under the ground. They exist in oceans and lakes. They exist inside of plants and animals. They exist on people's hands and in their noses. People cannot see them. Yet bacteria have many effects on humans. There are many kinds of bacteria. Some are harmful and others are harmless. Many bacteria actually help us.

Sometimes the word *germs* is used to describe harmful bacteria. Germs can cause terrible diseases such as cholera and tuberculosis. Cholera bacteria live in dirty water. If a person drinks the dirty water, the bacteria will infect his digestive system. He will suffer terrible stomach pains. Some diseases easily transfer from one person to another. For example, someone who has tuberculosis bacteria in her lungs can transfer the disease if she coughs or sneezes. (2) People who breathe the air will breathe in the harmful bacteria.

Often foods have germs growing on them or inside of them. Eating the food could make people sick. (3) For instance, washing fruits before eating them will wash away many harmful germs. Heat is another way to destroy harmful bacteria. Cooking meat for a long time will make it safe to eat.

Not all bacteria are harmful. Some bacteria help humans in many ways. For example, millions of good bacteria exist in the body's digestive system. (4) Also, good bacteria are needed to make certain foods, such as cheeses and yogurts.

Many bacteria also help the environment. For example, bacteria help break down dead plant material, such as fallen leaves, so it can mix with the soil. Bacteria that exist in the oceans help in several ways. For example, they become food that is eaten by tiny fish. Then the tiny fish become food for big fish. When you catch a big fish, it becomes food for your dinner. Another way that bacteria help is by cleaning up oil spills from ships. Also, they help clean up human waste that rain carries into the oceans.

(5) In fact, some help us.

注） harm 害を及ぼす　cholera コレラ　tuberculosis 結核　infect 感染する　spill 流出

問 （1）～（5）に適するものをそれぞれ選び，記号で答えなさい。

ア. The bacteria come out of her mouth or nose and go into the surrounding air.

イ. However, there are ways to prevent getting sick.

ウ. They make people cough when there are too many bacteria in the food.

エ. Our world is filled with bacteria, but not all are harmful.

オ. Bacteria − tiny living things − exist everywhere in the environment.

カ. They help change the food we eat, so our bodies can use the vitamins in the food.

V. 次の英文を読んで，あとの問いに答えなさい。

You're walking down a busy city sidewalk, and someone in front of you falls down. What would you do? Now imagine that same situation, but you are the only other person on the sidewalk. What would you do then? According to social psychologists, you are more likely to help when there is no one else around. In contrast, if there are many witnesses, or bystanders, you might not offer help. It is even possible that no one would help the person at all. Psychologists believe this is a natural yet complex human reaction, which they call the *bystander effect*.

The bystander effect was first discovered in 1964 as a result of a very unfortunate event that happened outside Catherine Genovese's home in New York City. At three o'clock in the morning, someone attacked and murdered Genovese in front of her apartment building. The noise of the killing woke up 38 of Genovese's neighbors. All of them looked out of their windows to see what was happening. However, not one of those 38 witnesses did anything to help. No one reported the murder to the police. The whole nation was shocked by the news the next day, and psychologists had no answers to explain why these people didn't help.

Newspapers called the 38 witnesses selfish and uncaring, but social psychologists John Darley and Bibb Latane had a different theory. They believed that a large number of witnesses actually decreased the chances that any individual would help. If only one person witnesses a murder, he or she will feel fully responsible for calling the police. If there are two witnesses, each person might feel only half responsible. Now imagine there are many witnesses, as in the Genovese case. Darley and Latane pointed out that each person felt only a small amount of responsibility, so each did nothing. The reason they didn't help was not that they were uncaring or selfish people. There were just too many of them.

Darley and Latane knew they had to prove their theory scientifically, so they set up an experiment with college students to test it. They divided the students into three groups. They took each student to a small building. They put him or her in a room with a TV screen that showed another person in a different room in the building; then they left. Students in the first group thought that they were alone in the building. Students in the second group thought that there was one other person in the building. Students in the third group thought that there were four other people in the building. As part of the experiment, the person on the TV screen pretended to become ill and called out for help. In the first group, where students believed they were the only people in the building, 85 percent went to get help for the person. In the second group, only 62 percent tried to help. In the third group, only 31 percent tried to help. The results supported Darley and Latane's theory. They figured out that having more witnesses did not mean that help was more likely. In fact, the opposite was true.

Social psychologists believe the bystander effect can apply to a number of everyday situations. For example, on a busy sidewalk, you might not give money to a homeless man (or help someone who falls down). On a crowded subway, you may not give up your seat to an elderly person. On the highway, you might choose not to stop and help someone change a flat tire. In these situations, you – and the other bystanders – feel less responsible because so many people are around to help, so no one ends up helping at all.

The bystander effect is one of the many factors that influence a person's decision to help out a stranger in need. Some people might naturally feel more desire to help. Some cultures might put more importance on helping strangers than others do. Some cities and towns could be designed to be more friendly than others. However, psychologists know that humans are naturally influenced by the presence of others around them even if they are not aware of it.

注）psychologist　心理学者　　witness　目撃者，目撃する　　complex　複雑な
murder　殺害する，殺害　　uncaring　冷淡な　　responsible　責任がある　　prove　証明する
pretend to *do*　～するふりをする　　factor　要因　　presence　存在

1．Which of the following statements explains the bystander effect?

ア．It is a natural human reaction that never occurs in a difficult situation.

イ．It is a natural human reaction that occurs among young people.

ウ．It is a natural human reaction that can occur in situations in which help is needed.

エ．It is a natural human reaction that can occur when there is no one else around.

2．Which of the following statements is true about the case which happened to Catherine Genovese?

ア．Genovese's neighbors were selfish and uncaring.

イ．The killer attacked and murdered 38 of Genovese's neighbors.

ウ．One of the witnesses helped the injured people soon.

エ．Psychologists couldn't understand the neighbors' behavior at first.

3．What did Darley and Latane figure out?

ア．When there were more witnesses, more people helped.

イ．Having more witnesses meant less possibility of help.

ウ．Most of the students in the third group tried to help the person in trouble.

エ．Most students were kind enough to help in every situation.

4．Which is NOT written as an example of the bystander effect?

ア．You may not give your food to a homeless man at a station.

イ．You may not stand up and give up your seat to elderly people on a train.

ウ．You may not stop to give your hand to someone who needs to change a flat tire on the highway.

エ．You may not give money to people in need on busy streets.

5．Which of the following statements is true?

ア．No one naturally has more desire to help others.

イ．Some cities and towns are designed to make people feel the bystander effect.

ウ．People who grow up in some cultures are more likely to help others.

エ．People are influenced by the number of witnesses only if they are aware of the bystander effect.

6．Which is the best title of this passage?

ア．A Question of Time

イ．A Question of Tools

ウ．A Question of Places

エ．A Question of Numbers

VI. 次の英文を読んで，あとの問いに答えなさい。

Learning through Video Games: Fact or Fiction?

Video games are a major part of children's lives today, and they spend hours playing them. However, both parents and teachers question the educational value of video games at home and in the classroom. Even more importantly, can playing video games, especially violent ones, actually be harmful to children?

The First Point: Gaming to Learn

Do educational computer and video games lead to real improvements in learning?

[1] Many of today's K-12 students are spending their class time − and a lot of it − exploring science and writing sentences through the website BrainPOP. The website allows kids to watch movies, complete quizzes, and play games covering hundreds of topics within math, science, social studies, English, technology, art, music, and health. 【 A 】

[2] BrainPOP is just one of hundreds of educational game websites in a billion-dollar industry that is growing in popularity. Nearly 60 percent of teachers now use digital games at least weekly in teaching, with 18 percent using them daily, according to a survey of 488 K-12 teachers conducted by researchers at New York University and the University of Michigan. 【 B 】

[3] Over the past 20 years, scientists have reviewed research on the effectiveness of educational computer and video games. Overall, they've found that the research on games is highly diverse, disorganized, and unfocused. Douglas Clark, Ph.D., professor of the learning sciences education at Vanderbilt University says, "The research shows that games as a medium can be effective, but not always. Design is really what matters. Nobody assumes that all lectures, labs, or books are good simply because of their medium." Jan Plass, Ph.D., a professor in NYU's Steinhardt School of Culture, Education and Human Development and one of the study's lead authors, agrees. "We found that well-designed games can encourage students to learn less popular subjects, such as math, and that game-based learning can actually get students interested in the subject matter." 【 C 】

[4] Psychologists are also studying ① a learning game for college students. A series of studies were conducted by psychologist Art Graesser, Ph.D., of the Institute for Intelligent Systems at the University of Memphis, and his co-workers, who developed the game. They reported improvements in critical thinking skills among students at three different types of higher education institutions − a community college, a state university, and a private college. "Every part of the game was supported by one or more principles of learning," says Graesser. "That's different from a lot of commercial games that often try to improve motivation but not learning. We really tried to do both."

The Second Point: Review finds video game play may provide learning, health, and social benefits

5 Playing video games, including violent games, may boost children's learning, health, and social skills, according to a review of research in *American Psychologist*. The study comes out as ② debate continues among psychologists and other health professionals about the effects of violent media on youth.

6 While one view maintains that playing video games is intellectually lazy, such play actually may strengthen a range of cognitive skills such as spatial navigation, reasoning, memory, and perception, according to several studies reviewed in the article.

7 Playing video games may also help children develop problem-solving skills. The more teenagers reported playing strategic video games, the more they improved in problem solving and school grades the following year. Children's creativity was also improved by playing any kind of video game, including violent games, but not when the children used other forms of technology, such as a computer or cell phone, other research revealed.

8 Simple games that are easy to access and can be played quickly can improve players' moods, promote relaxation, and protect against anxiety, the study said. "If playing video games simply makes people happier, this seems to be a fundamental emotional benefit to consider," said Isabela Granic, Ph.D., of Radboud University Nijmegen in the Netherlands.

9 The authors also highlighted the possibility that video games are effective tools for learning resilience in the face of failure. By learning to cope with ongoing failures in games, the authors suggest that children build emotional resilience they can rely upon in their everyday lives.

10 Another stereotype the research challenges is the socially isolated gamer. More than 70 percent of gamers play with a friend. Multiplayer games become virtual social communities, where decisions need to be made quickly about whom to trust or reject and how to lead a group, the authors said. People who play video games that encourage cooperation, ③(　　　) the games are violent, are more likely to be helpful to others while gaming than those who play the same games competitively, a recent study found.

11 Perhaps a compromise between the two points is to have adults monitor or screen video games before allowing younger children to play them. Another helpful strategy is to limit how much time children are allowed to play the games each day. Finally, adults, especially parents, can discuss the video games with their children and explain why some games are better to play than others.

注）K-12　英語圏の初等・中等教育の期間　　effectiveness　効果　　disorganized　まとまりがない

medium　手段　assume　思い込む　psychologist　心理学者　critical　批判的な
institution　機関　principle　原理　commercial　営利目的の　boost　高める　youth　青年期
maintain　主張する　strengthen　強化する　cognitive skills　認知能力　anxiety　不安
fundamental　重要な　highlight　強調する　resilience　回復力　cope with　対処する
rely upon　当てにする　stereotype　固定観念　isolated　孤立した　compromise　妥協案
monitor　チェックする　screen　選別する

問１．次の文が入る適切な場所を本文中の【A】～【C】より選び，記号で答えなさい。

But although the popularity of such games has been growing, research still hasn't decided whether they really help children learn.

問２．下線部①について，段落④で述べられていることとして適切なものを選び，記号で答えなさい。

ア．３つの教育機関の学生が作ったゲーム　イ．楽しむこと以外も目的とするゲーム
ウ．協調性を高めるゲーム　エ．一部に学習原理を用いたゲーム

問３．下線部②の内容について説明したものを選び，記号で答えなさい。

ア．the benefits of playing computer games in the classroom
イ．the effects of spending too much time playing video games
ウ．the influence of violent video games on young people
エ．the improvements in critical thinking skills among college students

問４．段落⑦で述べられていることとして適切なものを選び，記号で答えなさい。

ア．暴力的なゲームでも創造性は育つ。
イ．カードゲームでも創造性は育つ。
ウ．戦略的なゲームを除く全てのゲームで創造性が育つ。
エ．最先端のテクノロジーを使ったゲームで創造性が育つ。

問５．下線部③の（　）に適するものを選び，記号で答えなさい。

ア．since　イ．even if　ウ．but　エ．as soon as

問６． The Second Point（段落⑤～⑩）で述べられているビデオゲームをすることの利点として適切なものを選び，記号で答えなさい。

ア．Violent games can promote children's relaxation.
イ．Simple games help children to get access to other games.
ウ．Ongoing failures in games may help children learn resilience.
エ．Children can avoid going out by playing multiplayer games.

問７．段落⑪で提案されているものを選び，記号で答えなさい。

ア．ゲームをする時間を決める。　イ．親と一緒にゲームをする。
ウ．学習用ゲームだけをする。　エ．オンラインゲームをする。

問８．本文の内容と合うよう，（　）に指定された文字で始まる語を答えなさい。

Parents are not sure of the educational ①(v　　　) of video games, but research seems to support the idea that playing video games can provide benefits, such as ②(i　　　) students' learning, strengthening cognitive skills and encouraging cooperation.

【一月から訪れる月の順に】

⑤ （ア） 朧月《おぼろづき》　（イ） 柚湯《ゆずゆ》　（ウ） 浴衣《ゆかた》

【春から季節が巡る順に】

四、次の①～⑦の――線部を漢字に改め、⑧～⑩の――線部の読みをひらがなで答えなさい。

① ウイルスのセンプク期間を調べる。

② 医者からジョウザイを処方された。

③ 親に携帯電話をボッシュウされた。

④ 水墨画からユウゲンの美を感じ取る。

⑤ 故郷へのボジョウがこみあげてくる。

⑥ 受験勉強でショウソウ感にかられる。

⑦ 退職をケイキに俳句を始める。

⑧ 芳名帳に名前と住所を書く。

⑨ 惜別の念がこみ上げてくる。

⑩ 鶏卵を使った料理を作る。

【国　語】（五〇分）〈満点：一〇〇点〉

【注意】　字数指定がある問いでは、句読点・記号なども一字として数えます。

一、※問題に使用された作品の著作権者が二次使用の許可を出していないため、問題を掲載しておりません。

（出典：平田オリザ『ともに生きるための演劇』による）

二、次の①～⑤の文の要点を説明した文が後にあります。（　）に当てはまる言葉として最も適切なものを、（ア）～（エ）の中からそれぞれ選び、記号で答えなさい。

①　夏の植物であるニチニチソウには毒の成分がある。だが、薬としても利用されるので、そういった不思議な性質はたいへん面白いものだと思われる。

要点…ニチニチソウは（　　　）だ。

（ア）　植物　（イ）　毒　（ウ）　薬　（エ）　不思議なもの

②　日曜日に選挙があるが、ぼくは用事があるので、前日までに投票しない場合は投票できるチャンスがなくなるだろう。

要点…ぼくが投票できるチャンスは（　　　）。

（ア）　日曜日以外だ　（イ）　日曜日の前日だ
（ウ）　日曜日だ　（エ）　もうない

③　日本で欽明《きんめい》天皇の時代に伝来した仏教はいろいろな人物が影響を与えて、後にそれは変化し、各地に拡大していった。

要点…日本の仏教はいろいろな人物に（　　　）。

（ア）　影響を与えられた　（イ）　影響を与えた
（ウ）　拡大された　（エ）　拡大した

④　自分は暖かい地域から引っ越してきたため、冬に降雪があることは珍しいと思う。だが、とても寒い北国に住むここの住人たちは、冬の降雪についてそうは思わない。

要点…（　　　）は降雪が珍しくないと思う。

（ア）　自分　（イ）　寒い北国
（ウ）　ここの住人たち　（エ）　冬

⑤　A君とB君はC君よりも背が高い。しかし、だからといってC君は背が低いというわけではなく、クラスで五番目に高いD君と同じなのだ。

要点…ここの四人の身長は（　　　）。

（ア）　低い　（イ）　低いわけではない
（ウ）　高い　（エ）　高いわけではない

三、次の①～⑤について、（ア）～（ウ）の言葉を【　】内の指示に従ってそれぞれ正しい順番に並べ、記号で答えなさい。

①　（ア）　午《うま》　（イ）　丑《うし》　（ウ）　申《さる》
【深夜0時から時刻の早い順に】

②　（ア）　冬至　（イ）　大寒　（ウ）　立冬
【寒さが厳しくなっていく順に】

③　（ア）　七夕　（イ）　端午　（ウ）　桃
【一月から訪れる節句の順に】

④　（ア）　葉月　（イ）　文月《ふづき》　（ウ）　長月

2023年度

解　答　と　解　説

《2023年度の配点は解答欄に掲載してあります。》

＜数学解答＞ 《学校からの正答の発表はありません。》

1. (1) $9+\sqrt{2}$　(2) $(x-4)(3x+2)$　(3) $x=\sqrt{3}+2,\ \sqrt{3}-1$　(4) 3.5点

2. (1) $k=4$　(2) $a=4,\ b=-\frac{3}{2}$　(3) $\angle x=44$度　(4) 11　(5) $-\frac{3}{2}$

(6) $n=9,\ 53,\ 64$

3. ア 6　イ 4　ウ $\frac{67}{72}$

4. (1) $1.8x$(g)　(2) $x=12$(答えを求める過程は解説参照)

5. (1) $9\sqrt{2}\,\text{cm}^3$　(2) $\frac{3\sqrt{2}}{4}$cm

6. (1) $4\sqrt{10}$　(2) E(2, 6)　(3) 400

○推定配点○

1. 各5点×4　2. 各5点×6　3. 各5点×3　4. (1) 4点　(2) 6点　5. 各5点×2
6. 各5点×3　計100点

＜数学解説＞

基本 **1.** (平方根，因数分解，2次方程式，データの整理)

(1) $\left(\frac{1}{\sqrt{3}}-\sqrt{6}\right)^2+\frac{6}{\sqrt{2}}+\left(\frac{2\sqrt{2}}{\sqrt{3}}\right)^2=\frac{1}{3}-2\sqrt{2}+6+3\sqrt{2}+\frac{8}{3}=9+\sqrt{2}$

(2) $4x(x-4)-(x^2-6x+8)=4x(x-4)-(x-4)(x-2)=(x-4)\{4x-(x-2)\}=(x-4)(3x+2)$

(3) $(x-\sqrt{3})^2-(x-\sqrt{3})-2=0$　$\{(x-\sqrt{3})-2\}\{(x-\sqrt{3})+1\}=0$　$x-\sqrt{3}-2=0$より，$x=\sqrt{3}+2$　$x-\sqrt{3}+1=0$より，$x=\sqrt{3}-1$

(4) 得点の小さい方から数えて20番目の得点は3点，21番目の得点は4点だから，中央値は，$\frac{3+4}{2}=3.5$(点)

2. (連立方程式，関数，角度，式の値，数の性質)

基本 (1) $4p+3q=11\cdots①$，$p-kq=-\frac{1}{2}k\cdots②$，$p+q=3\cdots③$　①−③×3より，$p=2$　これを③に代入して，$q=1$　$p=2$，$q=1$を②に代入して，$2-k=-\frac{1}{2}k$　$-\frac{1}{2}k=-2$　$k=4$

重要 (2) $a>0$より，$y=ax-8$の最小値は$x=-4$のとき$y=-4a-8$，最大値は$x=2$のとき$y=2a-8$　$b>0$のとき，$y=bx^2$の最小値は$x=0$のとき$y=0$，最大値は$x=-4$のとき$y=16b$だから，$-4a-8=0$より，$a=-2$　これは不適。$b<0$のとき，$y=bx^2$の最小値は$x=-4$のとき$y=16b$，最大値は$x=0$のとき$y=0$だから，$-4a-8=16b\cdots①$，$2a-8=0\cdots②$　②より，$a=4$　これを①に代入して，$-16-8=16b$　$b=-\frac{3}{2}$　これは適する。

基本 (3) ∠BEC＝∠BDC＝90°より，4点B，E，D，Cは点Mを中心とし線分BCを直径とする円の周上

にある。△ACEの内角だから，∠DCE＝180°−90°−68°＝22°　　よって，円周角の定理より，$\angle x=2\angle \mathrm{DCE}=44°$

(4)　a，bを解とする2次方程式は，$(x-a)(x-b)=0$　$x^2-(a+b)x+ab=0$と表せるから，与えられた方程式の係数を比べて，$a+b=4$，$ab=1$　$a^{10}b^8+a^6b^8-3a^5b^5=a^8b^8\times a^2+a^6b^6\times b^2-3a^5b^5=1^8\times a^2+1^6\times b^2-3\times 1^5=a^2+b^2-3=(a+b)^2-2ab-3=4^2-2\times 1-3=11$

(5)　$\dfrac{1}{x}-\dfrac{2}{y}=3$　$y-2x=3xy$　これを与式に代入して，$\dfrac{6x-3y}{3xy-2x+y}=\dfrac{6x-3y}{(y-2x)-2x+y}=\dfrac{3(2x-y)}{-2(2x-y)}=-\dfrac{3}{2}$

重要　(6)　$\sqrt{2233-33n}=\sqrt{11(203-3n)}$より，$203-3n=11k^2$（$k$は負でない整数）であれば題意を満たす。$3n=203-11k^2>0$より，$k=0$，1，2，3，4を代入すると，$3n=203$，192，159，104，27　$n=\dfrac{203}{3}$，64，53，$\dfrac{104}{3}$，9　よって，求める自然数nは，9，53，64

重要　3.　（関数と確率）

$y=\dfrac{b}{a}x\cdots①$，$y=2x-4\cdots②$，$x=3\cdots③$　（ア）直線①，②が平行になるとき，$\dfrac{b}{a}=2$　$b=2a$　これを満たす12以下の自然数a，bの組は，$(a,\ b)=(1,\ 2)$，$(2,\ 4)$，$(3,\ 6)$，$(4,\ 8)$，$(5,\ 10)$，$(6,\ 12)$の6通り。（イ）直線①，②，③が1点で交わるとき，③を②に代入して，$y=2\times 3-4=2$　よって，交点の座標は$(3,\ 2)$　直線①はこの点を通るから，$2=\dfrac{3b}{a}$　$b=\dfrac{2}{3}a$　これを満たす12以下の自然数a，bの組は，$(a,\ b)=(3,\ 2)$，$(6,\ 4)$，$(9,\ 6)$，$(12,\ 8)$の4通り。（ウ）（ア），（イ）より，求める確率は，$1-\dfrac{6+4}{12\times 12}=1-\dfrac{5}{72}=\dfrac{67}{72}$

4.　（方程式の利用ー食塩水）

基本　(1)　求める食塩の量は，濃度x%の食塩水$200-20=180$(g)中の食塩の量に等しいから，$180\times\dfrac{x}{100}=1.8x$(g)

(2)　食塩の量について，$180\times\dfrac{x}{100}=(180+5x)\times\dfrac{x-3}{100}$　$180x=(180+5x)(x-3)$　$180x=180x-540+5x^2-15x$　$x^2-3x-108=0$　$(x-12)(x+9)=0$　$x>3$より，$x=12$

重要　5.　（空間図形の計量）

(1)　正方形の対角線の長さは，$6\sqrt{2}\times\sqrt{2}=12$　よって，側面の二等辺三角形の高さは，$(12-3)\div 2=\dfrac{9}{2}$　したがって，正四角錐の高さは，$\sqrt{\left(\dfrac{9}{2}\right)^2-\left(\dfrac{3}{2}\right)^2}=3\sqrt{2}$より，正四角錐の体積は，$\dfrac{1}{3}\times 3^2\times 3\sqrt{2}=9\sqrt{2}$ (cm³)

(2)　球の半径を$r$cmとする。右の図で，△ABC＝△OAB＋△OBC＋△OCA

$\dfrac{1}{2}\times 3\times 3\sqrt{2}=\dfrac{1}{2}r\left(\dfrac{9}{2}+3+\dfrac{9}{2}\right)$　$r=\dfrac{3\sqrt{2}}{4}$ (cm)

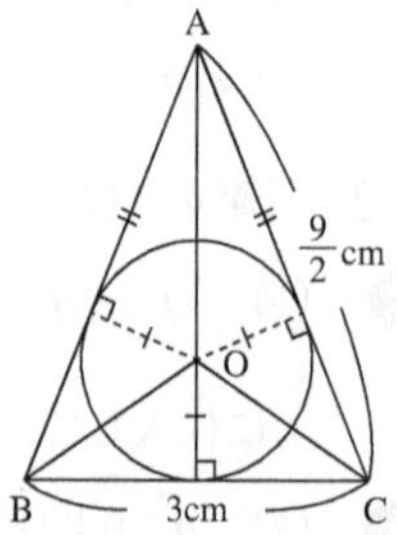

6.　（図形と関数・グラフの融合問題）

基本　(1)　$y=\dfrac{1}{4}x^2$に$x=2-2\sqrt{5}$を代入して，$y=\dfrac{(2-2\sqrt{5})^2}{4}=(1-\sqrt{5})^2=6-2\sqrt{5}$　よって，$\mathrm{B}(2-2\sqrt{5},\ 6-2\sqrt{5})$　同様にして，$\mathrm{D}(2+2\sqrt{5},\ 6+2\sqrt{5})$

よって，$\mathrm{BD}=\sqrt{\{(2-2\sqrt{5})-(2+2\sqrt{5})\}^2+\{(6-2\sqrt{5})-(6+2\sqrt{5})\}^2}=\sqrt{80+80}=4\sqrt{10}$

重要　(2)　$y=\dfrac{1}{4}x^2$に$x=-8$，4をそれぞれ代入して，$y=16$，4　よって，$\mathrm{A}(-8,\ 16)$，$\mathrm{C}(4,\ 4)$

直線ACの傾きは，$\frac{4-16}{4-(-8)}=-1$より，直線ACの式を$y=-x+b$とすると，点Cを通るから，$4=-4+b$　$b=8$　よって，$y=-x+8$…①　同様にして，直線BDの式は$y=x+4$…②　①，②を連立方程式として解くと，$x=2$，$y=6$　よって，点Eの座標は，(2，6)

重要　(3)　(1)，(2)より，Eは線分BDの中点であるから，$\mathrm{BE}=\mathrm{ED}=\frac{1}{2}\mathrm{BD}=2\sqrt{10}$　$\angle\mathrm{ABC}=\angle\mathrm{ADC}=90°$より，4点A，B，C，Dは線分ACを直径とする円の周上にある。2組の角がそれぞれ等しいので，$\triangle\mathrm{ADE}\backsim\triangle\mathrm{BCE}$　$\mathrm{AE}:\mathrm{BE}=\mathrm{DE}:\mathrm{CE}$　$\mathrm{AE}\times\mathrm{CE}=\mathrm{BE}\times\mathrm{DE}=2\sqrt{10}\times2\sqrt{10}=40$　したがって，$\mathrm{ST}=\left(\frac{1}{2}\times\mathrm{AE}\times\mathrm{DE}\right)\times\left(\frac{1}{2}\times\mathrm{BE}\times\mathrm{CE}\right)=\frac{1}{4}\times40\times40=400$

★ワンポイントアドバイス★

昨年より大問数が1題増えたが，難易度に大きな変化はない。大問では各小問は関連しているので，前問の結果を手がかりにして考えよう。

＜英語解答＞《学校からの正答の発表はありません。》

Ⅰ　1 イ　2 エ　3 ア　4 イ　5 ウ　6 ウ

Ⅱ　1 diary　2 pleasure　3 lift　4 held　5 international

Ⅲ　1 A was　B the city　C named　2 A tell　B were　C your
3 A someone　B guide　C through　4 A by　B and　C wrote
5 A cover　B continent　C been　6 A saw　B in　C go

Ⅳ　1 オ　2 ア　3 イ　4 カ　5 エ

Ⅴ　1 ウ　2 エ　3 イ　4 ア　5 ウ　6 エ

Ⅵ　問1 B　問2 イ　問3 ウ　問4 ア　問5 イ　問6 ウ　問7 ア
問8 ① value　② improving

○推定配点○

Ⅰ・Ⅱ　各2点×11　Ⅲ　各3点×6(各完答)　Ⅳ～Ⅵ　各3点×20　計100点

＜英語解説＞

基本　Ⅰ　(語句選択補充問題：前置詞，関係代名詞，比較，感嘆文，慣用句)

1. 「終わったら，あなたの答えを私に教えてください」 let me know your answer に続くので，イ finished が適当。
2. 「ニューカレドニアは，「天国に一番近い島」として知られているが，日本の観光客に最も人気のある場所の1つだ」 be known as ～ で「～として知られている」という意味。be known to ～ は「～」の部分に人が入る。
3. 「今日の会議で話し合うべき問題はない」 この that は関係代名詞で先行詞は problem。ア we should talk about を入れて「話し合うべき問題」という意味にする。

重要　4. 「イタリアの人口は日本の人口の約半分だ」 the country と population は，its population という関係になるので，関係代名詞の所有格 whose が1つ目の空所に入る。同等比較〈A is as ～ as B〉で「AはBと同じくらい～」その半分という時は A is half as large as B という語順。

5. 「彼の母親は，彼が全部ひとりでこんなにも上手にそれをやったと知って驚くだろう」 空所の後が well という副詞であることから，how well he has done ～ と感嘆文にする。

6. A「スープをおかわりしてもいい？」 B「もちろん。どうぞ召し上がれ」 help yourself で「どうぞ召し上がれ，ご自由にどうぞ」という意味の慣用表現。 ア「気を付けて」 イ「落ち着いて」 エ「どういたしまして」

基本 Ⅱ （語彙問題）

1. diary「日記」「昨日，本屋で新しい日記を買った。(毎日起こった事を書き留める本)

2. pleasure「喜び」「ジムがチームに戻って来てくれて嬉しい(幸せ，満足，楽しいという感情)」

3. lift「持ち上げる」「パパ，私を持ち上げて。見えないの。(何か，あるいは誰かを下から上の位置に上げる)」

4. held「開催される」「アメリカの中間選挙は2022年11月8日に行われた(特定の場所や時間でイベントをする)」 be held で「開催される」という意味。

5. international「国際的」「2010年は70万人近くの留学生がアメリカの大学で勉強していた(2国以上を含む)」 international students で「留学生」という意味。

重要 Ⅲ （語句整序問題：受動態，仮定法，不定詞，分詞，関係代名詞，現在完了，進行形）

1. Why was the city named Washington, D.C.? 〈name A＋B〉「AをBと名付ける」を過去形の受け身，そしてそれを疑問詞 Why を使った疑問文にする。the city と Washington, D.C. の位置に注意。

2. (I) would tell him the truth if I were in your place. 仮定法の文。〈if ＋主語＋ were ～, 主語＋ would ＋動詞の原形～〉に当てはめるが，ここではif節と主節の位置が逆になっているので，would や were の位置に注意しよう。

3. (We) need someone to guide us (safely) through this jungle. We need someone で「私たちは誰か必要だ」になり，この部分がこの文のSVOになる。続ける to guide「案内する」は形容詞用法の不定詞で someone を修飾。guide us safely through this jungle「私たちをこのジャングルの中を安全にガイドする」この through は「通り過ぎる，通り抜ける」という意味を持つ前置詞。

やや難 4. A shirt worn by Napoleon and a letter he wrote to practice (his English have gone on display at a museum in Belgium.) 文頭から his English までがこの文の長い主語になる。「ナポレオンが着ていたシャツ」 A shirt worn by Napoleon この worn by Napoleon は A shirt を後置修飾する分詞句。分詞が他の語句を伴う場合，修飾する名詞の後にひとまとまりで置くこと。「彼が英語の練習用に書いた手紙」 a letter he wrote to practice his English は a letter that he wrote と関係代名詞 that が省略されていて，he 以下 English までが a letter を修飾。to practice「練習するために」目的を表す副詞用法の不定詞。

5. (In Antarctica, the giant ice sheets) that cover the frozen continent have been melting (slowly.) that 以下 continent までは the giant ice sheets を修飾する関係代名詞節で the giant から continent までがひとまとまりでこの文の主語。frozen continent「凍った大陸」。動詞は have been melting「ずっと溶け続けている」という意味の現在完了進行形にする。

6. (He) saw a man in a yellow coat go back (to the airport.) 〈知覚動詞(see, hear など)＋人＋動詞の原形〉「人が…するのを見る[聞く，など]」に当てはめる。a man in a yellow coat ひとまとまりで「人」の部分に入れる。前置詞 in には「身に着ける」という意味があることに注意。

Ⅳ （長文読解問題・説明文：適文選択補充）

（全訳） 1676年のある日，オランダの科学者アントニ・ファン・レーエンフックは顕微鏡をのぞいた。彼は驚きの表情を浮かべた。これまでに誰も見たことがない何かが現れたのだ。彼はバクテリアを見たのだ。観察し続けると，それらのものが動いた。それらはとても小さいので，顕微鏡を通してでしか見ることができなかった。彼にはそれらが何であるのかわからなかった。それらがどこから来たのかもわからなかった。350年以上経った今日では，世界はバクテリアであふれていることを科学者たちは知っている。バクテリアは人間に危害を加えることもできるが，役立つこともできる。

(1)オバクテリア―微生物―は環境のあらゆるところに存在している。それらは地下深くに存在する。海洋や湖にも存在する。植物や動物の中にも存在する。人々の手や鼻の中にも存在する。人々はそれを見ることはできない。しかしバクテリアは人間に大きな影響を与える。バクテリアにはたくさんの種類がある。有害なものもあるが，それ以外は無害である。実際，多くのバクテリアは私たちの役にも立っている。

「細菌」という言葉は有害なバクテリアを説明するのに使われることがある。細菌はコレラや結核のような深刻な病気を引き起こすことがある。コレラ菌は汚水の中に生息する。人が汚水を飲むと，バクテリアは人の消化器官に感染する。人は強烈な腹痛に苦しむ。人から人へ簡単に感染する病気もある。たとえば，肺に結核菌を持った人が咳やくしゃみをすると病気を感染させる。(2)アバクテリアは口や鼻から出て周囲の空気に入り込むのだ。その空気を吸った人々は有害なバクテリアも吸ってしまうのだ。

食べ物の外や中で細菌が成長していることもよくある。その食べ物を食べることで人々が病気になることもある。(3)イしかしながら，病気を防ぐ方法もある。たとえば，果物を食べる前に洗うことが，多くの有害な細菌を洗い流すことになる。熱を加えることも有害な細菌を破壊するもう一つの方法だ。長時間肉を調理することで，それを安全に食べられるようになる。

全てのバクテリアが有害なわけではない。様々な方法で人間の役に立っているバクテリアもある。たとえば，何百万ものバクテリアが私たちの消化器官内に存在している。(4)カこれらは私たちが食べる食べ物を変化させる手助けをするので，私たちの身体は食べ物のビタミンを使うことができるのだ。また，良いバクテリアは，チーズやヨーグルトといった特定の食べ物を作るのに必要だ。

また多くのバクテリアは環境の役にも立っている。たとえば，バクテリアは落ち葉のような枯れ木素材の分解を助けるので，それを土壌に混ぜられるようになる。海洋に存在するバクテリアはいくつかの方法で役立っている。たとえば，小さな魚たちのえさになる。そしてその小さな魚は大きな魚のえさとなり，それが私たちの夕食の食べ物になる。バクテリアが役立つ別の方法は，船からの油流出をきれいにしてくれるのだ。また雨が海洋へと流し込む人間の廃棄物もきれいにする。

(5)エ私たちの世界はバクテリアであふれているが，全てが有害なわけではない。実際，私たちの役に立っている。

問　全訳参照。　ウ「食べ物の中にあまりにもたくさんのバクテリアがあると，それらは人間に咳をさせる」

重要

Ⅴ （長文読解問題・論説文：内容把握，内容正誤判断）

（全訳） あなたが慌ただしい都市の歩道を歩いていると，あなたの目の前の人が倒れる。あなたはどうしますか？　これと同じ状況を想像してみてください，でもあなたがその歩道にいる唯一の人物です。その時，あなたはどうしますか？　社会心理学者によると，周りに誰もいなければあなたは助けようとする可能性が高い。対照的に，多くの目撃者や傍観者がいれば助けを申し出ないかもしれない。誰一人その人を助けないという可能性さえもある。心理学者たちは，これは自然だが複雑な人間の反応だと確信しており，これを傍観者効果と呼んでいる。

傍観者効果はニューヨーク市のキャサリン・ジェノヴィーズの家の外で起きたとても不幸な事件の結果として1964年に最初に知られるようになった。朝の3時にジェノヴィーズのアパートの建物の前で何者かが彼女を襲い殺害したのだ。殺害の音でジェノヴィーズの近隣住人38名は目が覚ました。何が起きているのかを見ようと全員が窓の外を見た。しかしながら，38名の目撃者の誰も助けようとしなかった。誰も警察に殺人の通報もしなかった。翌日，国中がこの知らせを聞いてショックを受け，心理学者たちには，なぜこれらの人々が助けなかったのかを説明できるような答えがなかった。

新聞は，38名の目撃者たちを利己的で冷淡呼ばわりをしたが，社会心理学者ジョン・ダーリーとビブ・ラタネには別の理論があった。目撃者の数が大きいと，個々が助けようとする機会は実際には減少するのだと確信していた。殺人を一人の人が目撃したのなら，彼あるいは彼女は警察を呼ぶ全責任を感じるだろう。もし2人の目撃者がいれば，それぞれの人は半分の責任だけしか感じないかもしれない。ここで，ジェノヴィーゼの事件のようにたくさんの目撃者がいることを想像してみてください。各々の人達は本当に少しの責任しか感じなかったので，それぞれが何もしなかったのだとダーリーとラタネは指摘した。彼らが助けなかった理由は，彼らが利己的で冷淡だったからではない。ただたくさんの人がいたからだったのだ。

ダーリーとラタネはこの理論を科学的に証明しないといけないことはわかっていたので，これを試すために大学の生徒たちで実験を行った。彼らは学生を3つのグループに分けた。それぞれの学生を小さな建物の中に連れて行った。彼または彼女を建物内の別の部屋にいるもう一人を映すテレビ画面のある部屋に入れた；そして彼らはそこを立ち去った。第1グループの学生たちは自分たちが建物内には自分一人だけしかいないと思っていた。第2グループの学生たちは建物内にもう一人別の人がいると思っていた。第3グループの学生たちは，建物内に別に4人の人達がいると思っていた。実験の一部として，テレビの画面に映る人は具合が悪くなるふりをして助けを求めた。第1グループは，学生たちは建物内にいるのは自分だけだと思っているので，85％の人達がその人を助けに行った。第2グループでは62％しか助けようとしなかった。第3グループではたった31％しか助けようとしなかった。この結果はダーリーとラタネの理論を裏付けた。目撃者の数が多いことが助ける可能性が高くなることにはならないということを解明した。実際はその逆が真実だった。

社会心理学者たちは，傍観者効果はいくつかの日々の状況に当てはめられると確信している。たとえば，慌ただしい歩道ではホームレスの男性にお金を渡さないかもしれない(あるいは，誰か倒れた人を助ける)。混雑している地下鉄ではお年寄りに席を譲らないかもしれない。高速道路でパンクしたタイヤを交換している人を手伝うために止まらないことを選択するかもしれない。このような状況では助けることができる人たちが周りにたくさんいるので，あなたは―他の傍観者も―あまり責任を感じない，そして結果として誰も助けないことになるのだ。

傍観者効果は，助けを必要としている他者を助け出そうとする決断に影響を与える多くの要因の一つである。他の人よりも助けたい気持ちが自然と多い人もいるかもしれない。他よりも他者を助けることの重要性に重きを置く文化もあるかもしれない。他よりもよりフレンドリーに設計された都市や町もあるかもしれない。しかしながら，人間は無意識に自分の周りにいる他者の存在に自然と影響されるものなのだと心理学者たちはわかっている。

1. 「以下のどの文が傍観者効果の説明となっているか？」 ア「難しい状況では絶対に起こらない人間の自然な反応」 イ「若者の間に起こる人間の自然な反応」 ウ「助けが必要とされている場面で起こり得る人間の自然な反応」第1段落の内容に一致。 エ「周りに誰もいなかったときに起こる人間の自然な反応」

2. 「次の文章でキャサリン・ジェノヴィーズのケースで起こったことに関して正しいものはどれか？」 ア「ジェノヴィーズの近隣住民は利己的で冷淡だった」 イ「殺人者はジェノヴィーズの近隣住人38名を襲い殺害した」 ウ「目撃者の一人が負傷者をすぐに助けた」 エ「心理学者たちは最初は近隣住人たちの行動が理解できなかった」第2段落最終文に一致。
3. 「ダーリーとナタネは何を解明したのか？」 ア「より多くの目撃者がいる時は，よりたくさんの人たちが助けた」 イ「より多くの目撃者がいるということは助ける可能性がより低くなるということを意味した」第4段落最後から2文目に一致。 ウ「第3グループのほとんどの学生が困っている人を助けようとした」 エ「ほとんどの学生たちはとても親切だったのでどのような状況でも助けた」
4. 「傍観者効果の例えとして書かれていないものはどれか？」 第5段落参照。ア以外は書かれている。 ア「あなたは駅でホームレスの人にあなたの食べ物をあげないかもしれない」 イ「あなたは電車内で席を立ちお年寄りに席を譲らないかもしれない」 ウ「高速道路でパンクしたタイヤを交換する必要がある誰かに手を貸すために止まらないかもしれない」 エ「あなたは慌ただしい道で困っている人にお金をあげないかもしれない」
5. 「次の文章で正しいものはどれか？」 最終段落参照。ア「他者を助けたいという気持ちを自然と持っている人は誰もいない」第2文参照。 some people feel more desire とあるので不一致。 イ「人々が傍観者効果を感じられるように設計された都市や町もある」第4文参照。more friendly に設計されたとあるので不一致。 ウ「いくつかある文化のもとで育った人たちは他者を助ける可能性が高い」第3文に一致。 エ「傍観者効果を意識している時のみ人々は目撃者の数に影響される」最終文参照。not aware of it とあるので不一致。
6. 「どれがこの長文のタイトルに最適か？」 ア「時間の問題」 イ「道具の問題」 ウ「場所の問題」 エ「数の問題」 bystander effect「傍観者効果」とは目撃者の数が多いとき，助けようとする人の数は少なくなる理論。

Ⅵ （長文読解問題・論説文：文挿入，内容把握，適語補充，要旨把握）

テレビゲームから学ぶ：事実あるいはフィクション？

テレビゲームは今の子どもたちの生活の主要部分となっており，何時間もそれに費やす。しかしながら，両親や先生たちのどちらも家庭や授業でのテレビゲームの教育的価値に疑問を持っている。さらに重要なこととして，テレビゲームをすること，特に暴力的なものは，実際子どもたちには有害なのではないか？と。

第1のポイント：学ぶためにゲームをする

教育的コンピューターやテレビゲームは真の学力の向上につながるのか？

1 今の多くの小中の生徒たちは授業時間—かなり多くの—をブレインPOPというウェブサイトを通して理科の探求や作文をしながら過ごしている。このサイトでは子供たちは映画を観たり，クイズを解いたり，数学，理科，社会，英語，技術，美術，音楽，健康の何百もあるテーマを網羅しているゲームをすることができる。【A】

2 ブレインPOPは人気上昇中の何十億ドル市場となる何百とある教育ゲームウェブサイトのたった一つに過ぎない。ニューヨーク大学とミシガン大学の研究者が行った488名の小中の先生たちへの調査によると，今では60%近くの先生たちが指導に少なくとも毎週デジタルゲームを使用する。そのうち18%は毎日使用する。【B】問1しかし，このようなゲームの人気はずっと上昇しているが，それが本当に子どもたちの学習の役に立っているのかどうかという研究結果はまだ出ていない。

3 過去20年以上にわたり科学者たちは教育的コンピューターやテレビゲームの影響についての研究を再調査してきた。全体として，ゲームに関する研究はかなり多様で，まとまりもなく，焦点も合っていないことがわかった。ヴァンダービルト大学で教育科学研究の教授であるダグラス・クラーク博士は「研究によると手段としてのゲームは効果的だが，常にそうであるとは限らない。その企画設計が本当に重要なことなのだ。それらの手段だからという単純な理由から，全ての講義や実習，本が良いものだと思い込んでいる人は誰もいない」と言う。ニューヨーク大学のシュタインハルト・スクールオブカルチャー・エデュケーション・アンド・ヒューマンデベロップメントの教授であるジャン・プレス博士と研究の筆頭著者の一人は「良く企画設計されたゲームは数学のようなあまり人気のない教科を学ぶ生徒たちの励みになり得ることがわかった。またゲームが基になった学習は実際に生徒たちにその教科の事柄に興味を持たせることができる」ということで同意している。【C】

4　心理学者たちは大学の学生のための①学習ゲームについても研究している。一連の研究はメンフィス大学知的システム機関の教授アート・グレッサー博士と同僚がこのゲームを開発したのだが，彼らにより実施された。彼らは3種の高等教育機関―公立大学，州立大学と私立大学―の学生たちの批判的思考能力の向上について報告した。「ゲームのどの部分も1つ以上の学習原理に裏付けされている」とグレッサーは言う。「これは，学習ではなく意欲を高めようとする多くの営利目的のゲームと違うのだ。実際に我々はその両方をやろうとした。」

第2のポイント：テレビゲームをすることは学習，健康，社会的にも有益である可能性がある，ということが再調査でわかった

5　アメリカの心理学者の再調査研究によると，暴力的なものを含め，テレビゲームをすることは子供たちの学習，健康，社会的能力を高める。この研究は心理学者たちと他の健康専門家たちとの間で，青年期における暴力的なメディアの影響に関する②議論を生む結果となり，それはまだ続いている。

6　テレビゲームをするのは知的には怠惰なことだという主張がある一方で，論文を再調査したいくつかの研究によると，このようなゲームプレイは実際には，空間ナビゲーション，推論，記憶，感知のような認知能力の範囲を強化することもあるのだ。

7　テレビゲームをすることは子供たちの問題解決能力の発達に役立つこともある。10代の子どもたちが戦略的ゲームをすればするほど，翌年の彼らの問題解決能力と成績は向上した。暴力的なものも含め，どんなゲームでもそれをプレイすることで子供たちの創造性も向上したが，コンピューターや携帯電話のような他の科学技術を子どもたちが使ったときには向上しなかったことが他の研究で明らかになった。

8　簡単にアクセスできすぐにプレイできる単純なゲームはプレイヤーの気分を向上させ，癒しを促進させ，不安から守ることが可能であると研究では言われていた。「もしテレビゲームをすることが単に人をより幸せにするのなら，それは考慮するべき重要な精神的恩恵であると思われる」とオランダ，ナイヘーメンにあるラドバウド大学の教授イザベラ・グラニック博士は言った。

9　テレビゲームは，失敗をした時の回復力を習得するのに効果的な道具である可能性も著者は強調した。ゲーム進行中の失敗に対処することを学ぶことで，子どもたちは日常生活においても気持ちの回復力をつけていくのだと著者は指摘する。

10　研究が挑んでいる別の固定観念は，社会的に孤立しているゲーマーに関するものである。70％以上のゲーマーが友人とプレイする。マルチプレーのゲームが実際の社会的共同体となり，そこで誰を信頼あるいは拒絶するのか，どうやってグループを率いるのかを瞬時に決断しなくてはならないと著者は言う。協力することを働きかけられるようなゲームをする人たちは，③たとえそれが暴力的なものであったとしても，同じ競争ゲームをしている人たちよりも他者に協力的である可能性が高いことが最近の研究でわかってきた。

[11] おそらく2つのポイントの妥協案は，大人が監視するか，子どもたちにプレイすることを許可する前にテレビゲームをチェックするということだろう。別の有効な戦略としては，毎日子供たちがゲームをしてよい時間の制限をつけることだ。最後に，大人たち，特に両親は子どもたちとテレビゲームについて話し合い，他のゲームよりも良いゲームがある理由を説明するとよい。

問1 全訳参照。学習ゲーム人気が高まっているが，それが子供たちの学習能力の向上に役立っているかはまだ分からないという内容の文なので【B】に入れるのが適当。

問2 [4]最終文参照。both とは前文の improve motivation と learning のことなので，楽しむだけでなく学力向上も目的としたものだということ。

問3 文の後半に about があり，続けて debate「議論」の内容が続いている。ウ「暴力的なテレビゲームの若者への影響」と一致。 ア「授業でコンピューターゲームをする利点」 イ「テレビゲームをする時間が長すぎる影響」 エ「大学生の批判的思考能力の向上」

問4 アが[7]第3文に一致。

問5 「たとえそれが暴力的なものであったとしても」という意味にするため，イ even if「たとえ～でも」を入れる。 ア since「～なので」 ウ but「しかし」 エ as soon as「すぐに」

問6 ウ「ゲーム進行中の失敗が，子どもたちが回復力を習得するのに役立つ」が[9]第2文に一致。〈help ＋人＋動詞の原形〉で「人が…するのに役立つ[…するのを助ける]」 ア「暴力的ゲームは子供たちの癒しを促す」 イ「単純なゲームは子供たちが他のゲームにアクセスするのに役立つ」 エ「マルチプレーのゲームをすることで子どもたちは外出することを避けることができる」

問7 アが[11]第2文に一致。

問8 「親はテレビゲームの教育的価値に対しては確信が持てないが，テレビゲームをすることは学生の学力を向上させる，認知能力を強化させる，強力を促すなど，利点をもたらすという考察を研究が裏付けているようである」

① 最初の段落第2文で educational value について親が疑問を持っているとある。

② [5]第1文で子どもたちの learning を高めるとある。本文全体を通して「～を向上させる」という意味に improve が使われている。ここでは続く strengthening，encouraging に合わせて動名詞 improving にすること。

★ワンポイントアドバイス★

長文読解問題，特に超長文問題では，語句や意味が分からなかったり，正確な意味が取れない文が出てくる。これは誰にでもあるので，前後の文とのつながりや話の流れから推測して読み進もう。最後まで読み切ることが大切。

＜国語解答＞ 《学校からの正答の発表はありません。》

一　問一　自分が「ち～しまうこと　問二　イメージを～に「対話」(すること。)
問三　A　ア　B　オ　問四　プロの俳優　問五　ウ　問六　共同体　問七　a
問八　(例)　住民が交替でゴミの分別を確認する体制。　問九　対話する場を持ち続けること　問十　ウ　問十一　エ　問十二　(例)　これまでの価値観のままで，一方的に自分が正しいと主張する態度。　問十三　対等　問十四　新しい答え
問十五　(例)　(なおさら)自分以外の人のコンテクストを理解しようとする姿勢は必要(です。)　問十六　違う価値観への想像力の欠如　問十七　「自分の使～いるという(考え方。)　問十八　エ　問十九　想像力　問二十　私も，他の　問二十一　イ

二　①　エ　②　ア　③　ア　④　ウ　⑤　イ

三　①　イ→ア→ウ　②　ウ→ア→イ　③　ウ→イ→ア　④　イ→ア→ウ
⑤　ア→ウ→イ

四　①　潜伏　②　錠剤　③　没収　④　幽玄　⑤　慕情　⑥　焦燥　⑦　契機
⑧　ほうめい　⑨　せきべつ　⑩　けいらん

○推定配点○
一　問三・問五・問七・問十・問十一・問十三・問十八・問十九　各2点×9
問八・問十二・問十五　各4点×3　他　各3点×10　二～四　各2点×20　計100点

＜国語解説＞

一　(論説文―大意・要旨，内容吟味，文脈把握，指示語，脱文・脱語補充，語句の意味，品詞・用法)

重要　問一　――線①の原因として「身近な例で……」で始まる段落で，「ちゃぶ台」を例に「自分が『ちゃぶ台』と呼んでいるものはみんなも当然そう呼んでいると考えてしまうこと(40字)」と述べている。

問二　――線②について「劇作家……」で始まる段落で，「イメージを明確に言語化して相手と共有していくために『対話』(29字)」が必要であることを述べている。

問三　Aは後に「ように」があるので，たとえる意味のアが当てはまる。Bは「もちろん……けれど」という形で「……」を認めながら「けれど」以降を主張する文意になっている。

問四　――線③は「プロの俳優」について，「自分のコンテクストを完全に離れて他人になりきる」ことで演じる，と人々は誤解しているということである。

問五　④は直前で述べているように「自分のコンテクストを少しずつ押し広げて……」いくことなのでウが適切。

問六　――線⑤は「みんなが協力……」で始まる段落の「共同体」のことである。

基本　問七　═══線aのみ連体詞，他は指示代名詞。

問八　――線⑥は直前で述べているように「交替で住民がゴミ収集の場に立ち会ってきちんと分別されているかを確認している」体制のことなので，この内容を指定字数以内でまとめる。

重要　問九　――線⑦の説明として⑦後「『なぜこの人は……』」で始まる文で，「対話する場を持ち続けること(13字)」が大事であることを述べている。

問十　――線⑧の「拙速」は，できがよくない，不十分であるがやり方が早いという意味なので，この意味をふまえたウが適切。

重要　問十一　――線⑨の説明として⑨後で，問題に対して，相手の言動の背景や「コンテクストのず

れ」に考慮しながら，対話する場を持ち続けるというプロセスを経てコンセンサスをとっていけばいい，と述べているので「正しい答えが」なく「妥協点を見つける」とあるエが適切。アの「満足することが目的」，イの「正しい答えが存在する」，「絶対的な正解」を説明しているウはいずれも不適切。

問十二　――線⑩は前後の段落内容から，これまでの価値観のままで「私が正しい」と一方的に主張するような態度であることを説明する。

問十三　⑪は「上下関係」とは反対の意味の言葉なので，「みんなが協力……」で始まる段落の「対等」が当てはまる。

問十四　――線⑫前「『対話』は，それぞれが……」で始まる段落で，⑫のように「相手のコンテクストを理解しようとする姿勢」で対話することで「新しい答え」が導き出されると述べている。

やや難　問十五　――線⑬後は，直前の一文をふまえ，現代ではなおさら「自分以外の人のコンテクストを理解しようとする姿勢は必要」です，ということが省略されている。

問十六　――線⑭の「叩く」人に共通していることは「『俺はとくに……』」で始まる段落の「つまり」以降で述べているので，指定字数にあてはまる「違う価値観への想像力の欠如(13字)」を抜き出す。

重要　問十七　――線⑮のような「日本人」について，冒頭「日本語を母語……」で始まる段落で，「『自分の使っている言葉』が『自分がその言葉で伝えようとしている内容』のまま相手に伝わっているという」前提に立っていることを述べているので，この部分を⑭の「日本人」が持つようになった「考え方」として抜き出す。

問十八　エの「過度な同情をしてしまった」とは述べていないので適切でない。他はいずれも――線⑯直後から続く4段落で述べている。

問十九　「『共感』できるエンパシーの力」である⑰には，「『シンパシー……』……」で始まる段落の「想像力」が当てはまる。

問二十　抜けている一文の内容から，前後で「演劇」が続けてきた努力について述べていることが推測できるので，直前でコロナ禍の影響を受けた演劇を続けるための対策，直後で窮状を訴えてきたことを述べている「私も，他の……」で始まる段落直前に入る。

やや難　問二十一　イは「『なぜこの人は……』」から続く3段落で述べている。アの「さまざまな言語を用いて」以降，ウの「コロナ禍においては……失われつつあり」は述べていない。コロナ禍における問題の性質を「ネットやSNSでその性質が顕著にみられた」と説明しているエも合わない。

二　(要旨・空欄補充)

①は，ニチニチソウは毒の成分があるが，薬としても利用される不思議な性質をもつ，ということなのでエが適切。②は，選挙のある日曜日に用事がある「ぼく」が投票できるのは，アの「日曜日以外」である。③は，いろいろな人物が仏教に影響を与えた，ということなのでアが適切。④は，暖かい地域から引っ越してきた自分は降雪が珍しいと思うが，寒い北国に住むここの住人たちは珍しいとは思わない，ということなのでウが適切。⑤は，A君とB君より背が低いC君はクラスで五番目に高いD君と同じということなので，この四人の身長は，イの「低いわけではない」ということである。

や難　三　(語句の意味，表現技法)

①の昔の時刻は，午後11時～午前1時の2時間を十二支の子(ね)から始めて，2時間区切りで順番に表すので，午前1時～2時のイ→午前11時～午後1時のア→午後3時～5時のウの順。②の二十四節気は，11月7日頃のウ→12月21日頃のア→1月21日頃のイの順。③は3月3日のウ→5月5日のイ→7月7日のアの順。1月7日の「人日《じんじつ》の節句」，9月7日の「重陽《ちょうよう》の節句」と合わせて五節句という。④の旧暦

の月名は，7月のイ→8月のア→9月のウの順。⑤は季語としても用いられ，春のア→夏のウ→冬のイの順。

重要 四 （漢字の読み書き）

①は病気に感染はしているが，まだ症状が現れていないこと。②は丸い形にまるめた薬剤。③は強制的に取り上げること。④は趣きが深く，高尚で優美なこと。⑤は愛着などがあって心がひかれる気持ち。⑥はあせっていらだつこと。⑦は物事を始める手掛かり，きっかけのこと。⑧は名前の敬語表現。⑨は別れを惜しむこと。⑩はニワトリ(鶏)の卵。

★ワンポイントアドバイス★

旧暦や二十四節気などのほか，旧国名や季語，敬語など日本語の知識をしっかりたくわえておこう。

2022年度

★★★★★★★★★★★★★★★★★★★★★★★★★★

入　試　問　題

2022年度

明治大学付属中野高等学校入試問題

【数　学】（50分）　＜満点：100点＞

1． 次の問いに答えなさい。

(1)　2次方程式 $x^2+2\sqrt{3}x-9=0$ を解きなさい。

(2)　$\dfrac{12-\sqrt{18}-\sqrt{48}}{\sqrt{3}}+(2-\sqrt{3})^2$ を計算しなさい

(3)　$(x^2+x)^2-x(x+1)-2$ を因数分解しなさい。

(4)　$3\sqrt{3}$の小数部分をaとするとき，$a^2+10a+21$ の値を求めなさい。

2． 次の問いに答えなさい。

(1)　右の図のように，4点A，B，C，Dは円周上にあります。
直線lはBを通る接線です。
AD∥BCのとき，∠ADCの大きさを求めなさい。

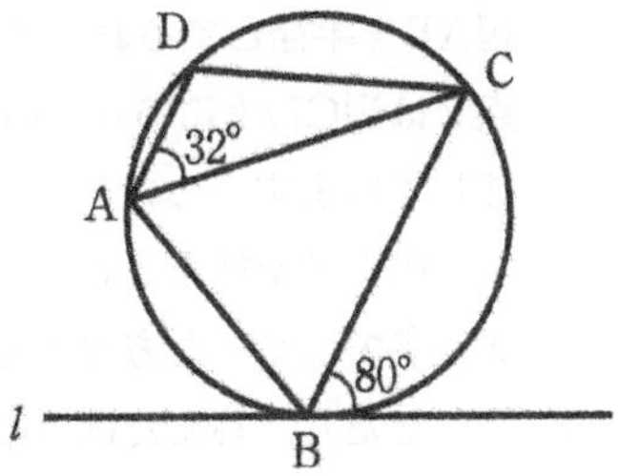

(2)　x，yが $\begin{cases} x+y=\sqrt{5} \\ x-y=\sqrt{3} \end{cases}$ を満たすとき，x^2+y^2の値を求めなさい。

(3)　右の図のように，4点A，B，C，Dは円Oの周上にあります。円Oの周の長さをaとすると，
$\overset{\frown}{\mathrm{AB}}=\dfrac{1}{6}a$，$\overset{\frown}{\mathrm{BC}}=\dfrac{1}{4}a$，$\overset{\frown}{\mathrm{CD}}=\dfrac{1}{5}a$となりました。
線分ABの延長線と線分DCの延長線の交点をEとするとき，∠AEDの大きさを求めなさい。

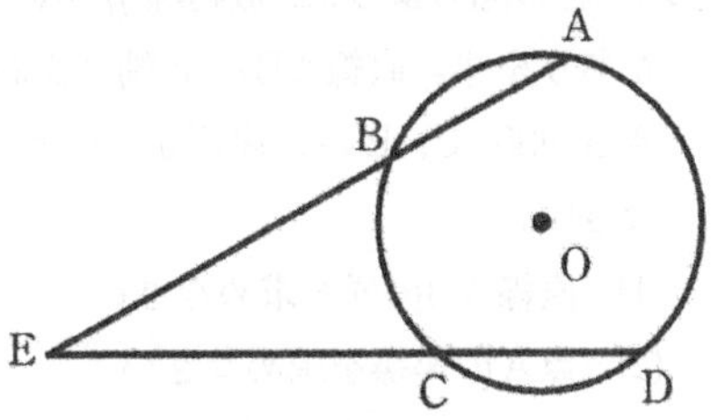

(4)　2つの関数$y=ax^2$と$y=2x+b$において，xの変域が$-4\leqq x\leqq 1$であるとき，2つの関数のyの変域が同じになりました。このとき，a，bの値を求めなさい。ただし，$a<0$とします。

(5)　右の図のように，円周を7等分した点にそれぞれ0～6の番号をつけます。
次に，さいころを2回投げ，3つの番号を下のように決めます。

　1つ目の番号：1回目に出た目
　2つ目の番号：2回目に出た目
　3つ目の番号：1回目と2回目に出た目の差の絶対値

このとき，3つの番号の頂点で三角形ができる確率を求めなさい。

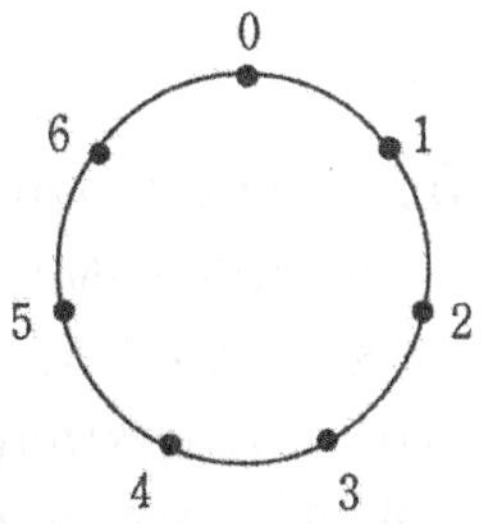

(6)　x，y についての２つの連立方程式(A)，(B)があります。

$$\begin{cases} 3x-2y=1 \\ ax+2y=11 \end{cases} \cdots\cdots (A) \quad \begin{cases} x-y=2 \\ 5ax=-21 \end{cases} \cdots\cdots (B)$$

(A)の解の x と y の値を入れかえたものが(B)の解となっています。
このとき，(A)の解と a の値を求めなさい。

3． 次の問いに答えなさい。

(1)　右の図のように，長方形ABCDの辺BC上に点Ｅを BE：EC＝１：２，辺CD上に点ＦをCF：FD＝３：１となるようにとります。
AEとBFの交点をＧとします。△AFDの面積が30cm^{2}であるとき，四角形AGFDの面積を求めなさい。

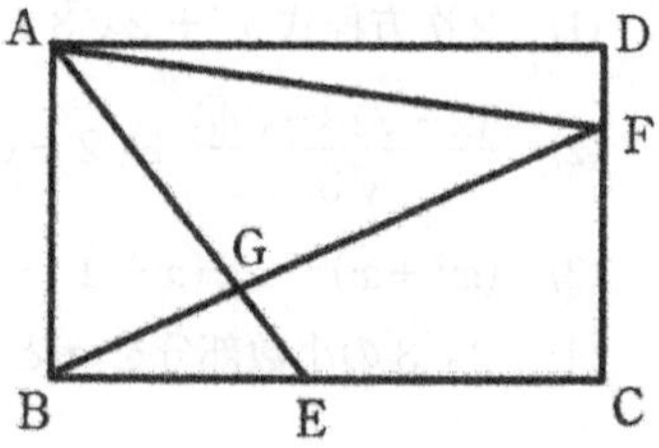

(2)　右の図のように，AB＝４cm，AD＝３cmの長方形ABCDに辺ABを半径とするおうぎ形ABEと円Oが入っています。
点Ｅは辺CD上にあり，円Oは弧ＢＥと辺BC，CDそれぞれに接しています。このとき，次の問いに答えなさい。

①　円Oの半径を x cmとして，方程式をつくりなさい。

②　①でつくった方程式を用いて，円Oの半径を求めなさい。ただし，答えだけでなく，答えを求める過程がわかるように，途中の式や計算なども書きなさい。

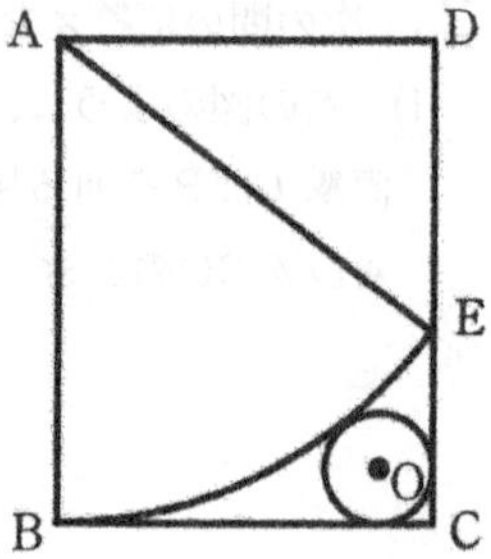

4． 右の図のように，放物線 $y=\sqrt{3}x^2$ 上に２点A，Bがあります。直線ABと x 軸が交わってできる角の大きさが30°で，Bの x 座標が１のとき，次の問いに答えなさい。

(1)　直線ABの式を求めなさい。

(2)　点Aの座標を求めなさい。

(3)　直線ABを回転の軸として，△AOBを１回転させてできる立体の体積を求めなさい。ただし，円周率は π とします。

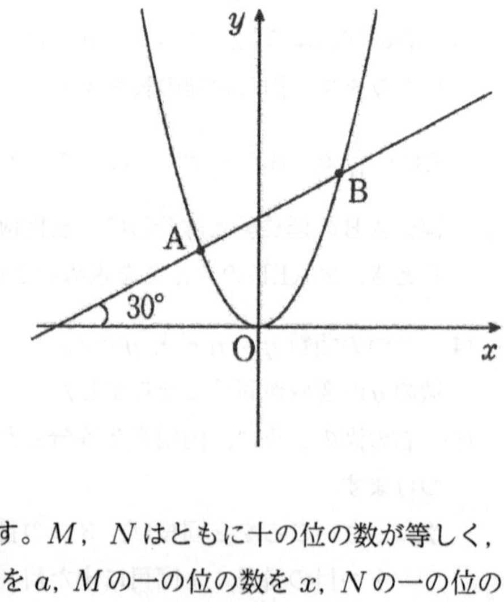

5． ２けたの２つの自然数 M，N（$M \leqq N$）があります。M，N はともに十の位の数が等しく，それぞれの一の位の数の和が10になります。十の位の数を a，M の一の位の数を x，N の一の位の数を y とするとき，次の問いに答えなさい。

(1)　２つの自然数の和 $M+N$ が50の倍数となるような a の値をすべて求めなさい。

(2)　２つの自然数の積 MN が８の倍数となるような自然数 M，N の組は何組あるかを，次のようにして求めました。ア～オに当てはまる数や式を答えなさい。

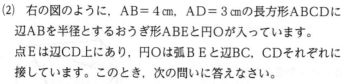

ただし，同じ記号には同じ数や式が入ります。また，イには x，y を用いない式を入れること。

〔解答〕

$M=10a+x$，$N=10a+y$ と表せるので

$MN=(10a+x)(10a+y)$

$=100a^2+10ax+10ay+\boxed{\text{ア}}$

$=100a^2+10a(x+y)+\boxed{\text{ア}}$

$=100a(\boxed{\text{イ}})+\boxed{\text{ア}}$

つねに $a(\boxed{\text{イ}})$ は $\boxed{\text{ウ}}$ の倍数であるから，$100a(\boxed{\text{イ}})$ は8の倍数である。

よって，MN が8の倍数であるとき，$\boxed{\text{ア}}$ は8の倍数となり，

逆に，$\boxed{\text{ア}}$ が8の倍数であるとき，MN は8の倍数となる。

したがって，$M \leqq N$ より，$x \leqq y$ となることに注意すると，

$\boxed{\text{ア}}$ が8の倍数になる2つの自然数 x，y の組のうち $x+y=10$ を満たすものは $\boxed{\text{エ}}$ 組ある。よって，2つの自然数の積 MN が8の倍数となるような自然数 M，N の組は $\boxed{\text{オ}}$ 組である。

【英　語】（50分）　＜満点：100点＞

Ⅰ．次の英文の（　）に最も適するものを選び，記号で答えなさい。

1．What would happen to the world if the sun (　　) for a second?

ア．disappears　イ．disappeared

ウ．will disappear　エ．has disappeared

2．She wants to know (　　) I like to do in my free time.

ア．that　イ．if　ウ．what　エ．when

3．Even at age 20, my father won't let me (　　) any social media.

ア．use　イ．used　ウ．using　エ．to use

4．The social aspect of stopping work (　　) to a co-worker can help people feel more like they belong in the workplace.

ア．talking　イ．to talk　ウ．talked　エ．that talks

5．The radio host played the same old song (　　) and he got complained by his listeners.

ア．at random　イ．one after another

ウ．sooner or later　エ．again and again

6．Mom: I don't want you up in that tree.

Kid:(　　)

Mom: Some of the branches are dead and they might break down.

ア．Why not?　イ．Who knows?

ウ．Not at all.　エ．Watch out!

Ⅱ．（　）に指定された文字で始まる語を入れ，英文を完成させなさい。その際に［　］内の定義を参考にすること。

1．When the last (c　　) leaves, we close the shop.

[a person who buys goods or services]

2．Any (a　　) from my parents was always simple and useful.

[an opinion that you give somebody about what he or she should do]

3．Her voice sounded (n　　) although she said she was fine.

[afraid of or worried about something that is happening or might happen]

4．They tried to find the (h　　) treasure in the woods.

[to put something in a place where it cannot be easily seen or found]

5．If you see an (a　　), please call the police.

[a sudden event that causes damage or injury]

Ⅲ．次の日本語の内容になるよう［　］内の語句を並べかえ，英文を完成させなさい。解答は（A）（B）（C）に入るものを書きなさい。

1．このソファはとても重いので，リビングルームに運び込むのに４人必要だ。

This sofa is (　　)(　　)(A)(　　)(　　)(　　)(B)(　　)(C) to the living room.

[move / so / four people / need / that / to / heavy / we / it]

2．空気を循環させるために，窓を開けたままにしておいた方がよい。

You should leave (　　)(A)(　　)(B)(　　)(C)(　　) circulating.

[in / the air / keep / open / order / the windows / to]

3．日本では，ウナギは水がきれいな川で捕れる高価な魚として知られている。

In Japan, *unagi*, or eel, is (　　)(A)(　　)(B)(　　)(C)(　　) clean rivers.

[in / expensive / an / known / caught / as / fish]

4．いつスマートフォンを買い替えるかを決めるのは，想像より難しい。

(　　)(A)(　　)(B)(　　)(　　)(C)(　　)(　　) we imagine.

[upgrade / is / our / deciding / to / than / when / smartphones / harder]

5．トムはいくつなぞなぞを解けるかを数えて，自分がどのくらい賢いかを判断している。

Tom judges how (　　)(　　)(A)(　　)(B)(　　)(　　)(C) (　　) he can solve.

[of / clever / is / riddles / the number / counting / he / by / that]

6．学びの素晴らしい点は，誰もそれを奪うことができないということだ。

The beautiful thing (　　)(　　)(A)(　　)(　　)(B)(　　)(　　) (C)(　　) from you.

[take / no / is / about / away / learning / can / one / that / it]

Ⅳ．次の英文を読んで，あとの問いに答えなさい。

It's a fact that we're using more of Earth's resources than nature can replenish. For example, fresh water, which all living things need to survive, is becoming scarce. In addition, lifestyle habits that heat up the planet are causing climate change. What's the answer? In my opinion, becoming a vegetarian is the best way to preserve our resources and slow down global warming because [1].

One reason that [2] is that it saves large amounts of water. Meat production, which involves raising animals and processing them to turn them into food products, is very water intensive. For example, it takes 16,000 liters of water to produce just one kilogram of beef. By comparison, it takes only 3,400 liters of water to produce a kilogram of rice, and a mere 833 liters to produce the same amount of corn.

Another reason that becoming a vegetarian is good for the planet is that it helps to slow down global warming. Meat production emits greenhouse gases such as CO_2. Trees, which absorb CO_2, are often cut down to make room for grazing animals. In addition, meat production uses a lot of fossil fuels to run production facilities and to transport meat products. These fossil fuels contribute to greenhouse gases. In fact, according to a United Nations report, [3]. By not eating meat, we might be able to slow down climate change.

Not eating meat is a good way to ensure a sustainable future because it uses less water, and it also reduces greenhouse gas emissions. Besides being good for the planet, [4]. Studies show that a vegetarian diet, which tends to be low in fat, leads to a lower risk of heart disease. It also reduces the risk of other serious diseases such as cancer. By becoming vegetarians, [5].

注）replenish 補う　scarce 不十分な　involve 含む　emit 排出する
absorb 吸収する　grazing animal 放牧家畜　ensure 保証する

問 [1] ～ [5] に適するものをそれぞれ選び，記号で答えなさい。

ア．vegetarianism has some additional good points
イ．vegetarianism is a good way to reduce our use of resources
ウ．raising animals for food produces more greenhouse gases than cars
エ．it saves water and cuts down on carbon emissions
オ．we will ensure the health of the planet and our own health at the same time

Ⅴ．次の英文を読んで，あとの問いに答えなさい。

The term "robot" was first used in the 1920s, and today there are millions of robots in use throughout the world, according to the International Federation of Robotics. In the health industry, robots are being used more each day.

Increasingly, surgeons use robots for remote surgery, also called *telesurgery*. In other words, they operate on patients without having to be in the same physical location: in fact, they may be far away. Although it might seem scary to have a robot performing an operation on you, robotic surgery has many benefits. Robots do not get distracted or become bored by repetitive tasks. In addition, they are much more precise. As a result, a patient may feel less pain during an operation and recover more quickly.

Medical students also use robots to learn about the human body. They practice on *human simulators*, mannequins with the latest technology. These pieces of equipment not only look like real people, but they also act like them. They can cry, sweat, produce saliva, and open and close their eyes. They can make breathing and heartbeat sounds, and they can bleed and respond to drugs. There are many varieties of these mannequins: male and female versions, teenage versions, and even pregnant and baby versions. Because they are so lifelike, these robotic patients can prepare future doctors for the real-life scenarios they might face in their careers. They can "suffer" from almost any emergency situation possible, like a heart attack or epileptic seizure. This experience of realistic "emergencies" may help prevent medical errors, which unfortunately are all too common.

Robots can help nurses, too. A common problem in hospitals is that nurses constantly have to move people from one bed to another, pick them up, or put them into a wheelchair. Robots are strong, so they can help with tiring tasks like these. Because they do not get tired, they can help prevent injury, and in addition, they never get angry, bored, or frustrated.

Finally, robots can also improve life for people who have lost mobility. Robotic pants allow paralyzed patients to move around independently instead of being confined to a wheelchair. The pants have advantages that are not only physical. One patient commented: "I never dreamed I would walk again. I forgot what it's like." He continued: "I have a 3-year-old daughter. The first time she saw me walking, she was silent for the first few minutes and then she said: 'Daddy, you are tall.' It made me feel so good, like I was flying."

注）surgeon 外科医　operate 手術をする　benefit 利点　distracted 気が散った
repetitive 繰り返しの　precise 正確な　mannequin マネキン人形　saliva 唾液
bleed 血を流す　epileptic seizure てんかん性発作　paralyzed 麻痺した
confine 閉じ込める

1. Which is NOT written about robotic surgery in the passage?
ア. Robotic surgery does not cost much.
イ. Robots do not lose focus or get tired.
ウ. Robotic surgery causes less damage to the patients.
エ. Doctors do not have to be in the operating room.

2. Which is true about what medical students can do with *human simulators*?
ア. They can directly see how to do remote surgery.
イ. They can practice moving people from one bed to another.
ウ. They can learn how to use robots in a real situation.
エ. They can get ready for emergency situations they may face.

3. What can robots do instead of nurses?
ア. Reducing the pain of patients after surgery.
イ. Doing physical work without getting tired.
ウ. Recording the condition of patients every day.
エ. Moving beds for people who are going to stay in hospital.

4. Which is true about robotic pants?
ア. They help patients recover from paralysis.
イ. They assist patients in getting in and out of a wheelchair.
ウ. They support patients both physically and emotionally.
エ. They allow paralyzed patients to jump high.

5. Which is the best title for this passage?
ア. Great Improvement in Remote Surgery
イ. Various Robots That Improve Health Care

ウ. Doctors with Excellent Medical Tools

エ. Robots, Mannequins, and Special Pants for Patients

VI. 次の英文を読んで，あとの問いに答えなさい。

It seemed normal when Nguyen Ngoc Truong Son wanted to play chess with his parents. However, it was unusual when he showed that he already knew how to play – before anyone taught him. Apparently the two-year-old had learned all of the rules by watching his parents. After only one month of playing with them, he was winning all of the games. By age four, he was competing in national tournaments. By age 12, he was Vietnam's youngest champion.

Another two-year-old child, Jay Greenberg, also surprised his parents by drawing pictures of musical instruments that he had never seen. They soon discovered that Jay "heard music in his head." He began to compose music at age three. By age ten, he was attending the well-known Juilliard Conservatory in New York, composing full symphonies. Jay was noted not only for the quality of his musical work, but also the speed at which he was able to produce it. That is, while talented professional composers normally write five or six symphonies in a lifetime, Jay wrote five by the age of 12.

A third young child, Abigail Sin, was first introduced to piano lessons at age five and had what her tutor called an "unstoppable desire to master the keyboard." She became Singapore's most celebrated pianist by age ten.

Child prodigies such as these are a ①(　　　　) to both experts and non-experts. On the one hand, they attract praise and attention from everyone they meet; on the other hand, they attract criticism, and they find it difficult to fit in with the rest of the world.

Child prodigies are highly intelligent, but this is not the only factor that sets them apart. They are considered prodigies because of their exceptional ability in one domain, or area. Experts define *child prodigy* as "a young child who displays mastery of a field that is usually acquired by adults." Child prodigies usually have abilities in structured areas such as language, math, drawing, chess, and music. They are not as likely to appear in less structured domains such as medicine, law, or creative writing, areas that need experience.

Child prodigies can focus their attention for long periods of time, concentrating on tasks that would ②(　　　　) other children of the same age. Abigail Sin practiced piano at least 25 hours a week. Similarly, two-year-old Nguyen Ngoc Truong Son had the concentration to play chess for hours at a time. [　A　] The distinction of "prodigy" thus goes beyond mere intelligence. For explanations, experts look in two directions: *nature*, the child's unique biology, and *nurture*, the child's environment.

When researchers look to *nature* to explain child prodigies, they study innate, or inborn, qualities. For example, they look at whether the brain structure of a prodigy is different from that of a child with average intelligence. Technology is a great help in answering this question. For instance, scientists use imaging technology to see the amount of activity in different parts of the brain. These brain scans show that the frontal lobe of a prodigy's brain is very active, unlike children with average intelligence doing the same tasks. ③Their frontal lobes are almost inactive. Science has proven that the frontal lobe of the brain controls many aspects of thought and concentration. [B]

When researchers look to *nurture* to explain child prodigies, they focus on the child's environment instead of the child's biology. [C] The most important factor on the *nurture* side is the ④(　　　). Raising a child prodigy is extremely challenging. It needs considerable patience, creativity, and resourcefulness.

Some parents are delighted by the exceptional abilities of their children. They make use of all the resources they have or can find to support them. For example, Jay Greenberg's parents bought their two-year-old son a cello when he requested it and arranged for music lessons. [D]

Other parents are not so supportive of their child prodigy. On the contrary, some parents even see their offspring's gifts as a way to draw attention to themselves and their own interests. Boris Sidis, for example, was a well-known scientist with strong opinions about making the most of one's intelligence and about raising children. When his son Billy was born, Boris saw the child as an opportunity to test his theories.

From Billy's birth, it was clear that he was an exceptional child. His parents made use of every opportunity to teach him language, math, science, and logic. Boris was very poor, but he used his limited resources to buy or acquire toys and books for the young genius. Billy Sidis spoke five languages at age five. He passed entry exams for MIT and Harvard Medical School at age nine and was allowed to enter Harvard University at age 11. He was considered a genius in mathematics, physics, and languages.

Boris claimed that his methods of child-raising were responsible for his son's abilities and took his story to the press. The press, in turn, focused more on the young Harvard student's odd personal life than on his accomplishments. It was soon clear that Billy was unprepared to get along with other people, function successfully in the real world, or manage the challenges of being different. After college, he lived an isolated life. Despite his intelligence, he died unemployed and in poverty.

When people are unusual, they attract attention. In the case of child prodigies, ⑤[they / positive / the / and / receive / negative / attention / both / is].

It is positive because most people admire intelligence. It is negative because prodigies are very different from other people. They are a challenge for teachers, who expect seven-year-olds to prefer Batman to Beethoven. They are a challenge to parents, who { X }. They present a challenge to scientists, who { Y }. And they challenge the world because they { Z }.

注）attend 通う　rest 他の部分　set ~ apart ～を際立たせる　exceptional 並外れた
define 定義する　mastery 熟練　acquire 手に入れる　distinction 優秀さ
innate 生まれつきの　frontal lobe 前頭葉　considerable かなりの
resourcefulness 柔軟性　on the contrary それどころか　offspring 子ども　odd 奇妙な
accomplishment 偉業　manage うまく対処する　isolated 孤立した　poverty 貧困

問１．本文冒頭の３人の人物について，間違っているものを１つ選び，記号で答えなさい。

ア．Nguyen Ngoc Truong Son learned how to play chess without instructions from anyone.

イ．Jay Greenberg was helped by talented professional composers before the age of three.

ウ．Abigail Sin was very hungry to learn the keyboard and became a great pianist later.

問２．下線部①の（　）に適するものを選び，記号で答えなさい。

ア．solution　イ．danger　ウ．waste　エ．mystery

問３．下線部②の（　）に適するものを選び，記号で答えなさい。

ア．surprise　イ．excite　ウ．bore　エ．attract

問４．次の英文を入れるのに，最も適切な場所を本文中の［A］～［D］から選びなさい。

This may explain how prodigies can focus on a task, solve complex problems, and learn quickly.

問５．下線部③は誰の前頭葉か。本文中から書き抜きなさい。

問６．下線部④の（　）に当てはまる適切な語を，本文中から書き抜きなさい。

問７．Billy について，間違っているものを１つ選び，記号で答えなさい。

ア．貧しい生活を送った。　イ．普段の様子が新聞に掲載された。

ウ．いくつかの分野で才能を開花させた。　エ．大学で様々な人と良い人間関係を築いた。

問８．下線部⑤の［　］内の語句を意味が通るように並べかえなさい。

問９．{X}－{Y}－{Z} に入る選択肢の組み合わせとして適切なものを選び，記号で答えなさい。

１．want to study them without further isolating them from normal society

２．show the tendency that people have to reject those who are different from the standard

３．want to help them but often lack the resources or find their needs and desires difficult to understand and meet

注）tendency 傾向

ア．１－２－３　イ．１－３－２　ウ．２－１－３

エ．２－３－１　オ．３－１－２　カ．３－２－１

問10. 本文の内容に合うものを１つ選び，記号で答えなさい。

ア. The factors that seem to always appear in a child prodigy are an unusually high intelligence and the ability to master one area, such as music or math.

イ. The child prodigies in the passage showed considerable interest and ability in creative writing.

ウ. All of the parents in the article provided their children with both educational and emotional support.

エ. Technology has shown that the brains of highly intelligent children are almost the same as the brains of children with normal intelligence.

四、次の①～⑦の――線部を漢字に改め、⑧～⑩の――線部の読みをひらがなで答えなさい。

① クッタクのない笑顔を浮かべる。

② 不要な文書をハキする。

③ 美しい音楽にトウスイする。

④ 壁をペンキでトソウする。

⑤ 身柄をコウソクされる。

⑥ 鼻のネンマクが傷ついて痛い。

⑦ シンセキの家へ遊びに行く。

⑧ 帆船が進んでゆく。

⑨ 農民が一斉に蜂起する。

⑩ 卸値で販売する。

（エ）経済の論理が招いた銃社会に対抗する武器として、貧者に民主化の核となる教育をもたらすもの。

問十九、本文の内容や叙述の説明として最も適切なものを、次の（ア）～（エ）の中から選び、記号で答えなさい。

（ア）ＡＩの発展に伴う今後の社会や人々の在り方について、日本や海外の社会の分析や予測を踏まえながらＡＩ脅威論を肯定している。

（イ）ＡＩの発展に伴う今後の社会や人々の在り方について、主に日本の政治や社会の分析を中心にしながらＡＩ脅威論を否定している。

（ウ）ＡＩの発展に伴う今後の社会や人々の在り方について、専門家が示す様々な数値を根拠にしてＡＩ脅威論に慎重な姿勢を見せている。

（エ）ＡＩの発展に伴う今後の社会や人々の在り方について、過去や現在の状況、ＡＩの専門家の意見を踏まえてＡＩ脅威論を疑問視している。

問二十、次の一文は、本文中から抜いたものです。本文中の【Ⅰ】～【Ⅳ】のうち、どこへ入れるのが適切ですか。【Ⅰ】～【Ⅳ】の中から選び、記号で答えなさい。

> 今後、どの仕事がなくなり、どんな新しい仕事が出てくるかは誰にも予測できませんが、「考える力」や「探求する力」「問いを立てる力」がもっと必要になるのは確かです。

問二十一、この文章を内容の上で四段落に分けたとき、最後の段落はどこから始まりますか。その最初の五字を答えなさい。

二、次の①～⑤の――線部について、誤って使われている漢字を（ア）～（エ）の中から一つずつ選び、記号で答えなさい。また、正しい漢字に直しなさい。

①　（ア）食事に時間を掛ける。　（イ）椅子に腰を掛ける。　（ウ）馬が草原を掛ける。　（エ）三に七を掛ける。

②　（ア）動揺する心を収める。　（イ）文章を百字以内に収める。　（ウ）古今の学問を収める。　（エ）景色をカメラに収める。

③　（ア）気を引き閉める。　（イ）カーテンを閉める。　（ウ）二十時に窓口を閉める。　（エ）長年続けた店を閉める。

④　（ア）なぞを解く。　（イ）契約を解く。　（ウ）靴ひもを解く。　（エ）人に道理を解く。

⑤　（ア）明日の台風に備える。　（イ）赤飯を神棚に備える。　（ウ）徳を身に備える。　（エ）教室に辞書を備える。

三、次の①～⑤のことわざ・慣用句の□に入る動物名を、後の（ア）～（コ）の中からそれぞれ選び、記号で答えなさい。

①　人間万事塞翁が□

②　角を矯《た》めて□を殺す

③　大山鳴動して□一匹

④　鬼が出るか□が出るか

⑤　まな板の□

（ア）鯉《こい》　（イ）鹿　（ウ）羊　（エ）馬　（オ）蛇
（カ）鯛《たい》　（キ）牛　（ク）猿　（ケ）鶏　（コ）鼠《ねずみ》

次の（ア）～（エ）の中から選び、記号で答えなさい。

（ア）提案しません　（イ）賛成しません

（ウ）関与しません　（エ）感心しません

問十、――線⑨「『ＡＩの進化でなくなる仕事』のリストを見て右往左往する」とありますが、それを助長している要因の一つを本文中から二十五字以内で抜き出し、その最初と最後の五字を答えなさい。

問十一、――線⑩「現在の日本はとても幸運な社会です」とありますが、『幸運な』理由の説明として最も適切なものを、次の（ア）～（エ）の中から選び、記号で答えなさい。

（ア）若い世代が少なく労働力が不足する傾向にあるので、誰もが仕事や恋愛に関して競争意識を持たなくてすむ穏やかな社会だから。

（イ）生産年齢人口の減少によって労働力が不足する傾向にあるので、元気な中高年がいつまでも働けるとても活気に満ちた社会だから。

（ウ）若い世代が少なく労働力が不足する傾向にあるので、若者が仕事や将来を真剣に考えることができる充実した社会だから。

（エ）生産年齢人口の減少によって労働力が不足する傾向にあるので、人々が仕事にあぶれる心配をせずに暮らせる落ち着いた社会だから。

問十二、――線⑪「ＡＩの果たす役割」とありますが、「ＡＩ」は今の段階ではどのような「役割」を果たしていますか。本文から読み取れることとして最も適切なものを、次の（ア）～（エ）の中から選び、記号で答えなさい。

（ア）人間のあらゆる仕事の代替

（イ）銃などの危険な武器の回収

（ウ）人間が賢くなることのサポート

（エ）日本の労働力不足の解消

問十三、――線⑫「ボルト」・――線⑬「自動車」は、それぞれ何をたとえていますか。本文中から抜き出して答えなさい。

問十四、――線⑭「そのような世界」とは、どのような「世界」であると筆者は言っていますか。本文中の言葉を用いて四十字以内で説明しなさい。

問十五、――線⑮「ＡＩだとこうはなりません」とありますが、それはＡＩと人間とで何が異なるからですか。本文中から五字以内で抜き出して答えなさい。

問十六、――線⑯「いまの自分を磨く」ことの具体的な内容を含む一文を本文中から抜き出し、その最初の五字を答えなさい。

問十七、――線⑰「白状」の「白」とは**異なる**意味の「白」が用いられているものを、次の（ア）～（エ）の中から選び、記号で答えなさい。

（ア）自白　（イ）明白　（ウ）表白　（エ）告白

問十八、――線⑱「貧者の武器」として、ＡＩはどのようなはたらきをするものと期待されていますか。その説明として最も適切なものを、次の（ア）～（エ）の中から選び、記号で答えなさい。

（ア）これまで手にしていた銃に代わる武器として、貧者に民主主義の基盤となる教育をもたらすもの。

（イ）世界を支配している経済の論理から自由になるための武器として、貧者に民主化をもたらすもの。

（ウ）銃の流通に規制をかける武器として、貧者に教育を前提とした開かれた民主主義をもたらすもの。

もなり得ます。民主主義は、一定の教育が施された市民の存在を前提にした仕組みです。発展途上国の教育の振興にAIが上手に使われたら、それは民主主義にとっても大きな力となります。

もっともAIはツールなので悪用されるリスクがないわけではありません。ビッグデータとAIを組み合わせた監視社会の到来は、ジョージ・オーウェルが『一九八四年』で描いた通りです。便利なだけに、使い方によっては毒にも薬にもなる一面があることを忘れてはならないと思います。

（出口治明『自分の頭で考える日本の論点』による。
なお、出題の都合上、表記を改めたところがある。）

＊1 デバイス……パソコン等の情報端末や、それに接続して使う周辺機器の総称。

＊2 ドラスティックに……抜本的に。　＊3 ロジック……論理や筋道。

問一、――線①「耳目を引く」の「耳目」の意味として適切でないものを、次の（ア）～（エ）の中から一つ選び、記号で答えなさい。

（ア）見聞　（イ）関心　（ウ）注意　（エ）興味

問二、――線②「僕自身は、AI脅威論をかなり疑っています」とありますが、これを裏付けている日本の政治のあり方が述べられている形式段落の最初の五字を答えなさい。

問三、――線③「ツールとして上手に使えばそれでいい」とありますが、AIを「上手に使え」なかった場合に起こり得る弊害を本文中から二十五字以内で抜き出し、その最初と最後の五字を答えなさい。

問四、――線④「まったく予測できなかった」理由が述べられている一文を本文中から抜き出し、その最初の五字を答えなさい。

問五、――線⑤「未来のAI社会を描く映画でも、実はそれほど大した話は出てきません」とありますが、その理由として最も適切なものを、次の（ア）～（エ）の中から選び、記号で答えなさい。

（ア）どんなことも描ける映画とはいえ、観客動員数を考えると、現実の状況から想像の及ぶ範囲の話しか作れないから。

（イ）AIの進歩が目覚ましい現在においては、虚構の世界よりも、むしろ現実の世界の方がよっぽど変化が激しいから。

（ウ）AI脅威論ブームは出版業界が作り出している部分が多く、実際にはさほど深刻な事態になるとは考えにくいから。

（エ）人間の発想力には限界があり、それまでにあったものと根本的な部分からかけ離れた想像をすることは困難だから。

問六、［ⓐ］・［ⓑ］・［ⓒ］に当てはまる言葉の組み合わせとして最も適切なものを、次の（ア）～（エ）の中から遊び、記号で答えなさい。

（ア）ⓐ そして　ⓑ だから　ⓒ つまり
（イ）ⓐ つまり　ⓑ しかし　ⓒ だから
（ウ）ⓐ しかし　ⓑ そして　ⓒ つまり
（エ）ⓐ だから　ⓑ しかし　ⓒ そして

問七、――線⑥「いまのAIをめぐる状況」とありますが、どのような「状況」ですか。それが最も端的に表現されている一文を本文中から抜き出し、その最初の五字を答えなさい。

問八、――線⑦「心配することは何もなかったわけです」とありますが、当時の人々はどのようなことを「心配」していたのですか。本文中の言葉を用いて二十字以内で説明しなさい。

問九、――線⑧「与しません」を言い換えた表現として適切なものを、囲碁では、人間のプロ棋士が生涯にチェックできる対局数はおおよそ1万局が限界だそうです。しかしＡＩは1日で優に1万局対戦することができます。これはウサイン・ボルトが自動車と１００メートル競走を行うようなものです。⑫ボルトがどれだけ速く走っても、スピードで⑬自動車に敵《かな》うはずがありません。

このような世界では、ＡＩはすでに人間の脳には永遠に理解できない高みに到達しているといっていいでしょう。

しかし、⑭そのような世界がすべてではありません。ＡＩはファジーなものは苦手です。たとえば、今日僕とあなたが出会い、明日再び出会うとします。あなたが今日と違う服を着ていても、人間の僕にはすぐにあなただとわかります。あなたのほうも、道ですれ違ったらすぐに僕だと認識して、お互い「あ、昨日はどうも」と挨拶をするでしょう。

ところが、⑮ＡＩだとこうはなりません。ＡＩはあなたを写真のように覚えるので、服が違ってしまうと同一人物だとわからなくなるのです。

人間は服が違うのにどうして同一人物だとわかるのか。人間の脳は0と1ではなく、ファジーに記憶しているからです。そこが人間の脳のすばらしいところです。ファジーな認識を持つ人間の脳は、バラの花を5、6本見たら、他の種類のバラに出会ってもすぐにバラだと識別できるようになります。ＡＩは2万～3万枚のバラの写真を見せないと、識別できるようにはなりません。

ＡＩの専門家たちが、5年や10年でＡＩが人間の仕事を何百万人分も奪うことはとてもできないと考えているのは、このためです。やがてはＡＩもファジーな認識能力を獲得できるようになるのかもしれませんが、それがいつになるのか、どこまで可能になるのかはまだ誰にもわかりません。そんなわからない先のことをあれこれ悩んでいるよりは、⑯いまの自分を磨くほうがよほど有益なのは、先に述べたとおりです。

政府は入管法を改正して外国人労働者を受け入れることを決めました（２０１９年4月施行）。このプロセスで、政府は今後5年間で約35万人を受け入れると表明しています。これは、今後5年間では、35万人程度の労働力もＡＩでは置き換えることができないと政府が⑰白状したようなものではないでしょうか。

ＡＩについては、とかく脅威論ばかりが語られがちですが、実はＡＩはとても便利な道具です。人間が賢くなることをサポートしてくれるし、⑱貧者の武器にもなり得ます。

これまでは、学校がなく、先生がいなかったら、子どもたちは勉強できませんでした。ですが、いまはＡＩが使えるので、たとえばアフリカの小村でも外国語や最新の経済学を学ぶことができます。

こう話すと、アフリカの子どもたちは通信料金を支払えないではないか、という人が必ずいます。しかし、そのぐらいは、支援する側が負担すればいいだけの話です。現地に学校を建てて先生を集めてくるより、ずっと安くすみます。

アフリカではいまカラシニコフ銃が野放しになっています。グーグルの元ＣＥＯのエリック・シュミットは、「銃を持ってきてくれたら最新のスマートフォンをただで渡す」「ネットもメールも格安で使えるようにする」といえば、すぐに危険な武器を回収できるだろうと、著書『第五の権力』で述べています。そのような発想はとても大事だと思います。

ＡＩはこのように貧者の武器となり、民主主義を機能させるツールに機械の普及によって経済が大きく成長し、労働力が以前にも増して必要となったのです。あとから見れば、⑦心配することは何もなかったわけです。

【Ⅱ】ＡＩによって人間の仕事が奪われるという発想は一種の悲観論です。［ⓑ］、そもそも悲観論の類は、少なくともこれまでの歴史上では、すべて外れて全敗しています。それほど賢くない人間の想像力では、技術の進歩や社会の進化を見通しきれないからです。

僕は基本的に楽観論者なので、ＡＩに仕事を奪われて人間のすることがなくなるという悲観論には⑧与《くみ》しません。

「将来の仕事がＡＩに奪われるのなら、いまから何を勉強しておいたらいいですか」と尋ねられることがよくあります。そんなときは、将来のよくわからないことを心配するより、いまの仕事を一所懸命やって実績を上げるとか、英語を勉強してＴＯＥＦＬｉＢＴ（TOEFL Internet-Based Test）で90のスコアを取るなどして実力をつけたほうがいいですよと、アドバイスしています。

【Ⅲ】数字（データ）とファクトを使って、自分の頭でロジック*3を考え、自分の言葉で説得力のある情報発信を行う力はオールマイティです。そのような力を身につけるほうが、⑨「ＡＩの進化でなくなる仕事」のリストを見て右往左往するよりはるかに役に立ち、人生もずっと楽しくなるはずです。

さらにいえば、仕事という観点では、⑩現在の日本はとても幸運な社会です。社会にとってもっとも厳しい状況は、一般論で述べれば、ユース・バルジです。バルジとは「膨らみ」の意味で、ユース・バルジとは、人口構成で若い世代が膨れ上がっている状態のことをいいます。

ユース・バルジの状態になると、社会は不安定になります。仕事にあぶれる若者が大量発生するからです。仕事がないとお金もない、デートもできないし、結婚もできないということで、不満をため込んだ若者たちによって社会が不穏になります。

中東がいまユース・バルジに見舞われています。中東の混迷の根本原因は、実は宗教問題ではなく、ユース・バルジです。日本はその真逆の社会です。

【Ⅳ】新型コロナウイルス感染症による経済危機で、失業率が上がり、新卒採用も抑制されましたが、これはあくまで一時的なものです。生産年齢人口の減少により、日本が深刻な労働力不足に陥りつつあるという長期的、構造的なトレンドは変わっていません。［ⓒ］、仕事の心配をする必要は実はあまりない。

将来のことを心配して対応を検討するにしても、⑪ＡＩの果たす役割がもう少し具体的にわかるようになってから考えても決して遅くはないと思います。

ＡＩのプロに話を聞いても、ＡＩはハイスピードで進化しているけれども、5年や10年で人間の労働力を何百万人分も奪うことはとてもできない、という人がほとんどです。

ＡＩといっても、要はコンピュータなので、基本原理は0と1で表現されます。逆にいえば、0と1に直せないものは苦手です（量子コンピュータが実用化されると、そうではなくなるようですが）。

ＡＩが囲碁や将棋、チェスに強いのは当たり前です。それらのゲームにはファジーなところがまったくありません。論理の積み重ね、0と1の積み重ねで答えが得られます。

【国　語】（五〇分）〈満点：一〇〇点〉

【注意】字数指定がある問いでは、句読点・記号なども一字として数えます。

一、次の文章を読んで、後の問いに答えなさい。（字数指定がある問いでは、句読点・記号なども一字として数えます。）

ＡＩの急速な進歩に伴って、人間の仕事がＡＩにどんどん奪われるのではないかという危惧が広がっています。この種の危惧の発端となったオックスフォード大学のオズボーンとフレイのレポートでは、現在ある仕事の実に47%がここ20年のうちにＡＩに代替されると推測しています。日本でも、２０３０年頃には労働人口の約半数がＡＩに取って代わられるだろうという予測を野村総研が発表しました。こうした未来予測に触れて、ＡＩ恐るべしという気持ちに多くの人が傾いているのだと思われます。

ただ、社会にそんな気運が広がっているのは、必要以上に危機感をあおる情報発信がなされていることも一因です。ことに、活字離れに苦しむ出版業界が、①耳目を引く本を売ろうとして、ＡＩ脅威論ブームをつくりだしているようにも思えます。

②僕自身は、ＡＩ脅威論をかなり疑っています。ＡＩといえども、基本的には自動車、スマホと同じようなツールですから、ただ③ツールとして上手に使えばそれでいいわけです。

たしかに、社会はものすごいスピードで進化するので、これからどんなことが起こるかは誰にもわかりません。たとえば、僕が子どもの頃、いずれみんながペットボトルで水を飲むようになると予想した人は１人もいなかったことでしょう。

そんな昔のことでなくても、僕が還暦でインターネットを主な販売チャネルとするライフネット生命を立ち上げたときには、契約はパソコンで行われることを想定していました。ところが、その後スマホが普及し、いまはスマホからの契約者のほうが多くなっています。たった10年先のことですら、④まったく予測できなかったわけです。

しかし、これも、冷静になって考えてみればパソコンというツールがスマホというツールに変わっただけ、単にデバイス[*1]がシフトしただけで、本質的なところがドラスティック[*2]に変わったわけではありません。

⑤未来のＡＩ社会を描く映画でも、実はそれほど大した話は出てきません。『レディ・プレイヤー1』という、スピルバーグがつくった２０１８年公開の映画があります。舞台は２０４５年を想定していて映画自体はとても面白いのですが、冷静に見れば現在の延長線上の話ばかりで、本質的に新しいことは何も登場しません。どんなことでも描けるはずの映画でも、その程度なのです。

ⓐ、ＡＩが進化したら人間の仕事がどうなるかは、いまの段階では詳しくわかるはずがない。けれども、何もかもがまるっきり変わってしまうことはないと思うのです。

【　Ｉ　】産業革命のとき、連合王国（イギリス）ではラッダイト運動が起こりました。機械によって人間の仕事が奪われたという不満と不安で、人々は機械を打ち壊しました。⑥いまのＡＩをめぐる状況とよく似ています。

しかし結局のところ、失業が増えるどころか、労働需給はむしろタイトになりました。一時的に多少の混乱はありましたが、長い目で見たら

2022年度

解　答　と　解　説

《2022年度の配点は解答欄に掲載してあります。》

＜数学解答＞ 《学校からの正答の発表はありません。》

1. (1) $x=\sqrt{3}$, $-3\sqrt{3}$　(2) $3-\sqrt{6}$　(3) $(x+2)(x-1)(x^2+x+1)$　(4) 23

2. (1) ∠ADC＝112度　(2) 4　(3) ∠AED＝24度　(4) $a=-\frac{5}{8}$, $b=-2$

(5) $\frac{2}{3}$　(6) $x=5$, $y=7$, $a=-\frac{3}{5}$

3. (1) 118cm^2

(2) ① $(4-x)^2+(3-x)^2=(4+x)^2$　② $11-4\sqrt{7}$(途中式や考え方は解説参照)

4. (1) $y=\frac{\sqrt{3}}{3}x+\frac{2\sqrt{3}}{3}$　(2) $\mathrm{A}\left(-\frac{2}{3}, \frac{4\sqrt{3}}{9}\right)$　(3) $\frac{10\sqrt{3}}{27}\pi$

5. (1) $a=2$, 7　(2) ア xy　イ $a+1$　ウ 2　エ 2　オ 18

○推定配点○

1. 各5点×4　2. 各5点×6　3. (1) 5点　(2) ① 4点　② 6点　4. 各5点×3

5. (1) 5点　(2) 各3点×5　計100点

＜数学解説＞

1. (2次方程式，平方根，因数分解，式の値)

(1) $x^2+2\sqrt{3}x-9=0$　$(x+\sqrt{3})^2=9+3$　$x+\sqrt{3}=\pm2\sqrt{3}$　$x=-\sqrt{3}\pm2\sqrt{3}=\sqrt{3}$, $-3\sqrt{3}$

基本 (2) $\frac{12-\sqrt{18}-\sqrt{48}}{\sqrt{3}}+(2-\sqrt{3})^2=\frac{12}{\sqrt{3}}-\frac{\sqrt{18}}{\sqrt{3}}-\frac{\sqrt{48}}{\sqrt{3}}+4-4\sqrt{3}+3=4\sqrt{3}-\sqrt{6}-4+7-4\sqrt{3}=3-\sqrt{6}$

基本 (3) $(x^2+x)^2-x(x+1)-2=(x^2+x)^2-(x^2+x)-2=\{(x^2+x)-2\}\{(x^2+x)+1\}=(x+2)(x-1)(x^2+x+1)$

重要 (4) $25<27<36$より，$5<3\sqrt{3}<6$　よって，$a=3\sqrt{3}-5$　$a^2+10a+21=(a+5)^2-4=(3\sqrt{3}-5+5)^2-4=27-4=23$

2. (角度，式の値，関数，確率，連立方程式)

重要 (1) 平行線の錯角は等しいから，∠ACB＝∠CAD＝32°　接弦定理より，∠BAC＝80°　よって，∠ABC＝180°－80°－32°＝68°　円に内接する四角形の対角の和は180°だから，∠ADC＝180°－68°＝112°

(2) $x+y=\sqrt{5}$の両辺を2乗して，$x^2+2xy+y^2=5$…①　$x-y=\sqrt{3}$の両辺を2乗して，$x^2-2xy+y^2=3$…②　①＋②より，$2(x^2+y^2)=8$　$x^2+y^2=4$

基本 (3) $\overset{\frown}{\mathrm{BC}}$の円周角だから，$\angle\mathrm{BAC}=360°\times\frac{1}{4}\times\frac{1}{2}=45°$　$\overset{\frown}{\mathrm{AD}}=a-\frac{1}{6}a-\frac{1}{4}a-\frac{1}{5}a=\frac{23}{60}a$より，$\angle\mathrm{ACD}=360°\times\frac{23}{60}\times\frac{1}{2}=69°$　三角形の内角と外角の関係より，∠AED＝69°－45°＝24°

(4) $y=ax^2$において，$x=-4$のときyの最小値は$y=a\times(-4)^2=16a$，$x=0$のときyの最大値は$y=0$　$y=2x+b$において，$x=-4$のときyの最小値は$y=-8+b$，$x=1$のときyの最大値は$y=2+b$

よって，$16a=-8+b$…①，$0=2+b$…②　②より，$b=-2$　これを①に代入して，$16a=-10$　$a=-\frac{5}{8}$

(5)　さいころの目と3つ目の番号の関係は右の表のようになる。3つの番号の頂点で三角形ができないのは色ぬり部分の12通りだから，求める確率は，$1-\frac{12}{36}=\frac{2}{3}$

2＼1	1	2	3	4	5	6
1	0	1	2	3	4	5
2	1	0	1	2	3	4
3	2	1	0	1	2	3
4	3	2	1	0	1	2
5	4	3	2	1	0	1
6	5	4	3	2	1	0

(6)　(A)の解は，$3x-2y=1$と(B)の第1式のxとyの値を入れかえた$y-x=2$の連立方程式を解いて，$x=5$，$y=7$　これらの値を(A)の第2式に代入して，$5a+2\times7=11$　$a=-\frac{3}{5}$

3. (平面図形の計量)

重要 (1)　直線ADとBFとの交点をHとする。CF：FD＝3：1より，△ABF：△AFD＝AB：DF＝(3＋1)：1＝4：1　よって，△ABF＝4△AFD＝4×30＝120　平行線と比の定理より，BF：FH＝CF：FD＝3：1＝15：5…①　BC：DH＝CF：FD＝3：1，BE：EC＝1：2より，BG：GH＝BE：AH＝1：(1＋2＋1)＝1：4＝4：16…②　①，②より，BF：GF＝15：(16－5)＝15：11　よって，△AGF：△ABF＝GF：BF＝11：15より，$\triangle AGF=\frac{11}{15}\triangle ABF=\frac{11}{15}\times120=88$　したがって，四角形AGFDの面積は，$88+30=118(\text{cm}^2)$

重要 (2)　①　OからABにひいた垂線をOHとすると，$AH=4-x$，$OH=3-x$，$OA=4+x$と表せるから，△OAHに三平方の定理を用いて，$(4-x)^2+(3-x)^2=(4+x)^2$

②　$(4-x)^2+(3-x)^2=(4+x)^2$　$16-8x+x^2+9-6x+x^2=16+8x+x^2$　$x^2-22x=-9$　$(x-11)^2=-9+121$　$x-11=\pm\sqrt{112}$　$x=11\pm4\sqrt{7}$　$x<3$より，$x=11-4\sqrt{7}$(cm)

4. (図形と関数・グラフの融合問題)

基本 (1)　$y=\sqrt{3}x^2$に$x=1$を代入して，$y=\sqrt{3}$　よって，B$(1, \sqrt{3})$　直線ABとx軸が交わってできる角の大きさが30°だから，直線ABの傾きは$\frac{1}{\sqrt{3}}=\frac{\sqrt{3}}{3}$　直線ABの式を$y=\frac{\sqrt{3}}{3}x+b$とすると，点Bを通るから，$\sqrt{3}=\frac{\sqrt{3}}{3}+b$　$b=\frac{2\sqrt{3}}{3}$　よって，$y=\frac{\sqrt{3}}{3}x+\frac{2\sqrt{3}}{3}$

(2)　$y=\sqrt{3}x^2$と$y=\frac{\sqrt{3}}{3}x+\frac{2\sqrt{3}}{3}$から$y$を消去して，$\sqrt{3}x^2=\frac{\sqrt{3}}{3}x+\frac{2\sqrt{3}}{3}$　$3x^2-x-2=0$　$(x-1)(3x+2)=0$　$x=1, -\frac{2}{3}$　$y=\sqrt{3}x^2$に$x=-\frac{2}{3}$を代入して，$y=\sqrt{3}\times\left(-\frac{2}{3}\right)^2=\frac{4\sqrt{3}}{9}$

よって，A$\left(-\frac{2}{3}, \frac{4\sqrt{3}}{9}\right)$

重要 (3)　直線ABとx軸との交点をCとすると，$y=\frac{\sqrt{3}}{3}x+\frac{2\sqrt{3}}{3}$に$y=0$を代入して，$x=-2$　よって，C$(-2, 0)$　Oから直線ABにひいた垂線をOHとすると，△OCHは内角が30°，60°，90°の直角三角形だから，$OH=\frac{1}{2}OC=\frac{1}{2}\times2=1$　$AB=\sqrt{\left\{1-\left(-\frac{2}{3}\right)\right\}^2+\left(\sqrt{3}-\frac{4\sqrt{3}}{9}\right)^2}=\frac{10\sqrt{3}}{9}$　求める立体の体積は，$\frac{1}{3}\pi\times OH^2\times AB=\frac{1}{3}\pi\times1^2\times\frac{10\sqrt{3}}{9}=\frac{10\sqrt{3}}{27}\pi$

重要 5. (数の性質)

(1)　$M=10a+x$，$N=10a+y$と表せるので，$M+N=(10a+x)+(10a+y)=20a+x+y=20a+10=10(2a+1)$…①　ここで$1\leqq a\leqq9$より，$2a+1$は$3\leqq 2a+1\leqq19$を満たす奇数である。よって，①が50の倍数となるのは，$2a+1=5, 15$　すなわち，$a=2, 7$のときである。

(2)　$MN=(10a+x)(10a+y)=100a^2+10ax+10ay+xy=100a^2+10a(x+y)+xy=100a^2+100a+xy=100a(a+1)+xy$　ここで，$a(a+1)$は連続する整数の積だから2の倍数であり，$100=4\times25$より，$100a(a+1)$は8の倍数である。よって，MNが8の倍数であるとき，xyは8の倍数である。$x+y=10(x\leqq y)$を満たし，xyが8の倍数となるx，yの組は，$(x,\ y)=(2,\ 8)$，$(4,\ 6)$の2組ある。したがって，MNが8の倍数となるM，Nの組は，aの値が9通りあるので，$2\times9=18$(組)ある。

★ワンポイントアドバイス★

昨年より大問数が1題減り，独立小問が10題となったが，難易度に大きな変化はない。計算力，記述力を求められることに変わりはないので，十分な基礎力をつけておこう。

＜英語解答＞《学校からの正答の発表はありません。》

Ⅰ　1　イ　2　ウ　3　ア　4　イ　5　エ　6　ア

Ⅱ　1　customer　2　advice　3　nervous　4　hidden　5　accident

Ⅲ　1　A　that　B　to　C　it　2　A　open　B　order　C　keep
3　A　as　B　expensive　C　caught　4　A　when　B　upgrade　C　is
5　A　is　B　counting　C　riddles　6　A　is　B　one　C　it

Ⅳ　1　エ　2　イ　3　ウ　4　ア　5　オ

Ⅴ　1　ア　2　エ　3　イ　4　ウ　5　イ

Ⅵ　問1　イ　問2　エ　問3　ウ　問4　B　問5　children with average intelligence
問6　parents　問7　エ　問8　the attention they receive is both positive and negative　問9　オ　問10　ア

○推定配点○

Ⅰ・Ⅱ　各2点×11　Ⅲ～Ⅵ　各3点×26　計100点

＜英語解説＞

基本　Ⅰ　（語句補充・選択：仮定法，疑問詞，構文，不定詞，熟語，口語表現）

1 「もし太陽が一瞬消えてしまったら世界はどうなるだろうか」 現在の事実に反する仮定は，仮定法過去の文で表す。〈If ＋主語＋動詞の過去形～，主語＋助動詞の過去形＋動詞の原形…〉「もし～なら，…だろう」

2 「彼女は私が暇な時間に何をするのが好きか知りたがっている」 know の後ろは間接疑問で〈疑問詞＋主語＋動詞〉の語順。疑問詞はここでは do「～をする」の目的語となる what を入れる。

3 「父は私が20歳でもソーシャルメディアを使うことを許さないだろう」 〈let ＋人＋動詞の原形〉「(人)に～させる，(人)が～するのを許す」

4 「同僚に話かけるために仕事の手を止めるという社会的側面は，人々に職場に所属していると感じさせることに役立つ」 文全体の主語は The social aspect of stopping work to talk to a co-worker で，of は「～という」を表し，of 以下が the social aspect「社会的側面」の具体的内容を表している。to talk to ～ は「～に話しかけるために」という目的を表す不定詞句。

5 「そのラジオ司会者は同じ古い曲を何度もかけて，リスナーたちから苦情を受けた」 again and

again「何度も」

6　母：あの木には登ってほしくないわ。／子：どうして？／母：いくつかの枝が枯れていて，折れるかもしれない。　相手の言葉(肯定文)に「どうして？」と言う時は Why? と言い，相手の言葉(否定文)に対して「どうして？」という時は Why not? と言う。

Ⅱ　(語彙：単語)

1　「最後の客が出て行ったら，私たちは店を閉める」「商品やサービスを買う人」　customer「客」

2　「私の両親からのアドバイスはどれも，常にシンプルで役に立った」「あなたが誰かに与える，その人がすべきことに関するあなたの意見」　advice「アドバイス，助言」

3　「彼女は大丈夫だと言ったけれども，彼女の声は不安げだった」「この先起きること，または起きるかもしれないことについて，恐れて心配している」　nervous「不安な，緊張して」

4　「彼らは森の中に隠された宝物を見つけようとした」「簡単には見えない，もしくは見つからない場所に何かを置くこと」　hide「～を隠す」の過去分詞 hidden を入れて「隠された」とする。

5　「もし事故を見かけたら警察に電話してください」「損害やケガを引き起こす突然の出来事」　accident「事故」

重要　Ⅲ　(語句整序：接続詞，不定詞，文型，受動態，接続詞，分詞，動名詞，比較，間接疑問，前置詞，熟語)

1　(This sofa is) so heavy that we need four people to move it (to the living room.)　so … that ～「とても…なので～」〈move＋目的語＋ to ～〉「―を～へ動かす」

2　(You should leave) the windows open in order to keep the air (circulating.)　〈leave＋目的語＋形容詞〉「～を…にしておく」〈in order to＋動詞の原形〉「～するために」〈keep＋目的語＋ ~ing〉「―が～しているままにする」 in order to keep the air circulating は「空気が循環しているままにするために」となる。

3　(In Japan, unagi, or eel is) known as an expensive fish caught in (clean rivers.)　be known as ～「～として知られている」　形容詞的用法の過去分詞句 caught in clean rivers「水がきれいな川で捕まえられる」が fish を後ろから修飾する。

4　Deciding when to upgrade our smartphones is harder than (we imagine.)　動名詞句 Deciding when to upgrade our smartphones「私たちのスマートフォンをいつアップグレードするか決めること」が文全体の主語。〈when to＋動詞の原形〉「いつ～するべきか」

5　(Tom judges how) clever he is by counting the number of riddles that (he can solve.)　how clever he is は間接疑問〈疑問詞＋主語＋動詞〉の語順。by ~ing「～することによって」「いくつなぞなぞが解けるか」は the number of riddles that he can solve「彼が解くことのできるなぞなぞの数」と表す。that は目的格の関係代名詞。

6　(The beautiful thing) about learning is that no one can take it away (from you.)　「学びの素晴らしい点」は The beautiful thing about learning「学ぶことに関する素晴らしいこと」と表す。that は「～ということ」を表す接続詞。no one「誰も～ない」　take ~ away from ―「～を―から奪う」

Ⅳ　(長文読解問題・論説文：文補充・選択)

(全訳)　私たちが地球資源を，自然が補える以上に使っているということは事実だ。例えば，きれいな水は，生物すべてが生き残るために必要だが，不十分になってきている。さらに地球の温度を上げる生活習慣は気候変動を引き起こしている。その解決法は何か。私の意見では，採食主義者になることが私たちの資源を保ち，地球温暖化を鈍化させる最良の方法である，なぜなら[1]それは水を節約し，炭素排出量を減らすからだ。

[2]菜食主義が私たちの資源利用を減らす良い方法だということの理由の1つが，それは大量の水を節約するということだ。食肉生産は動物を育ててそれらを食品に加工することを含むが，水を大量に消費する。たとえば，牛肉わずか1キロを生産するのに，16,000リットルの水が必要だ。比較すると，米1キロを生産するのにわずか3,400リットルの水が必要であり，同量のトウモロコシを生産するには水833リットルしか必要としない。

菜食主義者になることが地球によって良いことであるもう1つの理由は，それが地球温暖化を鈍化させるということだ。食肉生産はCO_2のような温室効果ガスを排出する。木はCO_2を吸収するが，放牧家畜の場所を作るため，しばしば切り倒される。さらに食肉生産は生産施設を稼働させたり肉製品を輸送したりするために大量の化石燃料を使う。これらの化石燃料が温室効果ガスの原因となる。実際，国連の報告によると，[3]食品生産のために動物を育てることは車よりも温室効果ガスを発生させる。肉を食べないことによって，私たちは気候変動を鈍化させることができるかもしれない。

肉を食べないことは持続可能な未来を保証する良い方法である，なぜならそれは水を使う量が少なく，温室効果ガスの排出も減らすからだ。地球に良いことに加え，[4]菜食主義はさらに良い点がいくつかある。研究によると，菜食主義者の食事は脂肪分が少ない傾向があり，心臓病のリスクを下げることにつながる。また，がんなどの他の深刻な病気のリスクも減らす。菜食主義者になることによって，[5]私たちは地球の健康と私たち自身の健康を同時に保証するだろう。

問　全訳下線部参照。

Ⅴ　（長文読解問題・論説文：要旨把握，内容吟味，英問英答）

（全訳）　国際ロボット連盟によると，「ロボット」という語は1920年代に初めて使われ，現在は世界中で数百万のロボットが使われている。健康産業では，日に日にロボットが多く使われている。

遠隔外科手術(テレ手術とも呼ばれる)にロボットを使う外科医が増えている。別の言い方をすると，彼らは，物理的に同じ場所にいることなく，患者を手術する。実際，彼らは遠く離れたところにいるかもしれない。ロボットがあなたに手術をしているというのは怖く思われるかもしれないが，ロボット手術は多くの利点がある。ロボットは気が散ったり，繰り返しの作業に飽きたりしない。さらにそれらは非常に正確である。結果として，患者は手術中に感じる痛みが少ないかもしれないし，早く回復するかもしれない。

また，医学生は人間の体について学ぶためにロボットを使う。彼らは人間シュミレータ，つまり最新技術を使ったマネキン人形で練習する。これらの装置は本物の人間のように見えるだけでなく，本物の人間のように動く。それらは泣き，汗をかき，唾液を分泌し，目を開けたり閉じたりもできる。それらは呼吸音や鼓動音を出すこともできるし，出血したり薬に反応したりもする。これらのマネキンには様々な種類がある。男性，女性，ティーンエージャー，さらに妊婦や赤ちゃんもある。これらはとても真に迫っているので，このロボット患者は未来の医師たちに，今後のキャリアで直面するかもしれない実際のシナリオに対して準備させることができる。それらは心臓発作やてんかん性発作など，ほぼいかなる緊急事態にも「苦しむ」ことができる。この現実的な「緊急事態」の経験は医療ミスを防ぐのに役立つかもしれない，それは不幸にも非常によくあることなのだ。

ロボットは看護師を手伝うこともできる。病院でよくある問題は，看護師が常に人々をベッドからベッドへ移動させたり，持ち上げたり，車いすに乗せたりしなくてはならないことだ。ロボットは力があるので，これらのような疲れる仕事を手伝うことができる。それらは疲れないので，けがを防ぐのに役立つし，さらにそれらは怒ったり，飽きたり，イライラしたりもしない。

最後に，ロボットは可動性を失った人々の生活を改善することができる。ロボットパンツは麻痺のある患者が車いすに閉じ込められるのではなく自立して動き回るのを可能にする。そのパンツの利点は肉体的なものだけでない。ある患者がこう述べた。「私はまた歩くなんて夢にも思いませんでした。それがどんなものか忘れていました」 彼は続けた。「私には3歳の娘がいます。娘は私が歩くのを初めて見た時，最初の数分間は黙っていて，その後「パパは背が高いね」と言いました。私はとても気分が良くなりました，まるで空を飛んでいるみたいに」

1 「ロボット外科手術について文章に書かれていないものはどれか」 ア「ロボット外科手術は費用があまりかからない」

2 「医学生が人間シュミレータでできることについて正しいのはどれか」 エ「彼らは自分たちが直面するかもしれない緊急事態に備えることができる」

3 「ロボットは看護師の代わりに何ができるか」 イ「疲れずに肉体的な労働をすること」

4 「ロボットパンツについて正しいものはどれか」 ウ「それらは患者を肉体的にも感情的にも支える」

5 「この文章に最適な題名は何か」 イ「医療を向上させる様々なロボット」

Ⅵ **〔長文読解問題・論説文：内容一致，語句補充・選択，文補充・選択，指示語，語句整序，関係代名詞，熟語〕**

《全訳》 グエン・ノック・チュオン・ソンが両親とチェスをしたかったのは普通のことに見えた。しかし彼が，誰かが彼に教える前にすでにチェスの仕方を知っているということを示したのは，普通ではなかった。明らかにその2歳児は両親を見ることによってすべてのルールを学んでいたのだ。彼らとわずか1か月チェスをした後，彼はすべてのゲームに勝っていた。4歳までに，彼は全国大会で競技していた。12歳までに彼はベトナムの最年少チャンピオンになった。

もう1人の2歳児，ジェイ・グリーンバーグも今までに一度も見たことのない楽器の絵を描いて両親を驚かせた。まもなく彼らはジェイが「頭の中で音楽を聴く」ということを知った。彼は3歳で作曲を始めた。10歳までに彼はニューヨークにある有名なジュリアード音楽院に通い，完全な交響曲を作曲した。ジェイは彼の音楽作品の質の高さだけでなく，それを生み出すスピードにおいても特別だった。才能のあるプロの作曲家はふつう生涯において，5つか6つの交響曲を作曲するが，ジェイは12歳までに5つを作曲した。

3番目の幼い子，アビゲイル・シンは5歳で初めてピアノのレッスンを受け，彼女は先生が「鍵盤をマスターしようとする止められない欲望」と称するものを持っていた。彼女は10歳までにシンガポールの最も有名なピアニストになった。

これらのような神童は専門家にとっても専門家でない人にとっても①謎である。一方で彼らは会う人すべてから賞賛と注目を浴びる。他方で，彼らは批判を受け，世の中の他の部分で適応するのを難しいと思う。

神童は非常に知性が高いが，これは彼らを際立たせる唯一の要素ではない。彼らはある分野における並外れた能力のために天才とみなされるのだ。専門家は神童を「通常は大人によって獲得されるような，ある分野の熟達を示す幼い子供」と定義する。神童はふつう，言語，数学，絵画，チェス，音楽のような構造的分野において能力を持つ。彼らは経験が必要とされる，医学，法律，文芸などのような構造性の低い分野においては出現する可能性が低い。

神童は，同年齢の他の子供②を飽きさせるような作業に集中し，長時間注意を向けることができる。アビゲイル・シンは少なくとも週に25時間はピアノを練習した。同様に，2歳のグエン・ノック・チュオン・ソンは1度に何時間もチェスをする集中力を持っていた。そのため「神童」の優秀さは単なる知性を超える。その説明のために専門家たちは2つの方向で調べている。「生まれつきの性質」，つまりその子供の生物学的な特別さ，そして「養育」，つまりその子供の環境である。

研究者たちが神童を説明するために生まれつきの性質について調べる時，彼らは先天的な特質について調べる。例えば，彼らは神童の脳の構造は平均的な知能を持つ子供の脳と違っているかどうか調べる。この問いに答える時，技術が非常に役立つ。例えば，科学者たちは脳の様々な部分の活動量を見る時に映像技術を用いる。これらの脳スキャンによって，神童の脳の前頭葉は，同じ作業をしている平均的知能の子供とは違って，非常に活発だとわかる。③彼らの前頭葉はほぼ活動していない。科学により，脳の前頭葉は思考や集中の多くの面をつかさどるとわかっている。[B]これは天才がいかに課題に集中し，複雑な問題を解き，すぐ覚えるかを説明するかもしれない。

研究者たちは神童について説明するために養育を調べる時，その子供の生物的特徴ではなくその子供の環境に焦点を当てる。養育の面で最も重要な要素は④親だ。神童を育てることは非常に難しい。それはかなりの忍耐，創造性と柔軟性を必要とする。

自分たちの子供の並外れた能力に喜ぶ親がいる。彼らは自分の子供をサポートするために，自分の持っている，または見つけることのできるすべての資源を活用する。例えば，ジェイ・グリーンバーグの両親は2歳の息子がチェロを欲しがるとそれを買い，音楽のレッスンを手配した。

神童である我が子をあまりサポートしない親もいる。それどころか，自分の子供の才能を，自分たち自身に注目を集める方法とみなす親や，自分たち自身の利益だとみなす親もいる。例えば，ボリス・シディスは知性を最大限に生かすことと子供を育てることについて強い意見を持つ有名な科学者だった。彼の息子，ビリーが生まれると，彼はその子を自分の持論を試す機会だとみなした。

ビリーの誕生から，彼が並外れた子供であることは明白だった。彼の両親はすべての機会を利用して彼に言語，数学，科学，論理を教えた。ボリスは非常に貧しかったが，限られた資金を用いてその幼い天才のためにおもちゃや本を買ったり，手に入れたりした。ビリー・シディスは5歳で5つの言語を話した。彼は9歳でマサチューセッツ工科大学とハーバード大学医学部の入試に合格し，11歳でハーバード大学に入学を許可された。彼は数学，物理，言語の天才とみなされた。

ボリスは自分の子育て方法が自分の息子の能力をはぐくんだと主張し，自分の話を新聞社に持ち込んだ。新聞は，その若いハーバードの学生の偉業よりも奇妙な個人的生活に焦点を当てた。ビリーは他人と付き合っていくことや，実世界でうまく機能すること，他の人と違っているという困難さにうまく対処することに用意ができていないことが，すぐに明らかとなった。大学後，彼は孤独な生活を送った。彼の知性にもかかわらず，彼は無職で貧困のうちに亡くなった。

人は普通でないと注目を集める。神童の場合は，⑤彼らの受ける注目は肯定的なものと否定的なものの両方である。ほとんどの人は知性を賞賛するのでそれは肯定的である。天才は他の人とは非常に異なるのでそれは否定的である。彼らは教師たちにとって挑戦である，教師たちは7歳児はベートーベンよりバットマンが好きだと考える。彼らは親にとって挑戦である，親は{X}彼らを手助けしたいけれどもしばしばその財源がなく，彼らの必要なものや望むものを理解して満たすのは難しいと思う。彼らは科学者たちに挑戦を与える，科学者たちは{Y}彼らを一般社会からさらに孤立させることなく彼らを研究したいと望む。そして彼らは世間に挑戦する，なぜなら彼らは，{Z}人は標準と異なる人を拒否する傾向があると明らかにするからだ。

問1　イ「ジェイ・グリーンバーグは3歳になる前に，才能のあるプロの作曲家の協力を得た」(×)

問2　mystery「謎，神秘」

問3　bore「～を退屈させる」

やや難 問4　全訳下線部参照。この英文の主語 This「このこと」は，神童の場合，思考や集中をつかさどる前頭葉の動きが活発であることを指す。

問5　直前の children with average intelligence「平均的な知能の子供たち」を指す。

やや難 問6　nurture は「養育」という意味で，本文で the child's environment「その子供の環境」と言い換えられている。また，下線部④の直後に Raising a child prodigy「神童を育てること」とあるので，養育面における重要な要素はparents「親」だと推測できる。

問7　最後から2番目の段落の第3文参照。Billy was unprepared to get along with other people「ビリーは他人と付き合っていくことに準備ができていなかった」とある。人付き合いがうまくできなかったという意味なので，エが誤り。

やや難 問8　the attention they receive is both positive and negative　theyの前に目的格の関係代名詞が省略されており，they receive「彼らが受ける」がattentionを後ろから修飾する。both A and B「AとBの両方とも」

やや難 問9　全訳下線部参照。challenge(名詞)「困難な課題」(動詞)「～に挑戦する」

問10　ア「神童に常に現れる要素は，非常に高い知能と音楽や数学のような1分野に熟達する能力である」(○)　イ「文章中の神童たちは文芸にかなりの興味と能力を示した」(×)　ウ「記事の中のすべての親は自分の子供たちに教育的，感情的両方のサポートを与えた」(×)　エ「非常に知性の高い子供たちの脳は通常の知性を持つ子供たちの脳とほとんど同じであることが技術によってわかっている」(×)

★ワンポイントアドバイス★

最後のⅥの長文は，使われている単語が難しく，文章も非常に長いので，読むのに相当時間がかかる。Ⅴまでの問題を効率よく解いていかないとⅥの長文が最後まで読めない可能性がある。

＜国語解答＞ 《学校からの正答の発表はありません。》

一　問一　ア　問二　政府は入管　問三　使い方によ～があること　問四　それほど賢
問五　エ　問六　イ　問七　AIの急速　問八　(例)　機械によって人間の仕事が奪われること。(19字)　問九　イ　問十　必要以上に～ていること
問十一　エ　問十二　ウ　問十三　⑫　プロ棋士　⑬　AI　問十四　(例)　ファジーなところがまったくなく，論理や0と1の積み重ねで答えが得られる世界。(38字)
問十五　認識能力　問十六　数学(デー　問十七　イ　問十八　ア　問十九　エ
問二十　Ⅲ　問二十一　AIについ

二　①　ウ・駆　②　ウ・修　③　ア・締　④　エ・説　⑤　イ・供

三　①　エ　②　キ　③　コ　④　オ　⑤　ア

四　①　屈託　②　破棄　③　陶酔　④　塗装　⑤　拘束　⑥　粘膜　⑦　親戚
⑧　はんせん　⑨　ほうき　⑩　おろしね

○推定配点○

一　問一・問六・問九・問十二・問十三・問十五・問十七　各2点×8　問十四　5点
他　各3点×13　二～四　各2点×20(二は完答)　計100点

＜国語解説＞

一　(論説文―大意・要旨，内容吟味，文脈把握，段落構成，指示語，接続語，脱文・脱語補充，語句の意味，慣用句)

問一　「耳目(じもく)を引く」は「耳目を集める」ともいい，人びとの「関心」や「注意」，「興味」

を引く，集めるという意味なので，アの「見聞」は適切でない。ただし「耳目」そのものの意味は聞くことと見ること，見聞という意味。

問二 「政府は入管法を……」で始まる段落で，政府が入管法を改正して外国人労働者を受け入れることを決めたのは，今後5年間では35万人程度の労働力もAIでは置き換えることができないと白状したようなものではないか，という日本の政治のあり方を述べている。

重要 問三 最後の段落で，AIが「ツールなので悪用されるリスクがないわけではありません」として「使い方によっては毒にも薬にもなる一面があること(23字)」を述べている。

問四 「【Ⅱ】AIによって……」で始まる段落で，――線④の理由として「それほど賢くない人間の想像力では，技術の進歩や社会の進化を見通しきれないからです。」という一文を述べている。

問五 ――線⑤は「本質的なところがドラスティックに変わったわけではありません」ということの例として述べており，どんなことでも描けるはずの映画でも，現在の延長線上の話ばかりであったと述べているので，このことを踏まえたエが適切。⑤前後の内容を踏まえていない他の選択肢は不適切。

問六 空欄ⓐは直前の内容を要約した内容が続いているので「つまり」が当てはまる。空欄ⓑは直前の内容と相反する内容が続いているので「しかし」が当てはまる。空欄ⓒは直前の内容を理由とした結論が続いているので「だから」が当てはまる。

問七 ――線⑥は冒頭で述べているように「AIの急速な進歩に伴って，人間の仕事がAIにどんどん奪われるのではないかという危惧が広がっています。」という状況のことである。

重要 問八 ――線⑦は「当時の人々」＝産業革命が起こったときの連合王国(イギリス)の人々は，「機械によって人間の仕事が奪われた」という不満と不安で機械を打ち壊したが，そのように心配することは何もなかった，ということなので，⑦直前の段落内容から説明する。

基本 問九 「与する」は賛成する，仲間に加わるという意味。

問十 「ただ，社会に……」で始まる段落で，AIの急速な進歩に伴って，人間の仕事がAIに奪われるのではないかという危惧が広がっているのは「必要以上に危機感をあおる情報発信がなされていること(25字)」も一因である，ということを述べている。

重要 問十一 ――線⑩の理由として「【Ⅳ】新型コロナウイルス……」で始まる段落で，「生産年齢人口の減少により，日本が深刻な労働力不足に陥りつつあるという長期的，構造的なトレンドは変わ」らず，「仕事の心配をする必要は実はあまりない」と述べているので，エが適切。仕事がなくなる心配をする必要はないということを踏まえていない他の選択肢は不適切。

問十二 「AIについては，……」で始まる段落で，AIは「人間が賢くなることをサポートしてくれる」と述べているので，ウが適切。筆者が否定的に捉えているアは不適切。直接的な「AI」の役割ではないイ，エも不適切。

問十三 ――線⑫「ボルト」はチェックできる対局数が1万回が限界である「プロ棋士」，――線⑬「自動車」は1日で1万回対戦することができる「AI」をたとえている。

重要 問十四 ――線⑭は，AIが人間の脳には永遠に理解できない高みに到達しているといっていい世界のことで，「AIといっても……」から続く2段落で，コンピュータであるAIの基本原理は0と1で表現され，ファジーなところがまったくなく，論理や0と1の積み重ねで答えが得られることを述べているので，この部分の内容を指定字数以内にまとめる。

問十五 「人間は服が……」から続く2段落で，ファジーな認識を持つ人間の脳とAIは「認識能力(4字)」が異なることを述べている。

問十六 ――線⑯の「いまの自分を磨く」ことについて「【Ⅲ】数字(データ)……」で始まる段落で，「数字(データ)とファクトを使って，自分の頭でロジックを考え，自分の言葉で説得力のある情報発信を行う力はオールマイティです。」という一文で具体的に述べている。⑯直後で「先に述べたとおり」とあることから，これより前で述べていることに留意する。

問十七　――線⑰の「白状」，アの「自白」，ウの「表白」，エの「告白」の「白」はありのままに言う，申し上げるという意味。イの「明白」の「白」は明るくはっきりしているという意味。

やや難　問十八　――線⑱後で，学校がなく先生がいなくてもAIを使えば学ぶことができること，また最新のスマートフォンやネットなどと交換することで危険な武器を回収できるという発想を紹介して，AIは一定の教育が施された市民の存在を前提にした仕組みである民主主義を機能させるツールになり得ることを述べているので，アが適切。イの「経済の理論から自由になるため」，ウの「銃の流通に規制をかける」，エの「経済の論理が招いた銃社会」はいずれも述べていないので不適切。

問十九　本文では，AIの発展に伴う今後の社会や人々の在り方について，人間の労働力を何百万人も奪うことはできないというAIのプロの話も紹介しながら，AIに仕事を奪われて人間のすることがなくなるというAI脅威論に賛成しないと述べているので，エが適切。「AI脅威論を肯定している」とあるア，「主に日本の政治や社会の分析」とあるイ，「専門家が示す様々な数値を根拠にして」とあるウはいずれも不適切。

重要　問二十　抜けている一文の内容から，前後でAIが発展する社会において人間がするべきことについて述べていることが推測できるので，直後で自分の頭や言葉で説得力のある情報発信を行う力を身につけることについて述べている，Ⅲが適切。

やや難　問二十一　一段落は冒頭～「僕は基本的に……」で始まる段落までで，AIの進歩によって人間の仕事が奪われるという悲観論に与しないことについて述べている。二段落は「『将来の仕事が……』」で始まる段落～「将来のことを……」で始まる段落までで，今からなにを勉強したらよいかということについて述べている。三段落は「AIのプロに……」で始まる段落～「政府は入管法……」で始まる段落までで，AIと人間の違いを具体的に挙げ，人間の仕事は当面なくならないことを述べている。四段落は「AIについては……」で始まる段落～最後までで，AIは人間が賢くなることのサポートや貧者の武器となり，民主主義を機能させるツールにもなり得ること，使い方によっては毒にも薬にもなる一面があるというリスクもあることを述べている。

二　（漢字の書き取り）

①のウは速く走るという意味の「駆ける」。②のウは学問や技芸などを学んで身につけるという意味の「修める」。③のアは緩みがないようきつくするという意味の「締める」。④のエはよくわかるように話すという意味の「説く」。⑤のイは神仏などに物をささげるという意味の「供える」。

三　（ことわざ・慣用句）

①は人生における幸不幸は予測できないということのたとえ。②は小さな欠点を無理に直そうとして，かえって全体をだめにすることのたとえ。曲がった牛の角をまっすぐにするために叩いたり引っぱったりすると，牛は弱って死んでしまうことから。③は大騒ぎしたわりに実際には結果が小さいこと。④は運命は誰にも予測できないということのたとえ。悪いことや恐ろしいことが予想される場合に使われることが多い。⑤は自分ではどうすることもできず，相手の意向や運命にまかせるしかない状態のたとえ。

やや難　四　（漢字の読み書き）

①の「屈託のない」は何の心配もない，生気にあふれた無邪気な様子。②は破り捨てること。③は心を奪われてうっとりすること。④はペンキなどの塗料を塗ったり吹きつけたりすること。⑤は自由に行動できないようにすること。⑥は内臓などの内壁の，柔らかくて粘液で湿っている組織。⑦は血縁などによって結びつきのある人，身内。⑧は帆(ほ)に受ける風の力を利用して走る船。⑨は

蜂(はち)が巣から一斉に飛び立つように，大勢が一斉に行動を起こすこと。⑩は卸売業者が小売業者に商品を売り渡す場合の値段。

★ワンポイントアドバイス★

論説文では，具体例からどのような考えを述べようとしているのかを読み取っていこう。

MEMO

大切なことはメモしておこうネ！

2021年度

★★★★★★★★★★★★★★★★★★★★★★★

入　試　問　題

2021年度

明治大学付属中野高等学校入試問題

【数　学】（50分）　＜満点：100点＞

1．次の問いに答えなさい。

⑴　$(x^2-2x)^2-5(x^2-2x)+6$ を因数分解しなさい。

⑵　$\dfrac{(\sqrt{2}-1)(2+\sqrt{2})}{\sqrt{3}}-\dfrac{(3+\sqrt{3})(\sqrt{3}-1)}{\sqrt{2}}$ を計算しなさい。

⑶　$\sqrt{12(51-2n)}$ が整数となるような自然数 n をすべて求めなさい。

⑷　右の表は，ある中学校の男子40人の自宅から学校まで登校するのにかかる時間を調査し，度数分布表にまとめたものです。
このとき，この表から登校するのにかかる時間の平均値を求めなさい。

階級(分)	度数(人)
0 以上　20 未満	2
20　～　40	4
40　～　60	11
60　～　80	13
80　～　100	7
100　～　120	3
計	40

2．次の問いに答えなさい。

⑴　$n^2-18n+72$が素数となる自然数 n をすべて求めなさい。

⑵　下の図のように，四角形ABCDの２本の対角線を引いたとき，$\angle x$ の大きさを求めなさい。

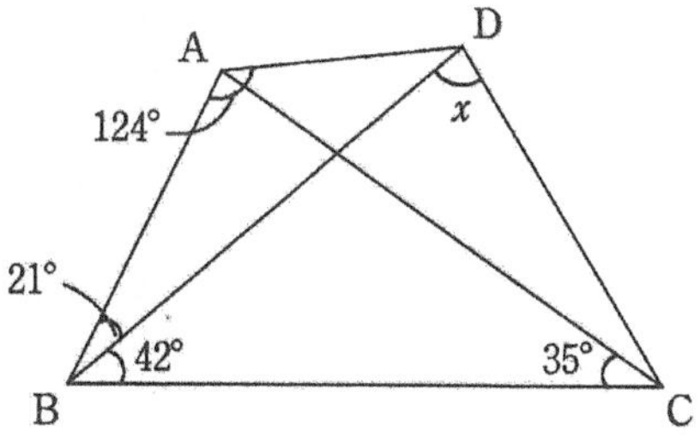

⑶　１個のサイコロを３回振り，１回目に出た目を a，２回目に出た目を b，３回目に出た目を c とします。１次関数 $y=3x+1$ と，方程式 $ax-by+c=0$ のグラフをかいたとき，この２つのグラフが交わる（重なる場合も含む）確率を求めなさい。

⑷　$x+\dfrac{1}{x}=3$ のとき，$x^2-\dfrac{1}{x^2}$の値を求めなさい。

3．次の問いに答えなさい。

⑴　右の図のように，円柱の中に２つの球A，Bが入っています。球Aは円柱の側面と下の面に接し，球Bは円柱の側面と上の面に接しています。また，球Aの半径が球Bの半径の２倍で，２つの球は互いに接しています。球Bの半径を x ㎝とするとき，x の値を求めなさい。

【この問題は途中式や考え方を書きなさい。】

※設問の前提条件に誤りがあり，採点対象外

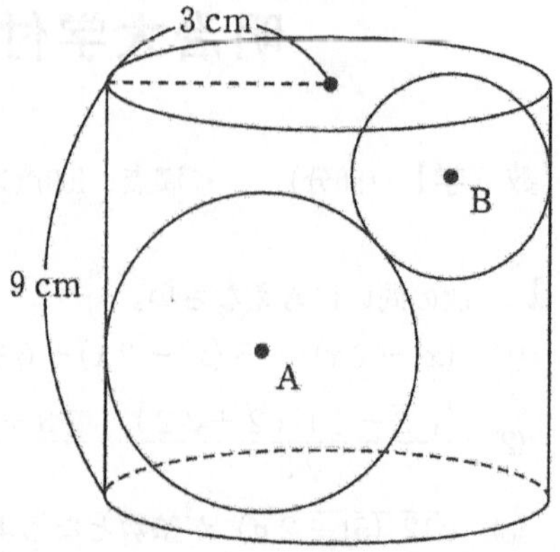

⑵『３けたの正の整数において，上２けたの数から一の位の数を引いた数が11の倍数ならば，もとの３けたの整数は11の倍数である』という性質が成り立ちます。
例えば，418であれば，41－８＝33となり，418は11の倍数だとわかります。
３けたの正の整数の百の位の数を x，十の位の数を y，一の位の数を z としたとき，この性質が成り立つわけを x，y，z を用いて説明しなさい。

【この問題は途中式や考え方を書きなさい。】

4．下の図のような三角錐O－ABCがあります。OA＝８，AB＝AC＝６であり，OA，OB，OCのそれぞれの中点をD，E，Fとします。また，∠OAB＝∠OAC＝∠BAC＝90°です。次の問いに答えなさい。

⑴　線分OA上に点Gがあります。FG＋GBの長さが最小となるとき，線分OGの長さを求めなさい。

⑵　線分OD上に点Hがあります。△HEFが正三角形であるとき，線分OHの長さを求めなさい。

⑶　⑴の点Gと⑵の点Hについて，三角錐H－GEFを考えます。点Gから△HEFへ垂直な線を引き，その交点をＩとします。線分GIの長さを求めなさい。

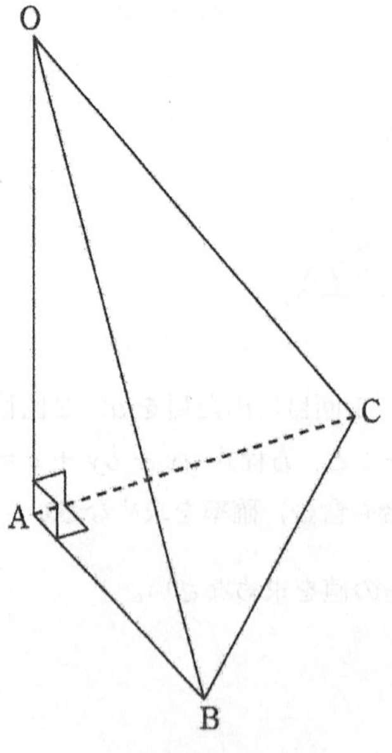

5．連立方程式 $\begin{cases} ax+5y=17 & \cdots① \\ 4x-by=5 & \cdots② \end{cases}$ を太郎くんと次郎くんが解きました。次の会話はこの連立方程式を解いた２人と先生との会話です。次の問いに答えなさい。ただし，aとbは定数とします。

先生「それでは，この計算の答えを聞こうかな。太郎くんはいかがですか。」
太郎「$x=$ ［ア］，$y=\frac{3}{2}$です。」
先生「太郎くん。それは，①の方程式のxの係数を４にして計算していますよ。他の部分は合っていますね。次郎くんはいかがですか。」
次郎「$x=-13$，$y=$ ［イ］ です。」
先生「次郎くんは，②の方程式のyの係数の符号を逆にして計算していますよ。他の部分は合っていますね。」
先生「２人とも，もう一度問題の式を見て，落ち着いて解き直してみて下さい。」

⑴ ［ア］と［イ］に当てはまる数を答えなさい。

⑵ この連立方程式の正しい解を求めなさい。

6．下の図のように，放物線$y=\frac{1}{2}x^2$上に２点A，Bがあります。２点A，Bのx座標はそれぞれ-2，３です。また，同じ座標平面上に，この２点A，Bとは別にCA＝CB，∠ACB＝90°となる点Cをとります。次の問いに答えなさい。

⑴ 点Cのx座標をすべて求めなさい。

⑵ 点Dが放物線$y=\frac{1}{2}x^2$上を動くとき，△ABCの面積と△ABDの面積が等しくなるような点Dのx座標をすべて求めなさい。

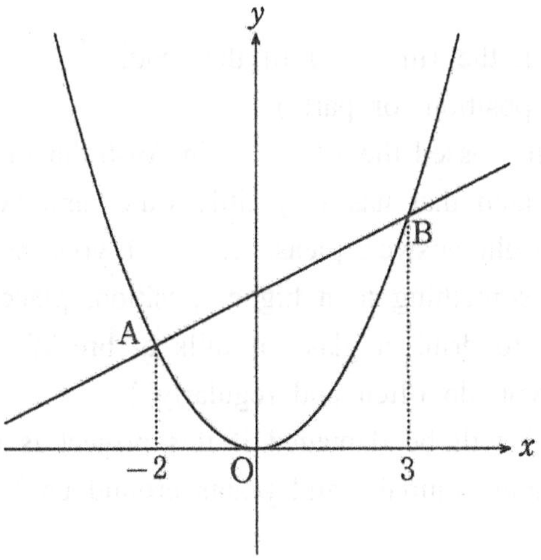

【英　語】（50分）　＜満点：100点＞

Ⅰ．次の英文の（　）に最も適するものを選び，記号で答えなさい。

1．She (　　　) the dishes in the kitchen when I saw her a few minutes ago, so she should be at home.
ア．may be washing　　イ．has washed
ウ．is washing　　エ．was washing

2．Mysteriously the light came on (　　　) we were not near the switch.
ア．although　　イ．because　　ウ．before　　エ．until

3．John was (　　　) tired to do (　　　) when he came home.
ア．too – nothing　　イ．too – anything
ウ．enough – nothing　　エ．enough – anything

4．If it rains tomorrow, we will (　　　) off the game.
ア．take　　イ．turn　　ウ．put　　エ．keep

5．My teacher gave me a (　　　) of advice.
ア．couple　　イ．number　　ウ．pair　　エ．piece

6．A：“See you next week. Have a nice weekend!”
B：“Thanks. (　　　).”
ア．You too　　イ．Great job　　ウ．My pleasure　　エ．Noway

Ⅱ．（　）に指定された文字で始まる語を入れ，英文を完成させなさい。その際に［　］内の定義を参考にすること。

1．He was standing in the (m　　　) of the road.
[a central point, position, or part]

2．A Japanese woman crossed the (d　　　) in Australia in a solar vehicle in 2001.
[a large area of land that has very little water and very few plants on it]

3．If you know the right answer, please (r　　　) your hand.
[to move or lift something to a higher position, place, or level]

4．It is his (h　　　) to drink a glass of milk at breakfast.
[something that you do often and regularly]

5．The local (e　　　) will be damaged if this project is carried out.
[the air, water, land, animals, and plants around us]

Ⅲ．次の日本語の内容になるよう［　］内の語句を並べかえ，英文を完成させなさい。解答は（A）（B）（C）に入るものを書きなさい。

1．英語を話すときには，考え過ぎずに相手に自分の考えを伝えようとしてみましょう。
When you speak English, try (　　　)(A)(　　　)(B)(　　　)(C)(　　　)much.
[to / other people / thinking / without / your idea / too / tell]

2．調子が良くないと思うときに家にいることは，感染拡大を避けるために非常に重要だ。
(A)( )( ) you ( )(B)( )(C)( ) very important to avoid the spread of infections.
[when / not / staying / is / are / feeling / at home / well]

3．「アニマルスクール」はアメリカの教育家であるレオ・ブスカーリアが有名にした話だ。
The Animal School is ( )(A)( )(B)( )(C)( ) the American educator, Leo Buscaglia.
[by / a / made / story / famous / was / that]

4．店で買うオレンジジュースの中には，オレンジではないものを実際には使っているものもある。
Some ( )(A)( )(B)( )(C)( ) non-orange products.
[the store / orange juice / some / uses / actually / bought / at]

5．私の娘は，元気がよくて仲良くしてくれる人を探している。
My daughter is ( )(A)( )(B)( )( )(C)( ).
[along / looking / cheerful / with / someone / get / for / to]

6．より正確な情報を得るために，誰にインタビューをしてどの専門家に見解を求めるかを決めなくてはならない。
We have to decide (A)( )( ) and ( )(B)( )(C) ( ) their views to get more accurate information.
[to / who / experts / to / for / which / interview / ask]

Ⅳ．次の英文を読んで，あとの問いに答えなさい。

Does a meal of fried crickets and marinated worms sound tasty to you? While (1), they are not very popular worldwide. However, there are good reasons for eating insects instead of meat and fish.

One reason insects make a good food source is that (2). When we eat chicken or beef, we generally only eat the muscles and throw away the rest. As Figure 1 shows, the majority of a cricket's body can be used as food − only one-fifth is wasted. On the other hand, with most other protein sources, such as fish, chicken, and cattle, much more of the animal is wasted. (3). This means the majority of the animal's body is thrown away.

Figure 1: Edible portion of animal (%)

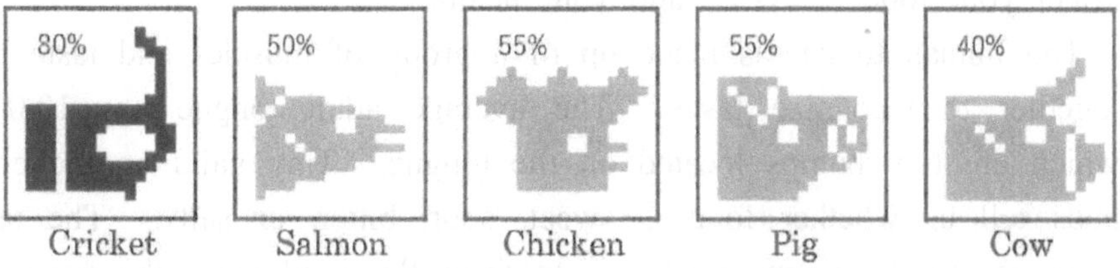

Another reason we should eat insects is that they are packed with nutrition. Many insects are rich in protein. As illustrated in Figure 2, (4). They also contain much less fat, making them a healthy choice. In addition, insects such as crickets are a good source of vitamins and minerals. They have 10 times as much vitamin B_{12} as salmon, almost five times as much magnesium as beef, and more calcium than milk.

Figure 2: Nutritional value of animal (%)
The percent of protein and fat in crickets is similar to that of most meats.

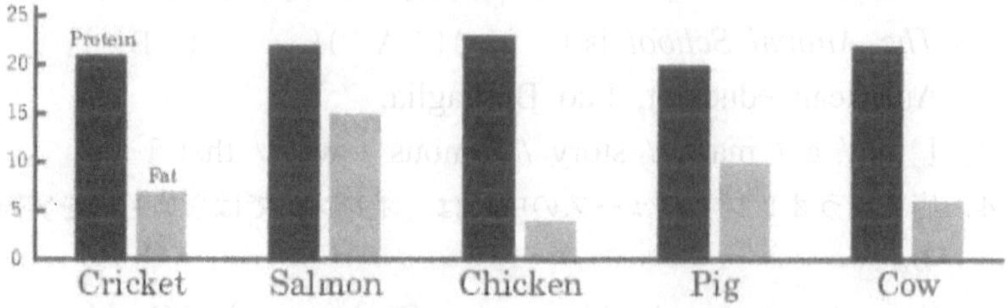

It's clear that there are benefits to replacing meat and fish with insects. In addition to being less wasteful and equally nutritious, insects are available all over the world and they reproduce rapidly. As resources become scarce and the global population increases, (5).

注） cricket コオロギ　muscle 筋肉　protein タンパク質　edible 食べられる
　nutrition 栄養　contain 含む　benefit 利点　reproduce 繁殖する　scarce 乏しい

問 （1）～（5）に適するものをそれぞれ選び，記号で答えなさい。ただし，文頭に来るものも小文字で示してある。

ア．eating them produces much less waste than eating meat or fish
イ．crickets have as much protein as salmon, chickens, and cows
ウ．perhaps someday more people will consider sitting down for a meal of crickets and worms
エ．only about half of a salmon or a chicken is used as food, and less than half of a cow is used
オ．insects are already a desirable source of protein in some parts of the world

Ⅴ．次の英文を読んで，あとの問いに答えなさい。

Why do some people love spicy food and others hate it? Why do many people dislike broccoli? Why do some people want sweets all the time? Human taste is not as simple as liking or disliking something. The kind of tongue you have can affect your food choices – and your health.

The human tongue is made up of a group of muscles and taste buds that work together to recognize taste. The average adult tongue has 10,000 taste buds, which are tiny bumps located on the tongue. Tiny hairs on the end of the taste buds tell us whether food is sweet, sour, bitter, or salty. The taste buds send messages to the brain as chemicals from the food enter the nose. Together, the taste buds and nose tell the brain exactly what the tongue is tasting. This complex system helps humans to survive by recognizing which foods are safe and which might be dangerous.

Although all humans have taste buds, we do not all have the same number of them. Medium tasters typically have 10,000 taste buds. These "average tasters" make up about 50 percent of the world population. Non-tasters, 25 percent of the population, have half the number of taste buds as medium tasters. The other 25 percent are supertasters. Supertasters have four to six times as many taste buds as non-tasters and twice as many as medium tasters. Research shows that supertasters are more likely to be women and from Asia, Africa, and South America.

Supertasters live in a very colorful world of tastes, non-tasters live in a gray world, and medium tasters are somewhere between the two. Supertasters think that a lot of foods are too strong. In addition to having more taste buds, supertasters are born with a gene that makes them sensitive to bitter foods. As a result, they dislike broccoli, cauliflower, grapefruit, and even coffee. With more taste buds, they can more easily feel fatty foods in their mouths. Therefore, they stay away from high-fat food items like french fries and sweets. They are also very sensitive to pain on the tongue, so they avoid spicy food. Non-tasters, on the other hand, experience fewer tastes in general, so they can enjoy hot foods like chili and pepper with much less pain.

As a rule, humans avoid foods that taste bad and eat foods that give them pleasure. Since supertasters avoid bitter fruits and vegetables, their diets are sometimes not balanced, which could put them more at risk for certain types of cancers. However, they also dislike fatty and sweet foods, so they tend to be thinner and at lower risk for heart disease and diabetes. In contrast, non-tasters like foods high in fat because their tongues do not react negatively to them. All people should pay attention to what they eat, but non-tasters and supertasters must be more aware of the foods they are eating or avoiding and find other ways to make up the difference.

If you can identify which kind of taster you are, you will be able to make more educated choices about your diet. This simple test can show whether you are a non-taster, medium taster, or supertaster. Put a small amount of blue food coloring on your tongue. Take a piece of notebook paper (the kind with holes punched out), and put one of the holes over your tongue. Your taste buds will look like little pink bumps on your blue tongue. Count how many bumps you see in the hole. If there are five bumps or fewer, you are a non-taster. If there are 30 or more, you are a supertaster. If there are between 5 and 30, you are a medium taster.

注） affect　影響する　　taste bud　味蕾（味を感じる器官）　　tiny bump　小突起　　gene　遺伝子
sensitive　敏感な　　diet　食事　　thin　やせた　　diabetes　糖尿病　　food coloring　着色料

1．What is the main idea of the article?

ア．As a rule, humans eat foods that taste good and avoid foods that taste bad.

イ．If you have more taste buds, you can enjoy foods better.

ウ．Supertasters live in a colorful world of tastes, but non-tasters live in a gray world.

エ．The kind of taster you are can influence both your food choices and your health.

2．Which statement is true about taste buds?

ア．They tell the brain how food tastes.

イ．They send messages to the tongue.

ウ．The average person has 5,000 taste buds.

エ．They show what part of the world you are from.

3．Which statement is true about the number of taste buds a person has?

ア．You can increase the number of your taste buds by training.

イ．The number of taste buds on your tongue can cause you to like or dislike certain foods.

ウ．In order to enjoy spicy foods, you should have as many taste buds as possible.

エ．There is no relationship between how many taste buds you have and how you taste.

4．Which statement is true about the three different kinds of tasters?

ア．Supertasters and non-tasters should pay more attention to what they eat than medium tasters.

イ．The population of supertasters is the largest of the three in the world.

ウ．Medium tasters are at the highest risk for certain types of cancers.

エ．Non-tasters have the greatest chance to be a successful cook among the three.

5．How can you identify which kind of taster you are?

ア．By checking the size of your taste buds.

イ．By drawing blue and pink circles on your tongue.

ウ．By counting small pink bumps on your tongue after coloring it blue.

エ．By checking the number of small holes on your tongue.

Ⅵ．次の英文を読んで，あとの問いに答えなさい。

The Earth's population of seven billion people speaks roughly 7,000 languages. However, there is a very unequal distribution in the number of people who speak these languages. In fact, just 85 of them are spoken by 78 percent of the world's population. And the least common 3,500 languages are spoken by fewer than 9 million people combined. （ ① ）, there are only 235,000 speakers of Tuvan, the native language of the Republic of Tuva in Russia. And there are fewer than 2,000 known speakers of Aka, a language from Arunachal Pradesh in northeastern

India.

Many of these smaller languages are disappearing rapidly. More than 1,000 are listed as critically or severely endangered. In fact, it is estimated that a language "(②)" every 14 days. According to linguists, within the next century, nearly half of the world's current languages will disappear as communities abandon native tongues in favor of English, Chinese, or Spanish. But should we be worried about language extinction? And what can we do to prevent it?

Since humans first started to communicate with each other, languages have come and gone. The languages of powerful groups have spread, while the languages of smaller cultures have disappeared. Today, languages dominate not only because they are spoken by powerful groups, but also because of how they are used. [A]

In an increasingly globalized age, languages spoken in remote places are no longer protected from dominant world languages. Languages such as Chinese, English, Russian, Hindi, Spanish, and Arabic reach into tiny communities and compete with smaller languages. When one language dominates, children from non-dominant language groups tend to lose their native languages as they grow up, go to school, and get jobs. Sometimes they don't want to speak the less dominant languages, partly because they think that speaking these languages makes it difficult to succeed. These attitudes, along with the strong desire to fit in, threaten the survival of native languages. Political pressure can also affect the survival of smaller languages. [B]

Why is the extinction of a minority language a concern? Different languages express unique perspectives on the world. For example, languages can show us how a culture experiences basic concepts such as time, (③), and colors. The Pirahã, an Amazonian tribe, appear to have no words for numbers. Instead, they get by with quantity words such as *few* and *many*. This suggests that numbers may be an invention of culture, and not an idea that humans are born with. Also, ④[colors / of / on / how / think / people / depends] their language. For example, the Candoshi language in Peru uses one word to describe shades of green, blue, and purple. However, it has a separate word for dark green.

The loss of a language also means the loss of (⑤), similar to the possibility of losing a future miracle drug if a species dies out. For example, the Seri in an area of Mexico have words for more than 300 native plants. By studying their language, scientists learned about a highly nutritious food source similar to wheat, called *eelgrass*. Scientists have also learned a lot about the habitats and behaviors of local animals. There are only 650 to 1,000 Seri speakers left, so by losing the language we might lose important scientific knowledge.

If languages continue to disappear at today's rapid rate, we may ⑥[could / plants / to / lose / about / knowledge / lead / that] useful drugs someday. We may also lose the skills of many of the world's cultures. In Micronesia, for example, some sailors can find their way across miles of ocean without using any maps or modern equipment. [C]

Fortunately, groups around the world are working to bring threatened languages back to life. These groups are giving people more opportunity { X }, and are changing the attitudes that caused people to stop using them. One group that is helping to save disappearing languages is the Enduring Voices Project. This project works { Y }－places with languages that are both unique and at risk of disappearing. The Enduring Voices Project has two goals: to accurately document the languages of these places and { Z }.

Projects such as these are very important to the survival of endangered languages. The work of these groups will allow us to pass on a wealth of historical, cultural, and scientific knowledge to future generations. As Enduring Voices team member K. David Harrison says, it would be wrong for us to think that "we have nothing to learn from people who just a generation ago were hunter-gatherers ... What they know － which we've forgotten or never knew － may someday save us."

注） distribution 分布　Tuvan トゥバ語　Aka アカ語
Arunachal Pradesh アルナーチャル・プラデーシュ州　linguist 言語学者　abandon 捨てる
extinction 絶滅　dominate 優位を占める　threaten おびやかす　concern 問題
perspective 見方　Pirahã ピダハン族　quantity 量　Candoshi カンドシ族
Seri セリ族　nutritious 栄養豊かな　wheat 小麦　habitat 生息地
document 記録する　hunter-gatherer 狩猟採集民族

問１．（①）に適するものを選び，記号で答えなさい。

ア．By the way　イ．However　ウ．Therefore　エ．For example

問２．（②）に適するものを選び，記号で答えなさい。

ア．changes　イ．appears　ウ．dies　エ．shows

問３．[A]－[B]－[C] に入る英文の組み合わせとして適切なものを選び，記号で答えなさい。

1．Sadly, their skills and knowledge are only in languages that are at risk of disappearing.
2．For example, languages like English are commonly used on television, on the Internet, and in international business.
3．Governments sometimes pass laws that require people to use dominant languages at school, at work, and in the media.

ア．１－２－３　イ．１－３－２　ウ．２－１－３
エ．２－３－１　オ．３－１－２　カ．３－２－１

問４．（③）に適する語を，本文中から書き抜きなさい。

問５．下線部④の［ ］内の語句を正しく並べかえなさい。

問６．（⑤）に適する語を，本文中から書き抜きなさい。

問7．下線部⑥の［ ］内の語句を正しく並べかえなさい。

問8．{X}－{Y}－{Z} に入る語句の組み合わせとして適切なものを選び，記号で答えなさい。

1．to use these threatened languages

2．to record the cultural information they contain

3．to identify language hot spots

ア．1－2－3　　イ．1－3－2　　ウ．2－1－3

エ．2－3－1　　オ．3－1－2　　カ．3－2－1

問9. 本文の内容に合うものを２つ選び，記号で答えなさい。

ア. People all over the world speak roughly 7,000 languages, and nearly half of them are spoken by about 80 percent of the world's population.

イ. Minority languages have been protected from dominant world languages.

ウ. Children from non-dominant language groups tend to use dominant languages because it is the key to success.

エ. Language is one thing that makes us different from all other living things.

オ. When a language disappears, the species which it describes also dies out.

カ. K. David Harrison, a member of the Enduring Voices Project, says that we have something to learn from disappearing languages.

二、次の①～⑤の四字熟語には、A、Bそれぞれ一字ずつ誤りがあります。それぞれの正しい漢字を組み合わせて、二字熟語を作りなさい。

（例）　A　短刀直入（「短」が「単」の誤り）
　　　B　大言壮吾（「吾」が「語」の誤り）　　答え　単語

①　A　疑心暗気
　　B　彩色兼備

②　A　雲産霧消
　　B　危機一発

③　A　一鳥一夕
　　B　通過儀令

④　A　古事来歴
　　B　親類援者

⑤　A　周人環視
　　B　高明正大

三、次の①～⑤の言葉が示す様子を、後の語群の漢字を組み合わせた熟語で答えなさい。

①　まじまじ　②　まごまご　③　かんかん　④　いらいら

⑤　ふかふか

軟	凝	燥	視	当	激	焦	惑	柔	高

四、次の①～⑦の――線部を漢字に改め、⑧～⑩の――線部の読みをひらがなで答えなさい。

①　試合に負け、カイコンの念が募る。

②　人生のキロに立たされる。

③　貸した本を返すようにサイソクする。

④　キンチョウのあまりにせりふを忘れる。

⑤　素晴らしい演技で観客をミリョウする。

⑥　調査を進めるに従って、資料がボウダイになる。

⑦　がっかりしている子供をナグサめる。

⑧　暫時、息が止まるほど驚いた。

⑨　両者の意見を勘案して妥協点を考える。

⑩　逃亡の企てが発覚した。

い。

問十、――線⑧「砂漠の植生が単調であって、少数の種類の植物によって占められている理由」とは何ですか。本文中の言葉を用いて三十字以内で答えなさい。

問十一、――線⑨「ひとつの特別な要因」を説明するために示されたたとえを、本文中の言葉を用いて答えなさい。

問十二、⑩・⑪に当てはまる言葉を、それぞれ本文中から抜き出して答えなさい。

問十三、――線⑫「そこ」の指示内容を、本文中から抜き出して答えなさい。

問十四、――線⑬「病気や害虫の存在も植物の多様性を左右します」とありますが、「病気や害虫の存在」は、どのような影響を与えますか。本文中から十字以内で抜き出して答えなさい。

問十五、――線⑭「防御手段をもっています」とありますが、本文中に書かれている「防御手段」を、それぞれ十字以内で二つ答えなさい。

問十六、――線⑮「水田」をたとえた表現を、本文中から抜き出して答えなさい。

問十七、⑯・⑰に当てはまる言葉を、それぞれ本文中から抜き出して答えなさい。

問十八、――線⑱「人間がタネをまいたわけではないのに顔を出した植物にこそ、環境の多様性の秘密が潜んでいるのです」とありますが、どうしてそう言えるのですか。理由として最も適切なものを、次の(ア)～(エ)の中から選び、記号で答えなさい。

(ア) 雑草は幅広い環境条件でも生育でき、専門家タイプの植物の生育を妨げるから。

(イ) 多様な植物が生育可能であることで、多様な環境の存在も推測可能となるから。

(ウ) 単調な生態系の中に他の植物が生育することで、多様な環境が形成されるから。

(エ) 想定を超えた植物の生育は、環境の多様性の秘密に人知が及ばない証拠だから。

問十九、次の文は本文中から抜いたものです。どこに入れるのが適切ですか。その直前の五字を答えなさい。

【その環境からその種類の植物は消え去るでしょう。】

問二十、本文の内容と合うものを、次の(ア)～(カ)の中から**二つ**選び、記号で答えなさい。

(ア) 多様な環境に適応するために、多くの植物は万能タイプにならざるを得なかったのである。

(イ) 環境における多様性とは、万能タイプの植物が特定の環境に満ちあふれていることである。

(ウ) 植物の多様性は、さまざまな環境に適応可能な万能タイプの植物によって支えられている。

(エ) 生物の多様性に必要なものは、時間的にも外界との関係においても、適応できる力である。

(オ) 環境を多様化する試みは、その地域に合った専門家タイプの植物を生育させることである。

(カ) 植物の多様性こそが、地球の生態系を安定に保ち、維持することに役立っているといえる。

ように進化した害虫もいるはずですが、それは、特定の防御の手段をもつ植物に対してのものです。つまり、その害虫が食べることができるのは、特定の種類の植物に限られるわけです。そうすると、防御手段をかいくぐってある植物を食べたとしても、その植物を食べ終えて周りを見回すと、周囲は種類の異なる別の防御手段をもっている植物です。その害虫が食べられる植物は見つかりません。多様な生態系のなかでは、⑮水田のようにはいかないのです。つまり、単調な生態系のなかの植物ほど害虫などに弱いことになりますから、害虫や病気の存在は、生態系を多様化する方向にはたらくはずです。

植物の多様性を生み出すものは、環境要因の多様性に加えて、時間的な変化、⑯が⑰に及ぼす影響、そして外敵との駆け引きがあります。それらを単純化して理解するのは簡単ではありません。しかし、生命が周囲の環境と密接にかかわりながら進化してきた結果、現在の多様性が生まれたことだけは確かです。そして、その多様性こそが、地球の生態系を安定に保ち、維持することに役立っているのです。

あるひとつの場所で環境がどれだけ多様かを実感するのは難しいかもしれませんが、そこに生えている植物の多様性を観察すれば、環境の多様性を見積もることができます。それは、都会のなかの公園でも構いませんし、そこにきちんと植えられている植物だけに限る必要もありません。むしろ、⑱人間がタネをまいたわけではないのに顔を出した植物にこそ、環境の多様性の秘密が潜んでいるのです。

問一、X に共通して当てはまる言葉を、本文中から抜き出して答えなさい。

問二、――線①「最終的には」が直接かかっていく部分はどこですか。次の（ア）～（カ）の中から選び、記号で答えなさい。

（ア）子孫を　（イ）どれだけ　（ウ）残せるか
（エ）一点から　（オ）評価される　（カ）なります

問三、――線②「専門家タイプ」の植物を、次の（ア）～（カ）の中からすべて選び、記号で答えなさい。

（ア）アカマツ　（イ）イネ　（ウ）カタクリ
（エ）コマクサ　（オ）タンポポ　（カ）サボテン

問四、――線③「遺憾なく」の意味を、次の（ア）～（エ）の中から選び、記号で答えなさい。

（ア）十分に　（イ）ある程度　（ウ）最後まで　（エ）意外にも

問五、――線④「普通の植物」とありますが、ここでいう「普通」とはどのようなことですか。「ということ。」に続くように、本文中から最も適切な表現を抜き出して答えなさい。

問六、――線⑤が「雑多なつまらない者たち」という意味の四字熟語になるように、Ⅰ・Ⅱ に当てはまる漢字をそれぞれ答えなさい。なお、Ⅰ と Ⅱ には反対の意味を持つ漢字が入ります。

問七、A ～ C に当てはまる言葉を、次の（ア）～（カ）の中からそれぞれ選び、記号で答えなさい。

（ア）あるいは　（イ）しかし　（ウ）ただし
（エ）しかも　（オ）従って　（カ）一方で

問八、――線⑥「特定の環境条件」とありますが、ここではどのような「環境」を指していますか。本文中から抜き出して答えなさい。

問九、――線⑦「場合によって面白い現象が見られます」とありますが、どのような点が「面白い」のですか。本文中の言葉を用いて答えなさど、別の環境要因に対しては、むしろマイナスの作用をもたらしかねません。言葉を変えれば、別の環境要因にも対応しようとすると、サボテンのように乾燥耐性に特化するのは難しくなるわけです。結果として、多くの植物は万能型にならざるを得ません。すると、乾燥耐性などのそれぞれの要因に対して完全に対応することはできなくなりますから、砂漠におけるサボテンのように、他を引き離して圧倒的に有利になる植物は存在しなくなります。温和な環境が、多様な生命に満ちあふれている理由はこのようなところにあるのでしょう。

ひとつあるいはごく少数の要因によって評価される場合には、その要因に［⑩］した少数の生物が他の生物に比べて非常に［⑪］になるのに対して、数多くの多様な要因によって評価される場合には、ひとつの正解は得られず、さまざまな「解」が存在して多様性が生み出されるのです。

生物の多様性の源泉について整理してみましょう。多様性のひとつの源は、さまざまな環境要因の相互作用です。ひとつの環境要因に特化すると、別の環境要因に十分適応できないことが多様性を生み出します。さらに、その環境要因が一定ではなく、時間とともに変化していくことも多様性を生み出します。第5章で取り上げたカタクリは、早春という季節の専門家といってもよいでしょう。特定の環境が実現する時期がそれぞれ存在することによって、複数の種類の植物が同じ場所に生育することが可能になるわけです。

そして、もうひとつ状況を複雑にするのが、植物自身の環境への影響です。例えば、見渡す限り平らな地面が広がっている環境を想像してください。そこには日陰ひとつありませんから、直射日光の下では光が強すぎて枯れてしまう植物は入り込むことができません。しかし、⑫そこに直射日光を好む大きな植物が先に入り込めば、今度はそこに、その植物による日陰ができます。そうすれば弱い光を好む植物も入り込めるようになります。これは、ごく単純化した設定ですが、一般に、植物が生長することによって環境自体もダイナミックに変化します。そして、そのことが環境に多様性をもたらし、ひいては生物の多様性を増すのです。

また、⑬病気や害虫の存在も植物の多様性を左右します。例えば、水田ではイネの病気や害虫が大きな問題となります。この原因のひとつは、イネを好む害虫や病原菌にとって、水田は、大きな食糧貯蔵庫のようなものである点にあります。害虫が一本のイネを食べ終えて周りを見回せば、いくらでもイネがあるわけですから、ひょいと隣に移動して新しいイネにありつくことができます。害虫にとってはまさに天国です。

植物は、そのような食害を防ぐために、害虫にとっては毒になる成分を体につくることがあります。しかし、一部の害虫は、その毒を解毒する仕組みを進化させることがありますから、結局はいたちごっこです。イネは一般的な意味での毒はもちませんが、葉はケイ酸を含んでいて硬く、外敵に食べられにくくなっています。それでも、進化の過程で、今度はケイ酸を含む葉でも食べることができる昆虫が現れることになります。イネばかり植わっていれば、そのような昆虫を避けることはできません。人間は殺虫作業に追われることになります。

しかし、もし、多様な植物が地面を覆っているなかで、同じ種の植物がぽつん、ぽつんとしか生えていなかったらどうでしょう。それぞれの植物は、それぞれの⑭防御手段をもっています。その防御をかいくぐるては、その環境に特化した専門家タイプの植物に負けてしまいます。これが植物の多様性を生み出すひとつの要因となっています。

例えば、タンポポと高山植物のコマクサをさまざまな環境条件で栽培した場合、コマクサは、⑥特定の環境条件以外では生きていけないのに対して、タンポポは比較的広い範囲の環境条件で生きていけるでしょう。しかし、高山にコマクサとタンポポを並べて植えれば、必ずコマクサが生き残るでしょう。専門領域においては人より優れているからこそ、専門家といえるわけです。

そうすると、⑦場合によって面白い現象が見られます。アカマツはどちらかといえば万能タイプで、さまざまな環境に侵入することができます。ところが、実際にアカマツが生えている場所は、土地が痩せているなど、他の植物から見るとあまり食指が動かない場所が多いのです。ただし、これはアカマツが痩せた土壌に特化した専門家であるということではありません。実際には、アカマツを単独で植えれば、痩せた土地よりも肥えた土地でよりよく生育します。しかし、肥えた土地では、そこに特化した専門家との競争に負けるので、痩せた土地でも肥えた土地でも生育できる万能タイプのアカマツが、実際には痩せた土地に見られるようになるのです。

では、さまざまな要因の組み合わせで決まる環境において、それぞれの要因に対して別々の反応の仕方をする植物のうち、どの植物が生き残るかは、どのようにして決まるのでしょうか。

まず、簡単な例で考えてみましょう。例によって砂漠を考えてみます。砂漠に生きる植物にとって重要なのは、どれだけ乾燥に耐えられるかという乾燥耐性です。もちろん、乾燥耐性が同じなら、「強い光を有効に利用できる」「高温に強い」「夜昼の温度差が大きくても平気」といった別の要因で優劣が決まることもあるかもしれません。しかし、砂漠においては、乾燥耐性に少しでも差があれば、それによって生き残れるかどうかがほぼ決まってしまいますから、おそらくは植物の性質で評価されるのは乾燥耐性に絞られるでしょう。その場合、学校の成績を数学のテストだけで決めるようなものですから、おそらく特定の専門家タイプの植物が他の植物を大きく引き離して有利になるでしょう。⑧砂漠の植生が単調であって、少数の種類の植物によって占められている理由はこのあたりにありそうです。

一方で、より極端ではない環境ではどうでしょうか。その場合には、光や温度、水などさまざまな要因が絡み合いますから、⑨ひとつの特別な要因によって生存が決まるということはないでしょう。つまり、先ほどの学校の例でいえば、すべての教科の試験の総合点で評価される場合に相当します。ただ、試験の総合点といっても、全科目の平均をとるのか、それとも主要教科に重みをつけるのか、さらには日ごろの平常点を考慮するのか、一筋縄ではいきません。同様に、どの環境要因が重視されるかは一概にはわかりませんし、さらにそれらの要因は季節とともに変化していくことも考えられますから、単にひとつの時点で、その環境の要因を一回評価すればよいというものでもありません。時とともに、どの植物が一番有利になるかは移り変わっていくでしょう。いわば、いろいろな科目の抜き打ち試験が毎日のようにある学校のようなものです。

しかも、サボテンのように乾燥耐性というひとつの環境要因にぴったり合うように自分の体を変えた場合、それによって光を受ける効率な

【国語】（五〇分）〈満点：一〇〇点〉

【注意】字数指定がある問いでは、句読点・記号なども一字として数えます。

一、次の文章は、園池公毅『植物の形には意味がある』の最後の第10章です。本文中、前の章に言及している箇所がありますが、読解・解答には影響がありません。以下の本文を読んで、後の問いに答えなさい。（字数指定がある問いでは、句読点・記号なども一字として数えます。）

本章では、最後のまとめとして、植物の形の多様性を生み出す生物と環境とのかかわりについて考えてみることにします。

一口に環境といっても、植物を支える［X］の機能が直接かかわる要因だけでも、光や二酸化炭素、水、風などさまざまなものがあることをこれまで見てきました。そして、植物にとって［X］がどれだけ大事だったとしても、その植物がその環境で繁栄しつづけられるかどうかは、［X］だけでは決まりません。生命の進化を考えると、①最終的には植物が子孫をどれだけ残せるかという一点から評価されることになります。光合成ができなければ、普通の植物は子孫を残せませんが、逆にいくら光合成ができても、子孫をつくれなければ1代でおしまいです。

数多くの環境要因に対する植物の応答の仕方が、どれだけ子孫を残せるかという一点によって評価されるのは、ちょうど、学校で多くの科目の試験があるけれども、それらの総合点で進学や留年が決まるのといっしょです。さて、そこで、小学校のころを思い出していただきたいのですが、クラスにはたいてい〇〇博士というのがいて、昆虫なり、電車なり、特定のことについてならこの子に聞けばわかるという子供がいたのではないかと思います。そのような子供は、特定の狭い範囲についてはいわばスペシャリストですが、その範囲を外れると、必ずしも知識が豊富なわけではありません。専門家タイプといってよいでしょう。一方で、特に何かに深い洞察を示すわけではないけれども、何事もそれなりにこなす万能タイプの子供も当然います。

生物の環境に対する応答についても、同様に②専門家タイプと万能タイプが見られます。第1章で議論したサボテンなどは、さしずめ専門家タイプの横綱でしょう。砂漠のような極度に乾燥した環境では、その専門家としての技量が③遺憾なく発揮されますが、日本のように普通に雨の降る環境では、逆に④普通の植物に圧倒されて、生きていくことができません。一部の高山植物なども専門家として捉えることができるでしょう。何を好き好んで高山の厳しい環境に生きているのだろうと思うかもしれませんが、下界で⑤［Ⅰ］象［Ⅱ］象とくだらない競争を繰り広げるよりは、高山の厳しい環境に特化して専門家として孤高を生きるほうが楽なのかもしれません。

［A］、「雑草」といわれる植物は、どちらかというと万能タイプでしょう。ある程度環境が違っても、そこそこ生きていくことができるので、あちらこちらで目にします。［B］、ここでいう「万能」は、「すべての条件で一番である」という意味ではないことに注意する必要があります。実際には「広い範囲の条件でそこそこである」という意味です。そもそもすべての条件で一番であったら、その植物が全世界を覆い尽くしてしまうでしょう。［C］、万能タイプの植物は、特定の環境におい

MEMO

大切なことはメモしておこうネ！

2021年度

解　答　と　解　説

《2021年度の配点は解答欄に掲載してあります。》

＜数学解答＞ 《学校からの正答の発表はありません。》

1. (1)　$(x+1)(x-3)(x^2-2x-2)$　(2)　$-\frac{2\sqrt{6}}{3}$　(3)　$n=12,\ 24$　(4)　64分

2. (1)　$n=5,\ 13$　(2)　$\angle x=82$度　(3)　$\frac{103}{108}$　(4)　$3\sqrt{5},\ -3\sqrt{5}$

3. (1)　採点対象外　(2)　解説参照

4. (1)　$\frac{16}{3}$　(2)　1　(3)　$\frac{13\sqrt{3}}{9}$

5. (1)　ア　$\frac{19}{8}$　イ　19　(2)　$x=2,\ y=1$

6. (1)　$\frac{7}{4},\ -\frac{3}{4}$　(2)　$\frac{1}{2},\ \frac{1\pm5\sqrt{2}}{2}$

○推定配点○

1.　各5点×4　2.　各5点×4　3.　各9点×2　4.　各6点×3　5. (1)　各3点×2 (2)　6点　6.　各6点×2　計100点

＜数学解説＞

1. (因数分解，平方根，数の性質，資料の整理)

基本 (1)　$(x^2-2x)^2-5(x^2-2x)+6=\{(x^2-2x)-3\}\{(x^2-2x)-2\}=(x+1)(x-3)(x^2-2x-2)$

(2)　$\frac{(\sqrt{2}-1)(2+\sqrt{2})}{\sqrt{3}}-\frac{(3+\sqrt{3})(\sqrt{3}-1)}{\sqrt{2}}=\frac{(\sqrt{2}-1)\sqrt{2}(\sqrt{2}+1)}{\sqrt{3}}-\frac{\sqrt{3}(\sqrt{3}+1)(\sqrt{3}-1)}{\sqrt{2}}=$ $\frac{\sqrt{2}(2-1)}{\sqrt{3}}-\frac{\sqrt{3}(3-1)}{\sqrt{2}}=\frac{\sqrt{6}}{3}-\sqrt{6}=-\frac{2\sqrt{6}}{3}$

(3)　$\sqrt{12(51-2n)}=2\sqrt{3(51-2n)}$が整数となるとき，$k$を負でない整数として，$51-2n=3k^2$　$n=\frac{3(17-k^2)}{2}$　よって，$k=1$のとき，$n=24$　$k=3$のとき，$n=12$

重要 (4)　仮平均を70分として，(階級値-70)×(度数)の合計を求めると，$(10-70)\times2+(30-70)\times4+(50-70)\times11+(70-70)\times13+(90-70)\times7+(110-70)\times3=-120-160-220+0+140+120=-240$　よって，平均値は，$70+\frac{-240}{40}=64$(分)

2. (素数，角度，確率，式の値)

(1)　$n^2-18n+72=(n-6)(n-12)$は素数であるから，$n-6=1$のとき，$n=7$より，$n^2-18n+72=(7-6)(7-12)=-5$で不適。$n-6=-1$のとき，$n=5$より，$n^2-18n+72=(5-6)(5-12)=7$で適する。$n-12=1$のとき，$n=13$より，$n^2-18n+72=(13-6)(13-12)=7$で適する。$n-12=-1$のとき，$n=11$より，$n^2-18n+72=(11-6)(11-12)=-5$で不適。

基本 (2)　△ADBにおいて，∠ADB＝180°−124°−21°＝35°　よって，∠ADB＝∠ACBとなるから，四角形ABCDは円に内接する四角形である。したがって，$\overset{\frown}{\mathrm{CD}}$の円周角だから，∠CAD＝∠CBD＝42°　$\overset{\frown}{\mathrm{BC}}$の円周角だから，$\angle x$＝∠BAC＝124°−42°＝82°

重要　(3)　サイコロの目の出方の総数は，$6\times6\times6=216$(通り)　$ax-by+c=0$より，$y=\frac{a}{b}x+\frac{c}{b}$　よって，$\frac{a}{b}=3$かつ$\frac{c}{b}\neq1$のとき，2つのグラフは平行になる。このような場合は，$\frac{a}{b}=3$より，$a=3b$　よって，$(a,\ b)=(3,\ 1)$のとき，$c=2,\ 3,\ 4,\ 5,\ 6$の5通り。$(a,\ b)=(6,\ 2)$のとき，$c=1,\ 3,\ 4,\ 5,\ 6$の5通り。したがって，2つのグラフが交わる確率は，$1-\frac{5\times2}{216}=\frac{103}{108}$

(4)　$\left(x-\frac{1}{x}\right)^2=x^2-2+\frac{1}{x^2}=\left(x+\frac{1}{x}\right)^2-4=3^2-4=5$　よって，$x-\frac{1}{x}=\pm\sqrt{5}$　したがって，$x^2-\frac{1}{x^2}=\left(x+\frac{1}{x}\right)\left(x-\frac{1}{x}\right)=\pm3\sqrt{5}$

3.（空間図形の計量，数の性質）

(1)　略

基本　(2)　3けたの正の整数は$100x+10y+z$…①と表せる。このとき，上2けたの数から一の位の数をひいた数は$10x+y-z$と表せ，11の倍数であるから，正の整数kを用いて，$10x+y-z=11k$　$z=10x+y-11k$　これを①に代入して，$100x+10y+z=100x+10y+10x+y-11k=110x+11y-11k=11(10x+y-k)$　$10x+y-k$は整数だから，$11(10x+y-k)$は11の倍数である。よって，もとの3けたの正の整数は11の倍数である。

重要　## 4.（空間図形の計量）

(1)　△OABと△OACを同一平面上において，△OBCを考える。FG＋GBの長さが最小となるとき，3点B，G，Fはこの順に一直線上に並ぶ。すると，点Gは中線OAとBFとの交点だから，重心であり，OG：GA＝2：1　よって，$\mathrm{OG}=\frac{2}{2+1}\mathrm{OA}=\frac{2}{3}\times8=\frac{16}{3}$

(2)　△ABCは直角二等辺三角形だから，$\mathrm{BC}=\sqrt{2}\,\mathrm{AB}=6\sqrt{2}$　三角錐の△OBCにおいて，中点連結定理より，$\mathrm{EF}=\frac{1}{2}\mathrm{BC}=3\sqrt{2}$だから，$\mathrm{HE}=\mathrm{EF}=3\sqrt{2}$　三角錐の△OABにおいて，中点連結定理より，$\mathrm{DE}=\frac{1}{2}\mathrm{AB}=3$　DE//ABより，∠ODE＝90°　よって，$\mathrm{DH}=\sqrt{\mathrm{HE}^2-\mathrm{DE}^2}=\sqrt{(3\sqrt{2})^2-3^2}=3$　したがって，$\mathrm{OH}=\mathrm{OD}-\mathrm{DH}=\frac{8}{2}-3=1$

(3)　体積比は，$\frac{(\text{三角錐H}-\mathrm{GEF})}{(\text{三角錐O}-\mathrm{GEF})}=\frac{\triangle\mathrm{HEG}}{\triangle\mathrm{OEG}}=\frac{\mathrm{HG}}{\mathrm{OG}}=\left(\frac{16}{3}-1\right)\div\frac{16}{3}=\frac{13}{16}$　$\frac{(\text{三角錐O}-\mathrm{GEF})}{(\text{三角錐O}-\mathrm{ABC})}=\frac{\mathrm{OG}}{\mathrm{OA}}\times\frac{\mathrm{OE}}{\mathrm{OB}}\times\frac{\mathrm{OF}}{\mathrm{OC}}=\frac{2}{3}\times\frac{1}{2}\times\frac{1}{2}=\frac{1}{6}$　よって，$(\text{三角錐H}-\mathrm{GEF})=\frac{13}{16}\times\frac{1}{6}\times(\text{三角錐O}-\mathrm{ABC})=\frac{13}{96}\times\left(\frac{1}{3}\times\frac{1}{2}\times6\times6\times8\right)=\frac{13}{2}$　1辺aの正三角形の面積は$\frac{\sqrt{3}}{4}a^2$で表せるから，$\triangle\mathrm{HEF}=\frac{\sqrt{3}}{4}\times(3\sqrt{2})^2=\frac{9\sqrt{3}}{2}$　よって，$(\text{三角錐H}-\mathrm{GEF})=\frac{1}{3}\times\triangle\mathrm{HEF}\times\mathrm{GI}$より，$\mathrm{GI}=\frac{13}{2}\times3\div\frac{9\sqrt{3}}{2}=\frac{13}{3\sqrt{3}}=\frac{13\sqrt{3}}{9}$

5.（連立方程式の利用）

(1)　$ax+5y=17$…①，$4x-by=5$…②　太郎くんの解いた方程式$4x+5y=17$に$y=\frac{3}{2}$を代入して，$4x+5\times\frac{3}{2}=17$　$4x=\frac{19}{2}$　$x=\frac{19}{8}$(ア)　よって，②に$x=\frac{19}{8}$，$y=\frac{3}{2}$を代入して，$4\times\frac{19}{8}-\frac{3}{2}b=5$　$-\frac{3}{2}b=-\frac{9}{2}$　$b=3$　次郎くんの解いた方程式$4x+3y=5$に$x=-13$を代入して，

$4\times(-13)+3y=5$　$3y=57$　$y=19$(イ)

(2)　①に$x=-13$，$y=19$を代入して，$-13a+5\times19=17$　$-13a=-78$　$a=6$　よって，与えられた連立方程式は，$6x+5y=17$…③，$4x-3y=5$…④　③×3＋④×5より，$38x=76$　$x=2$　これを③に代入して，$6\times2+5y=17$　$5y=5$　$y=1$

重要 **6.（図形と関数・グラフの融合問題）**

(1)　$y=\frac{1}{2}x^2$に$x=-2$，3を代入して，$y=2$，$\frac{9}{2}$　よって，$A(-2,\ 2)$，$B\left(3,\ \frac{9}{2}\right)$　直線ABの傾きは，$\left(\frac{9}{2}-2\right)\div\{3-(-2)\}=\frac{1}{2}$　線分ABの中点をMとすると，Mのx座標は$\frac{-2+3}{2}=\frac{1}{2}$　y座標は$\left(2+\frac{9}{2}\right)\div2=\frac{13}{4}$　よって，$M\left(\frac{1}{2},\ \frac{13}{4}\right)$　点Cは線分ABの垂直二等分線上にあるから，直線CMの式を，$y=-2x+b$とすると，点Mを通るから，$\frac{13}{4}=-2\times\frac{1}{2}+b$　$b=\frac{17}{4}$　よって，$y=-2x+\frac{17}{4}$　点Cのx座標をtとすると，$C\left(t,\ -2t+\frac{17}{4}\right)$　条件から，AB：AC＝$\sqrt{2}$：1　$AB=\sqrt{2}AC$　$AB^2=2AC^2$　$\{3-(-2)\}^2+\left(\frac{9}{2}-2\right)^2=2\left\{(t+2)^2+\left(-2t+\frac{17}{4}-2\right)^2\right\}$　$\frac{125}{4}=10t^2-10t+\frac{145}{8}$　$t^2-t=\frac{21}{16}$　$\left(t-\frac{1}{2}\right)^2=\frac{21}{16}+\frac{1}{4}$　$t-\frac{1}{2}=\pm\frac{5}{4}$　$t=\frac{1}{2}\pm\frac{5}{4}$　$t=\frac{7}{4}$，$-\frac{3}{4}$

(2)　AB//CDのとき，△ABC＝△ABDとなる。$y=-2x+\frac{17}{4}$に$x=-\frac{3}{4}$を代入して，$y=\frac{23}{4}$　よって，$C_1\left(-\frac{3}{4},\ \frac{23}{4}\right)$　直線C_1Dの式を，$y=\frac{1}{2}x+c_1$とすると，点C_1を通るから，$\frac{23}{4}=-\frac{3}{8}+c_1$　$c_1=\frac{49}{8}$　よって，$y=\frac{1}{2}x+\frac{49}{8}$　$y=\frac{1}{2}x^2$と$y=\frac{1}{2}x+\frac{49}{8}$から$y$を消去して，$\frac{1}{2}x^2=\frac{1}{2}x+\frac{49}{8}$　$x^2-x=\frac{49}{4}$　$\left(x-\frac{1}{2}\right)^2=\frac{49}{4}+\frac{1}{4}$　$x-\frac{1}{2}=\pm\frac{5\sqrt{2}}{2}$　$x=\frac{1\pm5\sqrt{2}}{2}$　$y=-2x+\frac{17}{4}$に$x=\frac{7}{4}$を代入して，$y=\frac{3}{4}$　よって，$C_2\left(\frac{7}{4},\ \frac{3}{4}\right)$　直線C_2Dの式を，$y=\frac{1}{2}x+c_2$とすると，点C_2を通るから，$\frac{3}{4}=\frac{7}{8}+c_2$　$c_2=-\frac{1}{8}$　よって，$y=\frac{1}{2}x-\frac{1}{8}$　$y=\frac{1}{2}x^2$と$y=\frac{1}{2}x-\frac{1}{8}$から$y$を消去して，$\frac{1}{2}x^2=\frac{1}{2}x-\frac{1}{8}$　$x^2-x=-\frac{1}{4}$　$\left(x-\frac{1}{2}\right)^2=-\frac{1}{4}+\frac{1}{4}$　$x-\frac{1}{2}=0$　$x=\frac{1}{2}$

★ワンポイントアドバイス★

特別な難問はないが，記述式問題が2問出題され，計算力も要求される。十分な基礎力をつけておこう。

＜英語解答＞ 《学校からの正答の発表はありません。》

Ⅰ 1 エ　2 ア　3 イ　4 ウ　5 エ　6 ア

Ⅱ 1 middle　2 desert　3 raise　4 habit　5 environment

Ⅲ 1 A tell　B your idea　C thinking　2 A Staying　B not　C well
3 A story　B was　C famous　4 A bought　B the store　C uses
5 A for　B cheerful　C along　6 A who　B experts　C ask

Ⅳ 1 オ　2 ア　3 エ　4 イ　5 ウ

Ⅴ 1 エ　2 ア　3 イ　4 ア　5 ウ

Ⅵ 問1 エ　問2 ウ　問3 エ　問4 numbers　問5 how people think of colors depends on　問6 knowledge　問7 lose knowledge about plants that could lead to　問8 イ　問9 ウ，カ

○推定配点○

Ⅰ・Ⅱ　各2点×11　Ⅲ～Ⅵ　各3点×26　計100点

＜英語解説＞

基本 Ⅰ （語句補充・選択：過去進行形，接続詞，不定詞，代名詞，熟語，口語表現）

1 「私が数分前に見た時，彼女は台所で皿を洗っていたので，家にいるはずだ」 過去進行形。

2 「奇妙なことに，私たちがスイッチの近くにいなかったのに，明かりがついた」 although ～「～だけれども」

3 「ジョンは帰宅した時とても疲れていて何もできなかった」〈too … to ＋動詞の原形〉「～するには…すぎる，とても…なので～できない」 直訳では「何かをするには疲れすぎていた」となるので，anything を用いる。

4 「明日雨が降ったら試合を延期する」 put off ～「～を延期する」

5 「先生は私にアドバイスを1つしてくれた」 advice「アドバイスは」は数えられない名詞で，「1つのアドバイス」という時は a piece of advice とする。

6 「また来週。よい週末を」「ありがとう。あなたもね」 You too.「あなたも」は相手に言われた言葉をそのまま返す時に言う言葉。

Ⅱ （語彙：単語）

1 「彼は道路の真ん中に立っていた」「中心の点，場所，部分」

2 「2001年に日本人女性がオーストラリアの砂漠をソーラーカーで横断した」「水がほとんどなく植物もほとんどない広い土地」

3 「正解がわかったら手を挙げてください」「何かを高い位置，場所，レベルに動かしたり持ち上げたりすること」 他動詞 raise「～を上げる」 自動詞 rise「上がる」と区別しよう。

4 「朝食にコップ一杯の牛乳を飲むことが彼の習慣だ」「頻繁に定期的にすること」

5 「このプロジェクトが実行されればその地域の環境が損なわれるだろう」「私たちの周りの空気，水，土地，動物，植物」

重要 Ⅲ （語句整序：不定詞，前置詞，動名詞，接続詞，進行形，関係代名詞，受動態，分詞，熟語）

1 (When you speak English, try) to tell other people your idea without thinking too (much.) 〈try to ＋動詞の原形〉「～しようとする」〈tell ＋人＋もの〉「(人)に～を伝える」 without ～ing「～せずに」

2 Staying at home when (you) are not feeling well is (very important to avoid the spread

of infections.） staying は動名詞で，staying at home when you are not feeling well「調子が良くないと思うときに家にいること」が文全体の主語。文の動詞は is である。

3 （*The Animal School* is）a story that was made famous by（the American educator, Leo Buscaglia.） that は主格の関係代名詞で以下は〈make ＋目的語＋形容詞〉「～を…にする」を受動態にしたもの。「～によって有名にされた」が story を後ろから修飾する形になっている。

4 （Some）orange juice bought at the store actually uses some（non-orange products.） 形容詞的用法の過去分詞句 bought at the store が orange juice を後ろから修飾し，「店で買われたオレンジジュース」となる。Actually「実際には」

5 （My daughter is）looking for someone cheerful to get along with. 現在進行形の文。Look for ～「～を探す」 someone の後ろに形容詞 cheerful を置き，さらに形容詞的用法の不定詞 to get along with を置く。get along with ～「～と仲良く付き合う」

6 （We have to decide）who to interview（and）which experts to ask for（their views to get more accurate information.） 〈who to ＋動詞の原形〉「誰に～するべきか」〈which ＋名詞＋ to ＋動詞の原形〉「どの…に～するべきか」〈ask ＋人＋ for ～〉「(人)に～を求める」

Ⅳ **（長文読解問題・紹介文：文補充・選択）**

（全訳） 揚げたコオロギとイモムシのマリネの食事はおいしそうに聞こえるだろうか。(1)世界のいくつかの地域では昆虫はすでに望ましいタンパク源だが，世界規模ではあまり一般的ではない。しかし，肉や魚の代わりに昆虫を食べる良い理由がある。

昆虫が良い食料になる理由の1つは，(2)それらを食べることは肉や魚を食べるよりも廃棄分がずっと少ないことだ。鶏肉や牛肉を食べる時，私たちはふつう肉だけ食べて残りを捨てる。図1が示す通り，コオロギの体のほとんどが食品として利用できる。廃棄されるのは5分の1だけだ。他方，魚，鶏肉，牛などの他のほとんどのタンパク源では，ずっと多くの部分が廃棄される。(3)サケや鶏の約半分しか食品として利用されず，牛が利用されるのは半分以下だ。これはその動物の体の大部分が捨てられてしまうということだ。

図1：動物の可食部分　コオロギ：80％　サケ：50％　鶏：55％　豚：55％　牛：40％

昆虫を食べたほうがよいもう1つの理由は，それらが栄養が詰まっていることである。多くの昆虫はタンパク質が豊富だ。図2で示された通り，(4)コオロギはサケ，鶏，牛と同じ量のタンパク質を含む。それらは脂質がずっと少ないので，健康的な選択肢となる。さらにコオロギのような昆虫はビタミンやミネラルの良い供給源となる。それらはサケの10倍のビタミンB_{12}，牛肉の約5倍のマグネシウム，牛乳より多くのカルシウムを含む。

図2：動物の栄養価　コオロギのタンパク質と脂質の割合は，ほとんどの肉と同じである。

肉や魚を昆虫と取り換えることに利点があることは明確だ。無駄が少なく栄養が等しいことに加え，昆虫は世界中で手に入り，急速に繁殖する。資源が乏しくなり，世界人口が増えるにつれて，(5)もしかしたらいつか，コオロギとイモムシの食事を食べてみようとする人が増えるかもしれない。

問　全訳下線部参照。

Ⅴ **（長文読解問題・論説文：要旨把握，内容吟味，英問英答）**

（全訳） なぜ辛い食べ物が大好きな人と大嫌いな人がいるのだろうか。多くの人がブロッコリーを嫌いなのはなぜか。甘いお菓子を常にほしがる人がいるのはなぜか。人の味覚は何かを好んだり嫌ったりするほど単純ではない。あなたが持つ舌の種類が，あなたの食べ物の選択や健康に影響を与える。

人間の舌は，味を知覚するために連携して働く，筋肉と味蕾の集まりでできている。平均的な大人の舌には10,000の味蕾があり，それは舌の上にある小さな突起だ。味蕾の先にある小さな毛が，食べ物が甘いのか酸っぱいのか苦いのか塩辛いのかを教えてくれる。食品に含まれる物質が鼻に入ると，味蕾は脳に情報を伝達する。味蕾と鼻は共に，舌が何を味わっているのかを脳に正確に伝える。この複雑なシステムは，どの食品が安全でどれが危険かを認識することによって人間が生き残るのを助ける。

全ての人間に味蕾があるが，全員が同じ数を持っているわけではない。ふつうの味利きの人は概して10,000の味蕾を持っている。これら「平均的な味利きの人」は世界人口の約50％を占める。味利きではない人は人口の25％で，ふつうの味利きの人の半数の味蕾を持っている。残りの25％は非常に味利きの人だ。非常に味利きの人は味利きではない人の4倍から6倍の数の味蕾を持っていて，ふつうの味利きの人の2倍の味蕾を持っている。調査によると，非常に味利きの人は女性で，アジア，アフリカ，南アメリカ出身である傾向が高い。

非常に味利きの人は味が色とりどりの世界に住んでいて，味利きでない人は灰色の世界に住んでおり，ふつうの味利きの人はその2つの間のどこかにいる。非常に味利きの人は多くの食べ物の味が濃すぎると思う。より多くの味蕾を持っていることに加え，非常に味利きの人たちは生まれつき苦い味に敏感な遺伝子を持っている。結果として，彼らはブロッコリー，カリフラワー，グレープフルーツ，さらにコーヒーも好きではない。多くの味蕾があるため，彼らは口の中で油っぽい食品をたやすく感じる。それゆえ彼らはフライドポテトや甘いお菓子のような高脂肪の食品と距離を置く。彼らは舌の痛みに対しても非常に敏感なので，辛い食べ物を避ける。他方，味利きでない人は一般的にわかる味が少ないので，唐辛子やコショウのような辛い食べ物も痛みをあまり感じずに楽しむことができる。

原則として，人間はおいしくない食品を避け，自分に喜びを与えてくれる食品を食べる。非常に味利きの人は苦い果物や野菜を避けるので，彼らの食事はバランスが取れていないことがあり，そのせいである種のがんの危険性が高まる。しかし彼らは脂っぽくて甘い食品を嫌うので，やせていて心臓病や糖尿病の危険性が低い傾向がある。対照的に，味利きでない人は高脂肪の食品を好む，なぜなら彼らの舌がそれらに対して悪い反応を示さないからだ。全ての人は自分が食べるものに対して注意するべきだが，味利きでない人と非常に味利きの人は自分たちが食べたり避けたりする食品に対してさらに注意し，その違いを埋め合わせる別の方法を見つけるべきだ。

もし自分がどの種類の味利きか特定できれば，自分の食生活についてより賢い選択ができるだろう。この簡単なテストで，あなたが味利きではないか，ふつうの味利きか，それとも非常に味利きかがわかる。少量の青色の着色料を舌の上に乗せなさい。ノートの紙(穴開きタイプ)を1枚取って，その穴の1つを舌の上に置きなさい。青くなった舌の上で味蕾は小さなピンク色の突起に見えるだろう。その穴の中にいくつの突起が見えるか数えなさい。5個かそれ以下の突起があれば，あなたは味利きではない。30個かそれ以上あれば，あなたは非常に味利きだ。5個から30個の間であれば，あなたはふつうの味利きだ。

重要 1 「この記事の主旨は何か」「あなたがどの種類の味利きかということが，食べ物の選択と健康の両方に影響を与えうる」 主題は文の冒頭部分か最後の部分に書かれることが多い。ここでは第1段落最終文が主題となっている。

2 「味蕾について正しい記述はどれか」「それらは脳に食べ物がどんな味がするかを伝える」

3 「人の持っている味蕾の数について正しい記述はどれか」「舌の上の味蕾の数があなたに特定の

食べ物を好んだり嫌ったりさせる」

4 「3種類の味利きについて正しい記述はどれか」「非常に味利きの人と味利きでない人は，ふつうの味利きの人よりも自分が食べるものに対して注意すべきだ」

5 「自分がどの種類の味利きか，どうやって特定することができるか」「舌を青く着色した後で，舌の上のピンク色の小さな突起の数を数えることによって」

Ⅵ （長文読解問題・論説文：語句補充・選択，文補充・選択，語句整序，間接疑問，熟語，関係代名詞，内容一致）

（全訳） 地球の人口の70億人はおよそ7,000の言語を話す。しかし，これらの言語を話す人の数は非常に不均等に分布している。実に，それらのうちのわずか85の言語が世界の人口の78％によって話されている。そしてほとんど知られていない3,500の言語は合わせて900万人にも満たない人たちによって話されている。①例えば，ロシアのトゥバ共和国の固有の言語であるトゥバの話者は235,000人しかいない。そしてインド北東部のアルナーチャル・プラデーシュの言語，アカ語の話者は2,000人以下しか確認されていない。

これらの少数言語の多くは，急速に消滅しつつある。1,000以上の言語が絶滅寸前，または絶滅の重大な危機にあると記載されている。実際に，14日ごとに1つの言語が「②死ぬ」と見積もられている。言語学者たちによれば，地域社会が英語，中国語，スペイン語を好んで地域の固有の言語を捨ててしまうので，次の世紀には世界に今ある言語の半数近くが消滅するだろう。しかし私たちは言語の絶滅について心配するべきなのか。そしてそれを防ぐために何ができるのだろうか。

人間がお互いにコミュニケーションをし始めて以来，言語が生まれて消えて行った。有力な集団の言語が広まり，小さな文化の言語は消滅してしまった。今日，言語は有力な集団によって話されているという理由だけでなく，その使われ方によって優位に立つ。[A]例えば，英語のような言語はテレビ，インターネット，国際取引などで広く使われている。

ますますグローバル化する時代において，へんぴな場所で話されている言語はもはや有力な世界的言語から保護されていない。中国語，英語，ロシア語，ヒンディー語，スペイン語，アラビア語は小さな地域社会にも入り込み，少数言語と争う。ある言語が優位になると，優位でない言語集団の子供は成長し，学校へ行き，仕事をするにつれて自分の母語を失う傾向がある。彼らは有力でない言語を話したがらない，なぜならこれらの言語を話すと成功できないと考えるからだ。このような態度が，なじみたいという強い希望と共に，母語の生き残りをおびやかす。政治的圧力も少数言語の生き残りに影響を与えうる。[B]政府が人々に学校，職場，メディアで有力な言語を使うことを要求する法律を成立させることがある。

少数派の言語の絶滅が，なぜ問題なのか。様々な言語が世界に対して独自の見方を表す。例えば，言語はある文化が時間，③数，色などの基本的概念をどのように経験するかを示す。アマゾンの部族，ピダハン族は数を表す単語がないようだ。代わりに彼らは「少ない」「多い」などの量を表す語でやり過ごしている。これにより，数は文化が生み出すもので，人間が生まれつき持っている概念ではないということがわかる。また，④人が色についてどう思うかは言語による。例えば，ペルーのカンドシ語は緑，青，紫の色合いを表すのに1語を用いる。しかし濃い緑に対しては別の単語がある。

ある言語を失うことは⑤知識を失うことも意味する。それはある種が絶滅すると未来の素晴らしい薬がなくなる可能性があることに似ている。例えば，メキシコのある地域のセリ族は300以上のその土地の植物に対してそれを表す単語を持っている。彼らの言語を研究することによって，科学者たちは小麦に似た，eelgrass という非常に栄養豊かな食品について知った。科学者たちはその土地の動物の生息地や行動について多くのことを学んだ。セリ語話者はわずか650から1,000人しか残っていないので，その言語を失うことで私たちは重要な科学的知識を失ってしまうかもしれない。

もし言語が今日の急速な割合で消え続けてしまえば，私たちはいつか役に立つ薬⑥になるような植物についての知識を失うかもしれない。私たちは世界の多くの文化の技術も失うかもしれない。例えばミクロネシアでは，地図や現代的装置を全く使わずに海を何マイルも航行できる船乗りがいる。[C]悲しいことに彼らの技術や知識は消滅の危機にある言語の中にしか存在しない。

幸いなことに，世界中のグループが危機的言語を生き返らせるために取り組んでいる。これらのグループは人々に{X}これらの危機的言語を使う機会を与え，人々にそれらの言語を使うのをやめさせる姿勢を変えている。消えかけている言語を救うための手助けをしているグループの1つが，Enduring Voices Project(恒久的な声プロジェクト)だ。このプロジェクトは{Y}言語の危険地域を特定する活動をしている。それは独自の言語があり，しかもその言語が消滅する危険性のある場所のことである。Enduring Voices Project は2つの目標がある。これらの場所の言語を正確に記録することと，{Z}それらが持つ文化的な情報を記録することだ。

このようなプロジェクトは消滅の危険性がある言語が生き残るのに非常に重要である。このようなグループの活動によって，私たちは歴史的，文化的，科学的知識という財産を未来の世代へ引き継ぐことができるだろう。Enduring Voices Project のメンバーのK.・デヴィッド・ハリソンが言うように，「たった1世代前には狩猟採集民族だった人々から学ぶことは何もないと考えるのは間違いでしょう。彼らが知っていることは，私たちが忘れてしまったことや全く知らなかったことで，それがいつか私たちを救うかもしれないのです」。

問1　空所①の後で，話者が少ない言語の具体例が挙げられている。for example「例えば」

問2　言語が disappear「消滅する」ことを die「死ぬ」と言い換える。

問3　全訳下線部参照。

問4　空所③の直後の文より numbers「数」を抜き出す。time「時間」，numbers「数」，colors「色」は人間の思考のうちで basic concepts「基本的概念」と言える。

問5　(Also,) how people think of colors depends on (their language.)　間接疑問 how people think of colors「人が色についてどのように考えるか」が文全体の主語で，動詞は depend on ～「～による，～次第である」。

やや難 問6　空所⑤を含む段落の最終文より knowledge「知識」を抜き出す。ある言語が失われると，その言語が持つ知識もなくなってしまう。

やや難 問7　(we may) lose knowledge about plants that could lead to (useful drugs someday.)　that は主格の関係代名詞。lead to ～「～につながる」

問8　全訳下線部参照。identify「～を確認する，特定する」 contain「～を含む，持つ」

問9　ア「世界中の人々はおよそ7,000の言語を話すが，その半数近くが世界の人口の約80％によって話されている」(×)　イ「少数派の言語は優位性のある世界的言語から守られている」(×)　ウ「優位でない言語グループ出身の子供たちは優位性のある言語を話す傾向がある，なぜならそれが成功の鍵だからだ」(○)　エ「言語は私たちを他の全ての生き物と区別するものだ」(×)　本文に述べられていない。　オ「ある言語が消滅すると，それが描写する種も絶滅する」(×)　種そのものが絶滅するのではなく，その種についての知識がなくなってしまう可能性がある。　カ「Enduring Voices Project のメンバーのK.・デヴィッド・ハリソンは，私たちは消えかけている言語から学ぶことがある，と言う」(○)

★ワンポイントアドバイス★

Ⅵの長文は，少数言語について述べた論説文。中学生にとってあまりなじみのない話題で難しい。文章量も多いので集中して取り組もう。

＜国語解答＞ 《学校からの正答の発表はありません。》

一　問一　光合成　問二　カ　問三　ウ・エ・カ　問四　ア　問五　ある程度環境が違っても，そこそこ生きていくことができる(ということ。)　問六　Ⅰ　有　Ⅱ　無

問七　A　カ　B　ウ　C　イ　問八　高山の厳しい環境　問九　(例)　万能タイプのアカマツが生えているのは痩せた土地である点。　問十　(例)　砂漠では，特定の専門家タイプの植物が他の植物より有利だから。(30字)　問十一　(例)　乾燥耐性

問十二　⑩　特化　⑪　有利　問十三　見渡す限り平らな地面が広がっている環境

問十四　生態系を多様化する(9字)　問十五　(例)　・食害を防ぐ毒をもつ(9字)

・葉を硬くする(6字)　問十六　大きな食料貯蔵庫　問十七　⑯　植物　⑰　環境

問十八　イ　問十九　まいです。　問二十　ア・カ

二　①　鬼才　②　散髪　③　朝礼　④　縁故　⑤　公衆

三　①　凝視　②　当惑　③　激高　④　焦燥　⑤　柔軟

四　①　悔恨　②　岐路　③　催促　④　緊張　⑤　魅了　⑥　膨大

⑦　慰(める)　⑧　ざんじ　⑨　かんあん　⑩　くわだ(て)

○推定配点○

一　問二・問四・問七　各1点×5　問九～問十一　各5点×3　問十五　各4点×2

問十八・問二十　各3点×2(問二十完答)　他　各2点×13(問三・問六完答)

二～四　各2点×20　計100点

＜国語解説＞

一　(論説文―大意・要旨，内容吟味，文脈把握，指示語，接続語，脱文・脱語補充，語句の意味，四字熟語，文と文節)

問一　空欄Xのある段落で，Xの機能が直接かかわる要因として，光や二酸化炭素，水，風などがあること，Xが大事だとしても，その植物がその環境で繁栄し続けられるかどうかは，Xだけでは決まらない，ということを述べ，これらをまとめる形で，「光合成」ができなければ普通の植物は子孫を残せないが，「光合成」ができても，子孫をつくれなければ1代でおしまいである，と述べている。

基本　問二　傍線①は，「最終的(名詞)／に(格助詞)／は(係助詞)」の連語で，連用修飾語として「なります」にかかる。

問三　傍線②の「専門家タイプ」として挙げているのは，直後の「サボテン(など)」，「例えば，タンポポ……」で始まる段落の「コマクサ」，「生物の多様性の源泉に……」で始まる段落の「カタクリ」である。

基本　問四　「遺憾なく」は，心残りや後悔がないほど十分に，申し分なく，という意味。「遺憾」は，心残りであること，残念に思うこと。

問五　傍線④は，「専門家タイプ」に対する「万能タイプ」の植物のことで，④直後の段落で，「万

能タイプ」は「ある程度環境が違っても，そこそこ生きていくことができる」ということを述べている。

問六　「有象無象(うぞうむぞう)」は，もとは仏教でこの世の「有象」＝形のあるものと「無象」＝形のないものすべてのもの，ということから。

問七　空欄Aは，直前で述べている「専門家タイプと万能タイプ」の「専門家タイプ」の説明に続いて，「万能タイプ」の説明が続いているので，「一方で」が当てはまる。空欄Bは，直前の内容に条件を付け加えた説明が続いているので，「ただし」が当てはまる。空欄Cは，直前の内容とは相反する内容が続いているので，「しかし」が当てはまる。

問八　傍線⑥は，高山植物である「コマクサ」が生きていける環境条件のことである。⑥前「生物の環境に…」で始まる段落後半で，「一部の高山植物など」は「高山の厳しい環境」に生きていることを述べている。

やや難　問九　傍線⑦直後で「面白い現象」の説明として，アカマツは「万能タイプで，さまざまな環境に侵入することができ」るが，「実際にアカマツが生えている場所は，土地が痩せているなど」の場所が多い，ということを述べているので，これらの内容を踏まえて説明する。

重要　問十　傍線⑧直前で，「特定の専門家タイプの植物が他の植物を大きく引き離して有利になるでしょう」ということを述べており，このことが「理由」になるということなので，この部分を指定字数以内でまとめる。

やや難　問十一　傍線⑨は，直前の段落で述べている，砂漠に生きる植物が生き残れるかどうかが決まる「乾燥耐性」という例のことである。

問十二　空欄⑩・⑪のある段落は，直前の段落内容を要約していることをおさえる。⑩・⑪は，砂漠におけるサボテンが，ひとつの環境要因に合うように乾燥耐性に特化して有利になっていることの要約なので，⑩には「特化」，⑪には「有利」が当てはまる。

重要　問十三　傍線⑫の「そこ」と直前の一文の「そこ」は，いずれもさらに前の「見渡す限り平らな地面が広がっている環境」を指している。

問十四　「しかし，もし……」で始まる段落で，傍線⑬の「病気や害虫」の存在は「生態系を多様化する」方向にはたらくことを述べている。

重要　問十五　傍線⑭は「植物」がもっているもので，⑭直前の段落で，「害虫にとっては毒になる成分を体につくる」こと，外敵に食べられにくくするために「葉はケイ素を含んでいて硬く」なっていることを述べている。これらをそれぞれ指定字数以内でまとめる。

問十六　「また，病気や害虫の……」で始まる段落で，「イネを好む害虫や病原菌にとって，水田は，大きな食料貯蔵庫のようなもの」であることを述べている。

問十七　空欄⑯・⑰のある段落の，「時間的な変化」＝「生物の多様性の源泉に……」で始まる段落後半内容，「⑯が⑰に及ぼす影響」＝「そして，もうひとつ……」で始まる段落内容，「外敵との駆け引き」＝「また，病気や害虫の……」から続く3段落内容，という形で，これまでの内容をまとめているので，⑯・⑰を説明している段落を確認すると，⑯には「植物」，⑰には「環境」が当てはまる。

重要　問十八　傍線⑱のある段落では，「そこに生えている植物の多様性を観察すれば，環境の多様性を見積もることができます」と述べ，このことに付け加える説明として⑱のように述べているので，イが適当。⑱直前の内容を説明していない他の選択肢は不適当。

重要　問十九　設問の文の言葉に関連する内容として，「一口に環境と……」で始まる段落で，「その植物がその環境で繁栄しつづけられるかどうかは」「植物が子孫をどれだけ残せるかという一点から評価されることになり」「いくら光合成ができても，子孫をつくれなければ1代でおしまいです。」

と述べているので，この後に入れるのが適切。

やや難 問二十 「しかも，サボテン……」で始まる段落で，環境要因に対応するため「結果として，多くの植物は万能型にならざるを得ません」と述べているので，アは合う。「[A]，……」で始まる段落で「万能タイプの植物は，特定の環境においては，その環境に特化した専門家タイプの植物に負けてしまいます。これが植物の多様性を生み出すひとつの要因となっています。」と述べているので，イ，ウは合わない。「生物の多様性の源泉に……」で始まる段落で，「ひとつの要因に特化すると，別の環境要因に十分適応できないことが多様性を生み出します。」と述べているので，エも合わない。「そして，もうひとつ……」で始まる段落で，「植物が生長することによって環境自体もダイナミックに変化」することが「環境に多様性をもたら」すことを述べているが，オは述べていない。カは「植物の多様性を生み出す……」で始まる段落で述べている。

やや難 二 （四字熟語）

①のAの「疑心暗鬼」は，一度疑いだすと，何でもないことまで疑わしくなり不安になること。Bの「才色兼備」は，女性がすぐれた才能と美しい容姿の両方をもっていること。「鬼才」は，人間とは思えないほどのすぐれた才能，またはその持ち主。②のAの「雲散霧消」は，雲や霧が消えてしまうように，物事があとかたもなく消えてなくなること。Bの「危機一髪」は，髪の毛一本ほどのわずかな違いで危機が迫っていること。「散髪」は，髪を切ってととのえること。③のAの「一朝一夕」は，ひと朝かひと晩かというほど，きわめてわずかな時間。Bの「通過儀礼」は，誕生・成人・結婚・死など，人が一生のうちで経験する年齢的に重要な節目に行われる儀礼。「朝礼」は，学校や会社などで朝の始業前に挨拶や連絡などを行う行事。④のAの「故事来歴」は，昔から伝えられてきた事物の由来と歴史。Bの「親類縁者」は，血縁や婚姻関係でつながりのある人々をまとめていう語。「縁故」は，血縁などによるつながり，また，人と人との特別なかかわりあい。⑤のAの「衆人環視」は，大勢の人々が周囲を取り囲んで見ていること。Bの「公明正大」は，心が公平でやましいところがなく，正しいこと。「公衆」は，社会一般の人々。

三 （語句の意味，熟語）

①は，じっと見つめるという意味の「凝視(ぎょうし)」。②は，どうしたらいいかわからず，とまどい迷うという意味の「当惑(とうわく)」。③は，激しく怒るさまという意味の「激高(げきこう)」。④は，いらいらしてあせるという意味の「焦燥(しょうそう)」。⑤は，やわらかく，しなやかなさまという意味の「柔軟(じゅうなん)」。

重要 四 （漢字の読み書き）

①は，あやまちをくやんで，残念に思うこと。②は，将来を決めるような重大な場面。③は，早くするようにうながすこと。④の「緊」の左上は「臣」であることに注意。⑤は，人の心をひきつけ，夢中にさせてしまうこと。⑥は，大きくふくれあがること。⑦の音読みは「イ」。熟語は「慰労」など。⑧は，少しの間，しばらく，という意味。⑨は，事情などを考え合わせること。⑩の音読みは「キ」。熟語は「企画」など。

★ワンポイントアドバイス★

論説文では，テーマについてどのように論を展開しているかを，内容に沿って追っていこう。

MEMO

大切なことはメモしておこうネ！

2020年度

★★★★★★★★★★★★★★★★★★★★★★★★

入　試　問　題

2020年度

明治大学付属中野高等学校入試問題

【数　学】（50分）　＜満点：100点＞

1. 次の問いに答えなさい。

(1)　$\dfrac{\sqrt{10}-2}{\sqrt{6}}\times\dfrac{\sqrt{10}+2}{\sqrt{3}}-\sqrt{2}-(\sqrt{3}+\sqrt{2})(\sqrt{2}-\sqrt{3})$ を計算しなさい。

(2)　$(-2x-4y+3)(2x-4y+3)$ を展開しなさい。

(3)　$a^2-3a-2ab+b^2+3b-10$ を因数分解しなさい。

(4)　$\sqrt{9a}$ が5より大きく，7より小さくなるような整数 a を，すべて求めなさい。

2. 次の問いに答えなさい。

(1)　－24を3つの整数の積で表すとき，その3つの整数の組は何通りありますか。

(2)　連立方程式 $\begin{cases} 6x-5y=3 \\ 4x-y=a \end{cases}$ の解の x，y の値を入れ替えると

連立方程式 $\begin{cases} 4x-3y=12 \\ bx+2y=25 \end{cases}$ の解になります。a，b の値を求めなさい。

(3)　右の図のように，AB＝8㎝，AD＝10㎝の長方形ABCDの紙を，頂点Bが，辺AD上の点Fと重なるように折ったときの折り目をCEとするとき，線分CEの長さを求めなさい。

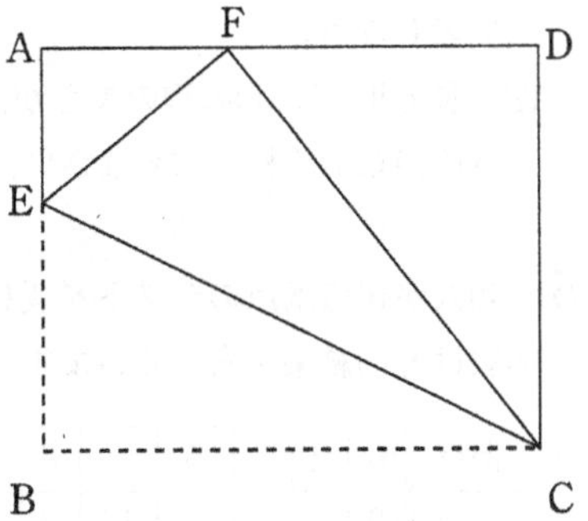

(4)　右の図のように，円Iは1辺が6㎝の正三角形ABCの3辺と，3点D，E，Fで接しています。点Cを中心とし，CEを半径とする円をかいたとき，斜線部分の面積を求めなさい。ただし，円周率は π とします。

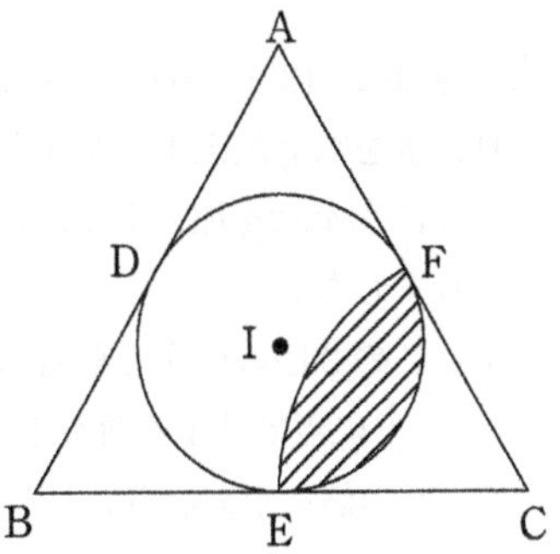

(5)　座標平面上に3点A（－1，2），B（1，1），C（2，3）をとります。このとき，3点A，B，Cを通る円の中心の座標を求めなさい。

⑹　12km離れているA地点とB地点の間を往復しました。上り坂では時速3km，下り坂では時速5km，平地では時速4kmで歩きました。行きは3時間14分，帰りは2時間58分かかりました。A地点とB地点の間に平地は何kmありますか。

3.　右の図のように，球Oと正四角錐P－ABCDがあります。正四角錐の5つの頂点は球面上にあり，四角形ABCDは，1辺が12cmの正方形です。$PA=PB=PC=PD=6\sqrt{6}$ cmのとき，次の問いに答えなさい。ただし，円周率はπとします。

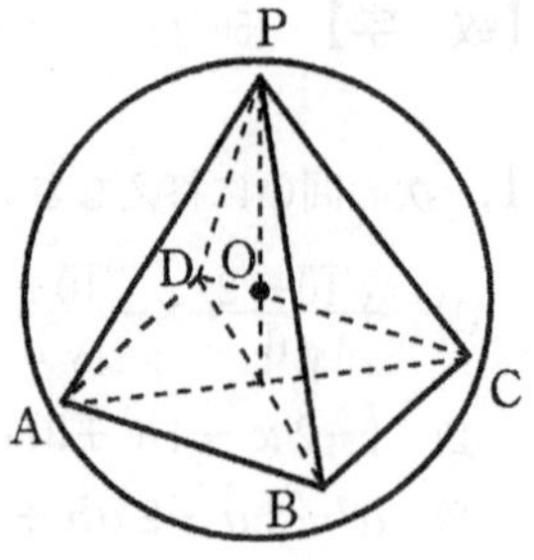

⑴　正四角錐P－ABCDの高さを求めなさい。

⑵　球Oの半径を求めなさい。

【⑵は途中式や考え方を書きなさい。】

4.　右の図のように2つの放物線$y=2x^2$…①，$y=\frac{1}{2}x^2$…②があります。放物線①上に点Aをとり，Aを通りy軸に平行な直線と放物線②との交点をB，Aを通りx軸に平行な直線と放物線②との交点をDとし，線分AB，ADを2辺とする長方形ABCDをつくります。ただし，2点A，Dのx座標は正の数とします。このとき，次の問いに答えなさい。

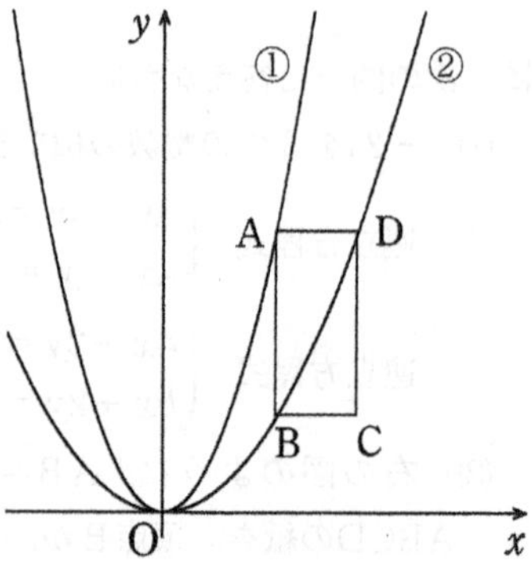

⑴　点Aのx座標をaとするとき線分ABの長さをaを用いて表しなさい。

⑵　長方形ABCDの辺の長さが，AB：BC＝5：2となるときの点Cの座標を求めなさい。

5.　40人が10点満点のテストを受けました。問題は3問あり，$\boxed{1}$は2点，$\boxed{2}$は3点，$\boxed{3}$は5点です。下の表はその結果を表しています。$\boxed{1}$を正解した人が26名のとき，$\boxed{3}$を正解した人数を求めなさい。

得点	0	2	3	5	7	8	10	計
人数	0	3	4	10	14	6	3	40

6.　容器に，12％の食塩水400gが入っています。この容器の中から，$2x$gの食塩水を取り出し，かわりに水を$2x$g加えよくかき混ぜました。次にもう一度，この容器から$2x$gの食塩水を取り出し，かわりに水を$2x$g加えよくかき混ぜました。この2回の操作で容器の中の食塩水の濃度は，4.32％になりました。このとき，次の問いに答えなさい。

⑴　この2回の操作で食塩水の中に含まれている食塩の量は $\boxed{\quad\quad}$ 倍になりました。
$\boxed{\quad\quad}$ に当てはまる数を求めなさい。

⑵　xの値を求めなさい。

【英　語】（50分）　＜満点：100点＞

Ⅰ．次の英文の（　）に最も適するものを選び，記号で答えなさい。

1. Our teacher told us to collect information about Newton, but (　　) did.
   ア．many　イ．another　ウ．anyone　エ．few
2. We will leave home to pick her up at the station as soon as we (　　) a call from her.
   ア．get　イ．are getting　ウ．will get　エ．got
3. You had better not eat here (　　) you'll be punished!
   ア．but　イ．or　ウ．if　エ．when
4. The Olympic Games are held (　　) four years.
   ア．by　イ．for　ウ．all　エ．every
5. Ted got interested in the legend of a brave soldier (　　) in British tales.
   ア．was told　イ．was telling　ウ．told　エ．telling
6. "How about having a cup of coffee after the meeting?"
   "(　　) I have another meeting."
   ア．Not at all. But　イ．I'd love to, but
   ウ．I can't! But　エ．I'm fine, but

Ⅱ．（　）に指定された文字で始まる語を入れ，英文を完成させなさい。その際に［　］内の定義を参考にすること。

1. Have you ever been (a　　)?
   [in or to a foreign country or countries]
2. He recently started a fruit (b　　) in Florida.
   [the activity of making money by making or buying and selling things]
3. I have (d　　) this car for almost ten years.
   [to get in a car and move it]
4. Their dance performance was (w　　) than the average in the contest.
   [poor quality and below an acceptable level]
5. I thought they were brothers but actually (c　　).
   [children of your aunt or uncle]

Ⅲ．次の日本語の内容になるよう［　］内の語句を並べかえ，英文を完成させなさい。解答は（A）（B）（C）に入るものを書きなさい。

1. 先生は，いかにナンシーが疲れているのかがわかって驚いたようだった。
   Our teacher looked surprised (　A　)(　　)(　B　)(　　)(　　)(　C　).
   [Nancy / see / was / tired / to / how]
2. 先週，父は去年の２倍の本を僕に送ってくれた。
   Last week my father (　　)(　A　)(　B　)(　　)(　　)(　C　)(　　) he

did last year.

[many / me / books / sent / as / as / twice]

3. どんな果物を冷蔵庫で冷やしておくべきなのですか。

What (　　)(　　)(A)(　　)(B)(　　)(　　)(C) in the refrigerator?

[should / kept / fruits / kind / cold / be / of]

4. 僕はルーシーにピクニックに行こうと誘う勇気がなかった。

I was (　　)(A)(B)(　　)(　　)(　　)(C)(　　) go on a picnic together.

[ask / enough / not / to / to / brave / Lucy]

5. この道を行くとパーティーの時に話した店に着くよ。

This street will take (A)(　　)(B)(　　)(　　)(C)(　　) the party.

[to / I / at / the shop / of / spoke / you]

6. 世界で生産される全食料の３分の１は廃棄されている。

One-third (A)(　　)(　　)(B)(　　)(　　)(C)(　　).

[the world / wasted / the food / all / is / in / produced / of]

Ⅳ. 次の kudzu（つる植物の一種）についての英文を読んで，あとの問いに答えなさい。

One warm day in January, Tim Sanders' truck broke down on the highway near Greenville, Alabama. He got a ride home, but he didn't have enough money to tow the truck into town. He and a friend went back to get the truck, but they couldn't find it. Several months later they tried again. They drove up and down. Then they stopped near a large hill of vines by the side of the road. Tim took out an ax and started to cut away the vines. There was his truck. In just six months kudzu vines had covered it completely!

Kudzu is a plant native to Japan and China. It is a vine with large, green leaves and small, purple flowers. The roots of one plant sometimes weigh 200 pounds (91 kg) and lie 10-12 feet (3-3.6 m) deep in the ground.

In 1876 the Japanese government brought kudzu to the United States as part of a plant show. (　　1　　) Some of them found that animals liked to eat it and told farmers to plant it to feed goats, cows, and horses. In the 1930s the U.S. government paid people to plant kudzu to protect the soil. (　　2　　)

In the summer kudzu can grow one foot a day or up to 60 feet in a season. It now covers 7 million acres of land in the South. It covers anything that is not moving: homes, cars, and telephone poles. It takes over whole fields so that nothing else can grow. (　　3　　) No birds or animals can live in a forest covered with kudzu.

Now the government is trying to kill the kudzu. (　　4　　) It just grew faster. Some have found one kind of caterpillar in the South that eats kudzu. They are also thinking about bringing some insects from China. These insects like to eat kudzu, but they might eat other plants, too. (5)

For now, kudzu is here to stay. So if you visit the South, don't leave your car by the side of the road. If you do, you might need an ax to find it!

問 (1) ~ (5) に適するものをそれぞれ選び，記号で答えなさい。

ア. Some forests are dying because kudzu blocks out the light that the trees need to live.

イ. This might cause new problems.

ウ. The government scientists didn't know that kudzu grows very quickly in the warm weather of the Southeastern United States.

エ. Some scientists tried poisons, but the kudzu did not die.

オ. American gardeners thought it was beautiful and began to plant it everywhere.

V. 次の英文を読んで，あとの問いに答えなさい。

There are people who think that countries waste their money when they send astronauts into space. They say that the money should be used to improve the quality of life on Earth. What they might not know is that life on Earth has been improved by missions into space. Technology, materials, devices, and fabrics that were first developed for use in space are now part of our everyday lives. These items are called "spin-offs."

For example, one spin-off of space technology has made it quicker to buy things at stores. The bar codes used on today's packages came from the NASA space program. Now, we all benefit, because a price can be scanned instantly by a laser. Previously, each price had to be typed into the cash register. Think about all the stores in the world and all the people who wait in line every hour of every day, and you can see how much time that simple technology has saved.

NASA has also developed various materials that we now find around us every day. The lightweight metals used in modern tennis rackets are one example. Also, NASA developed metals that have a "memory." When these metals are bent, they return to their original shape, which we use in eyeglass frames to make them flexible and unbreakable. Glasses also use another NASA development: scratch-resistant lenses. Finally, the shock-absorbing materials originally developed for moon boots are now used in all kinds of athletic shoes.

Another space spin-off commonly found in homes is the smoke detector. The smoke detector comes from technology originally used in the Skylab spacecraft in the early 1970s. Millions of homes now have these devices installed. They are cheap, small sensors that sound an alarm if smoke appears. Countless lives have been saved thanks to the early warning provided by smoke detectors.

We can also find space-age fabrics around us. Homes now use thin insulation that was first developed for use in space. This insulation is more efficient and easier to install than traditional insulation. We also wrap this kind of insulation around our water heaters to make them more efficient. Ultra-light fabrics designed in the space program are now used in the roof of the Silverdome sports arena in Detroit, Michigan, and in the roof of the airport in Jeddah, Saudi Arabia. More importantly, space fabrics, like the smoke detector, help save lives. Beta Glass, a fabric made by NASA, is now used in fireproof clothing worn by firefighters.

These are only a few of the 30,000 space innovations that benefit our lives on Earth. There will always be people who are against space exploration, but if they say it wastes money, remind them that their way of life is possible because of products from space.

注）device 機器　fabric 繊維　benefit 利益を得る　scan 読み取る　type 入力する
the cash register （店の）レジ　scratch-resistant 傷のつきにくい
shock-absorbing 衝撃を吸収する　insulation 断熱材　efficient 効率的な
fireproof 耐火性の　innovation 技術革新　exploration 探検

問　本文の内容に合うよう，英文の空所に適するものを選び，記号で答えなさい。

1. People who say "no" to space exploration __________.
ア. think the benefits are greater than the costs of the space program
イ. don't support any kinds of international cooperation
ウ. would not like to spend their time on spin-offs so much
エ. might not realize how spin-offs have made their living better

2. The spin-offs from NASA __________.
ア. are allowed to be made only in the US
イ. can be found in our homes and on our bodies
ウ. are used secretly by the US government
エ. have not been very useful for most of us

3. The smoke detectors __________.
ア. were installed in millions of homes in the early 1970s
イ. have simple technology that anyone can understand
ウ. did not originally sound an alarm in spacecraft
エ. have sensors that were not at first developed for our daily lives

4. The material used in the roof of the Silverdome is __________.
ア. Beta Glass　イ. metals with a memory
ウ. ultra-light fabrics　エ. the shock absorber from moon boots

5. The best title for this story is "__________"
ア. What Can We Get from Missions into Space?
イ. NASA — How Space Technology Began —.
ウ. Spin-Offs — The Mystery of NASA Space Technology —.
エ. The Advantages and Disadvantages of Spin-Offs.

VI. 次の英文を読んで，あとの問いに答えなさい。

In the beginning, people used just their fingers to eat. Then came the finger-and-knife combination. Around 5.000 years ago, while the rest of the world was still using fingers and a knife, the Chinese began using chopsticks. Today many people eat with a combination of knives, spoons, and forks, but chopsticks are still as important and popular as they were centuries ago.

No one knows exactly when the Chinese began to use chopsticks. According to one Chinese legend, the use of chopsticks began when two poor farmers were thrown out of their village. The farmers went from village to village, but were not welcome anywhere. [A] [B] [C] Using some sticks from the forest floor, they took the pieces of meat from the fire and put them into their mouths. And so began the popularity of chopsticks. Other people did the same, and in a short time people all over China were eating with chopsticks.

There are other ideas about why the Chinese started using chopsticks. Some people believe that the philosopher Confucius influenced how the Chinese thought about many things, including how they ate. Confucius, a vegetarian, said it was wrong to have knives at the table because knives were used for (①). Another idea is that there was not enough fuel in China. There was only a small amount of fuel available for the cooking of food. But the Chinese found the solution! They cut up the food into small pieces before cooking, so it would cook as quickly as possible and only use a little fuel. The small pieces of food were well suited for chopsticks. It is not certain which came first: chopsticks or the unique style of Chinese cooking. But it is certain that chopsticks did have a great influence on the development of Chinese cooking.

Chopsticks spread from China to Vietnam and eventually reached Japan by the year 500. Over 3,000 years and between different cultures, several variations of chopsticks developed. Chinese chopsticks are nine to ten inches long and round or square at the top end. The Vietnamese did not change the Chinese chopsticks. The Japanese made their chopsticks rounded and pointed. They are also shorter — seven inches long for females and eight inches long for males.

Every kind of material is used to make chopsticks. The vast majority of chopsticks are made from bamboo. Bamboo is cheap, heat resistant, and has no taste or odor. The wealthy have had chopsticks made from gold, jade, ivory, and silver. Some people had strong feelings about some of these materials. (②), people once believed ③ silver chopsticks would turn black if they touched any poison. An emperor who was afraid of being poisoned told his servants to test each of the dishes with silver chopsticks before he ate. The emperor himself would not use silver chopsticks to eat; he thought the metal in his mouth was unpleasant.

Today we know that silver doesn't react to poisons, but if bad eggs, onions, or garlic are used, the chemicals might change the color of silver chopsticks.

The Japanese made chopsticks from every kind of tree. They even started to put lacquer, a kind of shiny paint, on chopsticks about 400 years ago. The lacquered chopsticks of modern Japan have designs and are beautiful to look at. They are given as special gifts because they are not only beautiful, but durable. The layers of lacquer make them last forever. The Wajima Nuri area in Japan is famous for making chopsticks with between 75 and 120 separate layers of lacquer. These chopsticks are harder than metal and can cost up to $125 a pair.

In 1878, the Japanese were also the first to make disposable wooden chopsticks. The disposable chopstick started when a Japanese schoolteacher named Tadao Shimamoto had packed his lunch and brought it to school with him but had left behind his pair of chopsticks. Fortunately, his school was in an area of Japan famous for its wood. He explained his problem to one of the local men. The man gave him a piece of wood from which Tadao made a pair of chopsticks. ④[who / eaten / anyone / what / in a Japanese restaurant / has / knows] these look like. People liked his chopsticks so much that soon the local area started to produce large numbers of disposable chopsticks called *wari-bashi*. We do not know if Tadao made any money from wari-bashi, but certainly his name is remembered. Each year representatives from disposable chopstick manufacturers go to Tadao's hometown and perform a ceremony to show (⑤) for the father of wari-bashi.

About one-half of disposable chopsticks are produced in Japan; the rest come from China, Indonesia, Korea, and the Philippines. Japan uses about 24 billion pairs of disposable chopsticks a year, which is a lot of wood. It is enough to build over 10,000 homes. Japan now is trying to eliminate them for (⑥) reasons. Today, increasing numbers of Japanese carry their own personal chopsticks to restaurants instead of using disposable ones. But no matter what kind of chopsticks people use, chopsticks are here to stay.

注） philosopher 哲学者　Confucius 孔子(人名)　including ～ ～を含めて　solution 解決(策)
suited 適する　eventually 最終的には　heat resistant 熱に強い　odor におい
wealthy お金持ちの　jade ひすい(石)　ivory 象牙　emperor 皇帝
unpleasant 気持ち悪い　chemical 化学(物質)　lacquer 漆《うるし》　durable 長持ちする
layer 層　disposable 使い捨ての　representative 代表者　manufacturer 製造者
eliminate 排除する

問1．A － B － C に入る文の組み合わせとして適切なものを選び，記号で答えなさい。

1. The smell of the roasting meat was so good that the two men could not wait any longer.
2. Then they ran from the village and into a forest, where they quickly made a fire to cook their meat.

3. The two men grew tired and hungry, so they stole a piece of meat from a storeroom in a small village.

ア. 1－2－3　　イ. 1－3－2　　ウ. 2－1－3

エ. 2－3－1　　オ. 3－1－2　　カ. 3－2－1

問2. (①) に適するものを選び，記号で答えなさい。

ア. cooking　　イ. eating　　ウ. cutting　　エ. killing

問3. (②) に適するものを選び，記号で答えなさい。

ア. After all　　イ. At first　　ウ. In fact　　エ. After a while

問4. 下線部③について，次の中から本文の内容にふさわしいものを選び，記号で答えなさい。

ア. かつて裕福な人々は，使い勝手の良さゆえに銀の箸を使用した。

イ. 銀の箸は家来に毒味をさせる目的で使用されていた。

ウ. 皇帝は食事の際に銀の箸の口当たりを楽しんだ。

エ. 銀の箸の色は，どんな食品に触れようとも変化しないことがわかっている。

問5. 日本の箸について，次の中から本文の内容にふさわしいものを選び，記号で答えなさい。

ア. 漆塗りの箸は美しく長持ちするため，プレゼントに用いられている。

イ. 伝統的な漆塗りの箸は，割り箸の普及により激減している。

ウ. 輪島塗の箸は良質なため，ほとんどの日本人に愛用されている。

エ. 漆塗りの箸は高価ではあるが，金属ほどは強くない。

問6. 下線部④の [ ] 内の語句を正しく並べかえなさい。

問7. (⑤) に適するものを選び，記号で答えなさい。

ア. kindness　　イ. anger　　ウ. interest　　エ. respect

問8. (⑥) に適するものを選び，記号で答えなさい。

ア. cultural　　イ. economical　　ウ. environmental　　エ. historical

問9. 本文の内容に合うものを2つ選び，記号で答えなさい。

ア. Japanese chopsticks are exactly the same as Chinese chopsticks.

イ. Disposable chopsticks were first made by a vegetarian, Confucius.

ウ. Two poor farmers went to a lot of villages to spread the culture of chopsticks.

エ. In Japan, men and women use different lengths of chopsticks.

オ. Confucius told the Chinese to use chopsticks to cut up their food.

カ. Carrying personal chopsticks to restaurants is becoming popular in Japan.

キ. Tadao Shimamoto made his first pair of disposable chopsticks for sale.

されない。

⑤

（ア）夏休みになっても帰らない息子を、両親は一日千秋の思いで待っていた。

（イ）八人の生徒たちは付和雷同で、皆異なる意見を述べた。

（ウ）話が我田引水になって、利害の一致しない人から批判を浴びた。

（エ）課長の指示は朝令暮改で、本当に従ってよいのか判断できない。

三、次の□に当てはまる故事成語を後の語群からそれぞれ選び、漢字に改めて答えなさい。

① □ですが、最後に一言申し上げます。

② この賞はスターへの□だ。

③ 彼は□型の人間だ。

④ 適度の運動は健康を□する。

⑤ どこから勉強すればよいのかも分からず□だ。

【語群】

・しゅしゅ　・はてんこう　・とうりゅうもん
・じょちょう　・ごりむちゅう　・ちょうさんぼし
・だそく　・せんりがん　・たいきばんせい

四、次の①～⑦の――線部を漢字に改め、⑧～⑩の――線部の読みをひらがなで答えなさい。

① 歯並びをキョウセイする。

② 教室の中はカンサンとしていた。

③ 国同士の対立をユウリョする。

④ 試験範囲をしっかりモウラするよう勉強する。

⑤ 冷房のショクバイがオゾン層を破壊する。

⑥ ハンザツな仕事に音を上げた。

⑦ ビーカー内の水をフットウさせる。

⑧ 法律を遵守する国民性。

⑨ 大きな鐘を鋳造する。

⑩ いくつもの塑像が展示されている。

問十五、――線⑭「彼らのふるさとが大変なことになっている」とありますが、「大変なこと」とは、ここではどのようなことをいっていますか。本文中の言葉を用いて、三十五字以内で答えなさい。

問十六、――線⑮「受けています」の主語を、本文中から抜き出して答えなさい。

問十七、――線⑯「人間だけの都合」を分かりやすく言い換えた表現を、「こと。」に続くように、本文中から十五字以内で抜き出して答えなさい。

問十八、――線⑰「実態を勉強し、問題意識を持ってボルネオ島を実際に訪ね」とありますが、これと対照的な態度の筆者の姿をたとえた言葉を、本文中から三字で抜き出して答えなさい。

問十九、ボルネオ島に広がる、野生生物の生存を脅かすものを、筆者は皮肉を込めて何と表現していますか。本文中から抜き出して答えなさい。

問二十、筆者の主張として最も適切なものを、次の（ア）～（エ）の中から選び、記号で答えなさい。

（ア）支援自動販売機をもっと活用して、ボルネオの環境問題に役立てるべきだ。

（イ）地球を守るため、環境は必ず保護されていかなければならない。

（ウ）ボルネオでは環境保全の資金活動のため、観光客を大切にしている。

（エ）環境破壊の問題について、まず実態を知ることから始めることが大切である。

二、次の①～⑤について、――線部の言葉が間違って使われている文を、（ア）～（エ）の中から一つずつ選び、それぞれ記号で答えなさい。

①（ア）あなたと私はもともと赤の他人だ。

（イ）就職が決まった学生の青田買いが横行している。

（ウ）人望のある彼女に白羽の矢が立つのは当然だ。

（エ）あの事件の本当の黒幕は彼だったのか。

②（ア）新しいお店は、客がきびすを接するほど繁盛している。

（イ）彼は、どんな質問にも的確に答えるので一目置かれている。

（ウ）弟は、先生から折り紙を付けられるほどのいたずらっ子である。

（エ）兄が断ったので、僕にお使いのお鉢が回ってきた。

③（ア）調子に乗ってたくさんの品物を注文したら足が出てしまった。

（イ）姉の自慢話は鼻について仕方がない。

（ウ）彼は、爪に火をともすような生活をしていたが、一転して大金持ちになった。

（エ）好意を寄せている人の前で転んでしまい、目から火が出るほど恥ずかしかった。

④（ア）二か国による長い時間を掛けた話し合いは没交渉に終わった。

（イ）彼女は語学力があり、海外の大舞台での活躍はまさに真骨頂と言える。

（ウ）彼は権力者の圧力にも負けずに不正を暴く硬骨漢だ。

（エ）大事な仕事の最中に持ち場を離れるという野放図な行いは許

問一、①・③に当てはまる言葉の組み合わせとして最も適切なものを、次の（ア）～（エ）の中から選び、記号で答えなさい。

（ア）①緊張・③安心　（イ）①緊張・③興奮

（ウ）①感激・③興奮　（エ）①感激・③安心

問二、――線②「地球上でこの島にしか生息せず」とありますが、このように特定の地域にしか「生息」しないものを何と呼んでいますか。本文中から抜き出して答えなさい。

問三、――線④「熱帯雨林の減少を加速させているのは、私たち人間なのです」とありますが、「熱帯雨林の減少」の原因となる「人間」の行為を、その行為の目的も明らかにして、三十字以内で具体的に答えなさい。

問四、〰〰線X「で」と同じ用法のものを、══線（a）～（d）の中から一つ選び、記号で答えなさい。

問五、――線⑤「アブラヤシから採れるパーム油が『もうかる』と目をつけた」とありますが、「パーム油」が「もうかる」と考えられるのはどういう点からですか。「点」に続くように、五字以内で二つ、本文中から抜き出して答えなさい。

問六、A・Bに当てはまる言葉を、次の（ア）～（オ）の中からそれぞれ選び、記号で答えなさい。

（ア）でも　（イ）だから　（ウ）さらに

（エ）そして　（オ）あるいは

問七、――線⑥「環境破壊の問題と社会的な問題」とありますが、それぞれの問題を本文中の言葉を用いて、十五字以内で具体的に答えなさい。

問八、――線⑦「ゆえん」の語意味を熟語で答えなさい。

問九、⑧に当てはまる言葉を、次の（ア）～（エ）の中から一つ選び、記号で答えなさい。

（ア）一般的　（イ）効果的　（ウ）普遍的　（エ）現実的

問十、――線⑨「パーム油が使われていたとしても明示されていない」とありますが、実際にはどのように表示されているのですか。本文中から抜き出して答えなさい。

問十一、――線⑩「そちら」の指示内容を、本文中の言葉を用いて十字以内で答えなさい。

問十二、――線⑪「事態の悪化」とありますが、この内容として適切でないものを次の（ア）～（エ）の中から一つ選び、記号で答えなさい。

（ア）野生生物の生きる環境が破壊され、島の豊かな生態系も破壊されてしまうこと。

（イ）パーム油を使った製品であることが分かりにくくなり、問題が潜在化すること。

（ウ）アブラヤシのプランテーションが、大規模に、しかも無計画に増え続けること。

（エ）他の国から流入した貧しい不法移民を、低い賃金で働かせる行為が広がること。

問十三、――線⑫「経済発展」とありますが、マレーシア政府が「経済発展」のために具体的に行ったことを、「マレーシア政府が」から始めて、本文中の言葉を用いて三十字以内で答えなさい。

問十四、――線⑬「ここ」の指示内容を、本文中から抜き出して答えなさい。

などトラブルを起こしたゾウを一時的に保護し、けがなどを治したあと、安心して過ごせる場所に移動させるための「ゾウの一時避難所」です。

約四八〇〇万円の建設費用は、日本からの寄付金でまかなわれました。設計は旭山動物園が担当し、地元の旭川市も一〇〇〇万円を寄付しました。キリンビバレッジは自動販売機を通して広く寄付金を集め、現地で発生するさまざまな手続きや建設作業は、大成建設と現地の子会社が担当しました。

地元・サバ州のアンブ野生生物局長は「⑫経済発展も大切だけれど、自然を守ることはそれ以上に大切です。⑬ここにくれば必ずボルネオゾウに会えるので、観光客も来るでしょう。子どもたちを連れてきて、熱帯雨林でいま何が起きているかを知ってもらうことも必要です」と話してくれました。

旭山動物園の坂東園長は「毎年、一〇〇万人以上の人たちが旭山に来てくれる。ボルネオからやってきたオランウータンを見て「かわいいね」と喜んだ後は、⑭彼らのふるさとが大変なことになっているということも知ってほしい」と言います。二〇一八年には、この活動が全国六カ所の動物園に広がりました。

パーム油を原料にさまざまな洗剤を作って四〇年になるメーカーのサラヤ（大阪市）も、恩返しプロジェクトに参加しています。

更家《さらや》悠介《ゆうすけ》社長は二〇〇四年、ボルネオの現状を、テレビ番組のインタビューで偶然知りました。「手に優しい」「合成洗剤と違って環境を汚さない」と宣伝し、自信を持っていた製品の原料が、野生生物を苦しめているなんて、と愕《がく》然としました。パーム油を使った商品の売上げの一％（年間約一五〇〇万円）をボルネオの森林保護のために寄付し、洗剤を買った人たちに呼びかけてボルネオを訪ねるツアーも毎年実施しています。さきほど紹介した「認証パーム油」だけを使うようにするのはもちろんのことです。

「日本は昔から、家を建てるための木材や、自動車のタイヤの原料になるゴムをボルネオから輸入してきました。そして今はパーム油という恩⑮恵を受けています。そんな歴史的な関係を振り返れば、恩返しするのは当然です」と、更家さんは話します。

⑯人間だけの都合で自然を壊していけば、必ず人間がしっぺ返しを食う。そうでなくても、健やかな形で地球を子孫に残すのは、今を生きる人間たちの義務なのです。「野生生物のふるさとを守りたい」という日本の人たちの思いが、少しずつ形になり始めました。

「そんなこと、教科書に載ってないし知らなかった」と思ったあなた。知ることができてよかったと思います。私自身も取材を始めるまで、パーム油という油の存在や、その影響について知りませんでした。⑰実態を勉強し、問題意識を持ってボルネオ島を実際に訪ね、人々の話を聞いて初めて、事態の深刻さを知りました。自分にできることは何かと考え、この事実を記事として伝えるほか、学校の授業や講演で紹介しています。

人間の暮らしをよりよくするための行動が、地球に負荷を与えたり、同じように生きる仲間である動物を犠牲にしたり、あるいはどこかで悲しむ人間を増やしている。グローバル化していく世界では、同じようなことがさらに増えていくでしょう。簡単には答えは出ませんが、まずは知ることからしか始まりません。「無関心は最大の敵」なのです。

（元村有希子『カガク力を強くする！』による）

われることが多いため、消費者である私たちからは見えにくいのです。「見えない油」と呼ばれる⑦ゆえんです。

最大の消費国は人口が急増しているインド。日本も年間七一万トン（二〇一七年）輸入しています。

パーム油の生産は、野生動物を二重の意味で脅かしています。一つは、農園開発によって熱帯雨林が減っていること。 B 近年、農園にボルネオゾウが入り込み、好物のアブラヤシを食い荒らすため、人々は彼らを「害獣」として嫌うようになりました。二〇一三年一月には、一四頭ものゾウが集団で死んでいるのが見つかりました。毒殺とみられています。マレーシアはいま、国として発展するために産業を育てることと、野生生物を保護するという、相反する課題に直面しているのです。

この難しい課題は、決してマレーシアの人たちだけのものではありません。パーム油を購入している私たち一人一人に突きつけられた問題です。

どうすれば解決するか。もっとも単純な答えは「パーム油をやめる」ことです。しかし、油脂は生きるのに必要な栄養です。大豆や菜種に比べて安いパーム油は、貧しい人たちにとっては「命綱」とも言えます。パーム油がなくなれば、栄養不足におちいる人たちが増えるかもしれません。パーム油の生産現場で働いている人たちが失業してしまう事態も考えられます。

先進国の人々が、パーム油を使った商品を買わないようにするのはどうでしょう。 ⑧ ではありません。あまりにも多くの加工食品にパーム油が使われているからです。だいいち、⑨パーム油が使われていたとしても明示されていないことが多く、私たち消費者は、買うか買わないかの判断ができないのです。

そんな中、「野生生物に優しい農園で採れたパーム油だけを使おう」という運動も始まりました。二〇〇四年、「持続可能なパーム油のための円卓会議（ＲＳＰＯ）」という国際的な話し合いが始まりました。プランテーションの経営者やパーム油に加工する製油会社、輸出業者、パーム油を使う食品メーカーなどの関係者に加えて、自然保護団体や法律の専門家、政府関係者など、いろんな立場の人が参加してルールを決めました。このルールを守って作られたパーム油は「認証油」と呼ばれます。

たとえば、ボルネオゾウやオランウータンが農園を横切らなくても熱帯雨林を移動できるよう、農園の敷地内に通り道を作ったり、幼い子どもや不法移民を低賃金で働かせたりしない農園などがＲＳＰＯの認証を受け、そこで採れたパーム油を使った製品には専用のシールを貼れるのです。価格は、そうでない商品より割高になってしまいますが、許容できる値段ならば、消費者が⑩そちらを選ぶことによって、⑪事態の悪化を防げるかもしれません。

野生生物保護のための行動も大切です。「寄付」です。自然保護団体に直接寄付するだけでなく、日本ではキリンビバレッジの協力で、ジュースなどを買うと料金の一部を寄付できる支援自動販売機を、旭山動物園のほか全国二〇〇カ所に設置しています。私たちはジュースを定価で買うだけ。自動的に売り上げの一部が寄付に回されます。

私かボルネオ島を訪ねた時、サバ州の熱帯雨林にボルネオゾウのレスキューセンターが完成しました。一〇コースの五〇メートルプールほどの広さがある、ひょうたん型のパドック（放牧場）では、メスのゾウが一頭、餌を食べていました。この施設は、プランテーションに迷い込むの森の中にあるバンガローに泊まり、昼、夜、翌日早朝と計三回、川を行き来しました。ガイドに指示され、岸辺の木々を双眼鏡で探すと、高さ三〇メートルはありそうな高い木の上を、のんびりと歩いて移動するオランウータンを見つけました。

鼻が長いテングザル。ニホンザルのような顔と長い尻尾を持った好奇心旺盛なカニクイザル。髪型をソフトモヒカンにしていたサッカーのベッカム選手のように、頭の上の毛が立っているシルバーリーフモンキーは枝の上で餌を食べたり、子ザル同士でじゃれ合ったりしています。くちばしの上に鮮やかなオレンジ色の突起があるサイチョウも、枝から枝へとダイナミックに飛び回っています。動物園では見られない、本当の野生の姿です。

しかし、そこをすみかとするボルネオゾウやオランウータンが、熱帯雨林の伐採により、生存の危機に直面しています。伐採で増えているのがアブラヤシのプランテーション。アブラヤシの実や種からは、良質の油（パーム油）がたくさん採れます。マレーシア政府は一九六八年、ゴムや木材に代わってアブラヤシの栽培を奨励するようになりました。⑤アブラヤシから採れるパーム油が「もうかる」と目をつけたのです。

狙いは当たりました。世界の人口が増えるにつれて、油の消費が増えました。先進国では肥満に悩む人たちを中心に、バターやラードなど動物性の油ではなく、「健康にいい」植物油が注目されるようになりました。

中でも、大豆油や菜種油に比べて値段が安いパーム油が人気を集めました。世界の生産量は、一九八〇年は四八〇万トンだったのが、二〇一七年には五八九〇万トンと、約四〇年間で一〇倍以上に増えました。現在、その八割以上がインドネシアとマレーシアで生産されています。

ボルネオ島内を車で走りました。繁華街を過ぎて三〇分もすれば、道路沿いはアブラヤシ農園になります。かつては、さまざまな木が生い茂る熱帯雨林だったのです。すれ違うトラックには、収穫したアブラヤシの実が山積みされていました。絞った後のパーム油を港へ運ぶタンクローリーも、ひっきりなしに往来していました。

地元の人々にとってアブラヤシは、手っ取り早くお金になる「金の卵」です。[A] その一方で、⑥環境破壊の問題と社会的な問題が同時に起きています。

熱帯雨林が失われたことにより、貴重な野生生物やジャングルが守っていた生物多様性は損なわれました。一度開発されると、大量の肥料の影響で土地がやせてしまうため、熱帯雨林の再生はきわめて難しいのです。また、豊かな自然とともにあったそれまでの暮らしも変わりました。国境を越えてやってきた貧しい移民の人たちが農園で働き始めました。戸籍がなく学校にも行かないこどもたちも含まれています。世界的に問題視されている児童労働が見過ごされている現実もあります。

「パーム油？ 聞いたことないよ」という人も多いでしょう。お菓子やカップラーメンの袋の裏側に印刷されている「原材料」の欄を読んでみましょう。「植物油」「植物油脂」と書いてあるものの多くは、実はパーム油です。赤ちゃんが飲む粉ミルク、みんなが好きなチョコレートやドーナツ、フライドポテトやハンバーガーなどのファストフード、お弁当にはいっている冷凍食品、食べ物以外ではシャンプーやリンスや石けんなどにもパーム油は使われています。

日々の料理に使うサラダ油やオリーブ油などとは違い、加工製品に使

【国　語】（五〇分）〈満点：一〇〇点〉

【注意】 字数指定がある問いでは、句読点・記号なども一字として数えます。

一、次の文章を読んで、後の問いに答えなさい。（字数指定がある問いでは、句読点・記号なども一字として数えます。）

バキッ、バキッ……。

大きな枝を踏み折るような、耳慣れない音。追いかけるように生暖かい風が、獣の匂いを運んできました。漆黒の闇の中、静かな［　①　］が走ります。ネイチャーガイド（案内人）が懐中電灯の光でそっと示した先に現れたのは、ボルネオゾウでした。まず親子、そして大きなメス。ボートの上で息を殺している私たちに気づく様子もなく、川岸をゆっくりと歩いて行きます。全部で七頭。仲間同士、低い声で鳴き交わしながら、やがてジャングルの中に消えていきました。

二〇一三年九月、私はマレーシアのボルネオ島を訪れました。②地球上でこの島にしか生息せず、推定二〇〇〇頭にまで減って絶滅が心配されているボルネオゾウの現状を取材するためです。

期待通りにゾウの群れに出会うことができた［　③　］の中で、私は飛行機の窓から見たボルネオ島の風景を思い出していました。眼下に広がるのは一面の緑。しかしよくよく見ると、熱帯雨林のあちこちに、木々が整然と並ぶプランテーション（大規模農園）がパッチワークのように広がっていました。緑は緑でも、これらは野生生物が生きていけない「緑の砂漠」。そして、④熱帯雨林の減少を加速させているのは、私たち人間なのです。

ボルネオ島は赤道直下にあり、北側をマレーシアとブルネイ、南側をインドネシアが統治しています。マレーシアでは「ボルネオ」、インドネシアでは「カリマンタン」と呼ばれています。

世界で三番目に大きい島で(X)、面積は日本列島の約二倍。海に囲まれ、隔絶された環境で(a)生物が独自の進化をとげました。昆虫や両生類などにも「固有種」が多いのが特徴です。最大の都市コタキナバルまでは、成田空港から直行便で約七時間。日本との時差は一時間しかありません。地球上の生物種の半分以上は熱帯雨林に生息しているといわれる「野生生物のゆりかご」。そんな手つかずの自然は、意外に近くにありました。

この旅を企画したのは、北海道・旭山動物園の坂東元《ばんどうげん》園長です。旭山動物園にはボルネオ生まれのオランウータンが飼育されています。しかし、坂東園長は二〇〇七年まで、彼らの生まれ故郷を訪ねたことがなかったといいます。

「飼育しながら動物のことを理解したつもりでしたが、ジャングルで(b)野生の姿を見て、別の気持ちがわいてきました。「ああ、彼らはここで生まれて育ったのか。日本に来てくれてありがとう」って」

以来、坂東園長はボルネオの熱帯雨林保全に熱心に取り組んで(c)きました。日本で集めた寄付を、保全に役立ててもらおうというもので(d)、名付けて「恩返しプロジェクト」。その一環として現地へ行くというので、私も野次馬として同行したというわけです。

野生動物は用心深いうえに、ジャングルの奥深くや高い木の上で暮らしているため、めったに会えません。最適なのが、ボートに乗って川から観察する方法です。ボルネオ島の東の端っこ、キナバタンガン川下流

2020年度

解　答　と　解　説

《2020年度の配点は解答欄に掲載してあります。》

＜数学解答＞ 《学校からの正答の発表はありません。》

1.　(1)　1　　(2)　$16y^2-24y+9-4x^2$　　(3)　$(a-b-5)(a-b+2)$　　(4)　$a=3,\ 4,\ 5$

2.　(1)　22通り　　(2)　$a=23,\ b=1$　　(3)　$5\sqrt{5}$cm　　(4)　$\frac{5}{2}\pi-3\sqrt{3}$cm^2

(5)　$\left(\frac{1}{2},\ \frac{5}{2}\right)$　　(6)　6km

3.　(1)　12cm　　(2)　9cm(途中式や考え方は解説参照)

4.　(1)　$AB=\frac{3}{2}a^2$　　(2)　$C\left(\frac{10}{3},\ \frac{25}{18}\right)$　　**5.**　27人

6.　(1)　0.36倍　　(2)　$x=80$

○推定配点○

1.　各5点×4　　2.　各6点×6　　3.　(1)　6点　　(2)　8点　　4.　各6点×2　　5.　6点

6.　各6点×2　　　計100点

＜数学解説＞

1.（平方根，式の展開，因数分解，数の性質）

(1)　$\frac{\sqrt{10}-2}{\sqrt{6}}\times\frac{\sqrt{10}+2}{\sqrt{3}}-\sqrt{2}-(\sqrt{3}+\sqrt{2})(\sqrt{2}-\sqrt{3})=\frac{10-4}{3\sqrt{2}}-\sqrt{2}-(2-3)=\sqrt{2}-\sqrt{2}+1=1$

基本　(2)　$(-2x-4y+3)(2x-4y+3)=(-4y+3-2x)(-4y+3+2x)=(-4y+3)^2-(2x)^2=16y^2-24y+9-4x^2$

(3)　$a^2-3a-2ab+b^2+3b-10=a^2-(2b+3)a+(b+5)(b-2)=\{a-(b+5)\}\{a-(b-2)\}=(a-b-5)(a-b+2)$

基本　(4)　$5<\sqrt{9a}<7$　　$25<9a<49$　　$\frac{25}{9}<a<\frac{49}{9}$　　これを満たす整数aは，3，4，5

2.（場合の数，連立方程式の解，平面図形の計量，座標，方程式の利用）

重要　(1)　負の整数を3つの整数の積で表すときの符号の組み合わせは，$(-)\times(+)\times(+)$と$(-)\times(-)\times(-)$の2種類で，24を3つの整数の積で表すときの数の組み合わせは，(1，1，24)，(1，2，12)，(1，3，8)，(1，4，6)，(2，2，6)，(2，3，4)の6種類がある。(1，1，24)のとき，$(-1)\times(+1)\times(+24)$，$(+1)\times(+1)\times(-24)$，$(-1)\times(-1)\times(-24)$の3通りあり，(2，2，6)も同様に3通りある。(1，2，12)のとき，$(-1)\times(+2)\times(+12)$，$(+1)\times(-2)\times(+12)$，$(+1)\times(+2)\times(-12)$，$(-1)\times(-2)\times(-12)$の4通りあり，(1，3，8)，(1，4，6)，(2，3，4)も同様に4通りずつある。よって，全部で，$3\times2+4\times4=22$(通り)

基本　(2)　$6x-5y=3$…①，$4x-y=a$…②　　$4y-3x=12$…③，$by+2x=25$…④　　①＋③×2より，$3y=27$　　$y=9$　　これを①に代入して，$6x-5\times9=3$　　$x=8$　　これらのx，yの値を②に代入して，$4\times8-9=a$　　$a=23$　　④に代入して，$9b+2\times8=25$　　$b=1$

重要　(3)　折り返したので，FC＝BC＝AD＝10，DC＝AB＝8　　△CDFに三平方の定理を用いて，$DF=\sqrt{10^2-8^2}=6$　　よって，AF＝10－6＝4　　EF＝EB＝xとおくと，AE＝8－x　　△AEFに三平方

の定理を用いて，$x^2=(8-x)^2+4^2$　$16x=80$　$x=5$　△CEFに三平方の定理を用いて，CE＝$\sqrt{10^2+5^2}=5\sqrt{5}$(cm)

重要 (4)　△ABEは内角が30°，60°，90°の直角三角形だから，AE＝$\frac{\sqrt{3}}{2}$AB＝$3\sqrt{3}$　円Iの半径を$r$cmとすると，△AIFも内角が30°，60°，90°の直角三角形だから，AI＝2IF＝$2r$　AE＝AI＋IEより，$2r+r=3\sqrt{3}$　$r=\sqrt{3}$　求める図形の面積は，おうぎ形IEF＋おうぎ形CEF－△IEC－△IFC＝$\pi\times(\sqrt{3})^2\times\frac{120}{360}+\pi\times3^2\times\frac{60}{360}-\frac{1}{2}\times3\times\sqrt{3}-\frac{1}{2}\times3\times\sqrt{3}=\frac{5}{2}\pi-3\sqrt{3}$(cm²)

重要 (5)　$AB^2=(1+1)^2+(1-2)^2=5$　$BC^2=(2-1)^2+(3-1)^2=5$　$CA^2=(2+1)^2+(3-2)^2=10$　よって，AB＝BC，$CA^2=AB^2+BC^2$が成り立つから，△ABCは∠B＝90°の直角二等辺三角形である。したがって，3点A，B，Cを通る円の中心は線分ACの中点Mに等しく，点Mのx座標は，$\frac{-1+2}{2}=\frac{1}{2}$　y座標は，$\frac{2+3}{2}=\frac{5}{2}$　よって，$\left(\frac{1}{2},\ \frac{5}{2}\right)$

(6)　A地点からB地点に向かうときの上り坂の道のりを$x$km，下り坂の道のりを$y$km，平地の道のりを$z$kmとすると，$x+y+z=12$…①　$\frac{x}{3}+\frac{y}{5}+\frac{z}{4}=3\frac{14}{60}$より，$20x+12y+15z=194$…②　$\frac{x}{5}+\frac{y}{3}+\frac{z}{4}=2\frac{58}{60}$より，$12x+20y+15z=178$…③　②－③より，$8x-8y=16$　$x=y+2$…④　④を①に代入して，$y+2+y+z=12$　$2y+z=10$…⑤　④を②に代入して，$20(y+2)+12y+15z=194$　$32y+15z=154$…⑥　⑤×16－⑥より，$z=6$　このとき，$x=4$，$y=2$　よって，平地は6km

重要 3. (空間図形の計量)

(1)　線分ACの中点をHとすると，PHが求める高さである。AH＝$\frac{1}{2}$AC＝$\frac{1}{2}\times\sqrt{2}$AB＝$6\sqrt{2}$　△PAHに三平方の定理を用いて，PH＝$\sqrt{(6\sqrt{6})^2-(6\sqrt{2})^2}=12$(cm)

(2)　球Oの半径を$r$cmとすると，OA＝OP＝r，OH＝$12-r$　△OAHに三平方の定理を用いて，$OA^2=OH^2+AH^2$　$r^2=(12-r)^2+(6\sqrt{2})^2$　$24r=216$　$r=9$(cm)

4. (図形と関数・グラフの融合問題)

基本 (1)　$y=2x^2$に$x=a$を代入して，$y=2a^2$　$y=\frac{1}{2}x^2$に$x=a$を代入して，$y=\frac{1}{2}a^2$　よって，AB＝$2a^2-\frac{1}{2}a^2=\frac{3}{2}a^2$

重要 (2)　$y=\frac{1}{2}x^2$に$y=2a^2$を代入して，$2a^2=\frac{1}{2}x^2$　$x^2=4a^2$　$x=\pm2a$　よって，点Dのx座標は$2a$となり，点Cのx座標も$2a$と表せる。AB：BC＝5：2より，$\frac{3}{2}a^2:(2a-a)=5:2$　$3a^2=5a$　$a(3a-5)=0$　$a>0$より，$a=\frac{5}{3}$　したがって，点Cのx座標は，$2\times\frac{5}{3}=\frac{10}{3}$　y座標は，$\frac{1}{2}\times\left(\frac{5}{3}\right)^2=\frac{25}{18}$　よって，C$\left(\frac{10}{3},\ \frac{25}{18}\right)$

5. (集合)

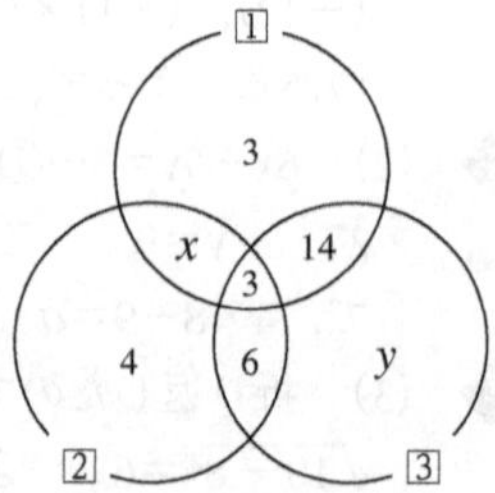

得点が5点の人のうち，問題1と2を正解して5点の人数をx人，問題3を正解して5点の人数をy人とすると，$x+y=10$…①　問題1を正解した人は，得点が2点，5点，7点，10点のどれかになるから，$3+x+14+3=26$…②　②より，$x=6$　これを①に代入して，$6+y=10$

$y=4$　よって，問題③を正解した人は，得点が5点，7点，8点，10点のどれかになるから，$4+14+6+3=27$（人）

6. （食塩水）

基本 (1) はじめの食塩水の中に含まれている食塩の量は，$400\times\frac{12}{100}=48$(g)　2回目の操作が終わってできた食塩水の中に含まれている食塩の量は，$400\times\frac{4.32}{100}=17.28$(g)　よって，$17.28\div48=0.36$(倍)

(2) 1回目の操作が終わってできた食塩水の中に含まれている食塩の量は，$48\times\frac{400-2x}{400}=\frac{3(400-2x)}{25}$(g)　2回目の操作が終わってできた食塩水の中に含まれている食塩の量は，$\frac{3(400-2x)}{25}\times\frac{400-2x}{400}=\frac{3(200-x)^2}{2500}$(g)　よって，$\frac{3(200-x)^2}{2500}=17.28$　$(200-x)^2=14400$　$200-x=\pm120$　$x=80,\ 320$　$2x<400$より，$x=80$

★ワンポイントアドバイス★

空間図形で記述式問題が出題されたが，標準レベルの問題がバランスよく出題されている。基礎を固めたら，過去の出題例を研究して慣れておこう。

＜英語解答＞ 《学校からの正答の発表はありません。》

Ⅰ　1 エ　2 ア　3 イ　4 エ　5 ウ　6 イ

Ⅱ　1 abroad　2 business　3 driven　4 worse　5 cousins

Ⅲ　1 A to　B how　C was　2 A me　B twice　C books
　3 A fruits　B be　C cold　4 A brave　B enough　C Lucy
　5 A you　B the shop　C of　6 A of　B produced　C is

Ⅳ　1 オ　2 ウ　3 ア　4 エ　5 イ

Ⅴ　1 エ　2 イ　3 エ　4 ウ　5 ア

Ⅵ　問1 カ　問2 エ　問3 ウ　問4 イ　問5 ア　問6 anyone who has eaten in a Japanese restaurant knows what　問7 エ　問8 ウ　問9 エ，カ

○推定配点○

Ⅰ・Ⅱ　各2点×11　Ⅲ～Ⅵ　各3点×26(Ⅲ各完答)　計100点

＜英語解説＞

Ⅰ　(語句補充・選択：接続詞，時制，分詞，口語表現)

1 「先生は私たちにニュートンに関する情報を集めるよう言ったが，ほとんどの人がやらなかった」 few は「(人・物が)ほとんど～ない」を表す。否定語なので文全体を否定文として訳す。

2 「彼女から電話をもらったらすぐに，私たちは駅に彼女を迎えに行くために家を出る」 as soon as は「～したらすぐに」を表す接続語。続く動詞は未来のことであっても現在形になる。

3 「ここでは食べないほうがいい，さもないとあなたは処罰されます」 or は「さもないと…」を

表す接続詞。punish「～を罰する」

4 「オリンピックは4年ごとに開催される」 every ～「～ごとに」

5 「テッドは英国の民話で語られる勇敢な戦士の伝説に興味を持った」 受け身を表す過去分詞句 told in British tales「英国の民話で語られる」が soldier を後ろから修飾する。

6 「会議の後にコーヒーを飲みませんか」「そうしたいのはやまやまですが，別の会議がありまして」 I'd love to, but ～「そうしたいのですが～」は相手からの提案・誘いを丁寧に断るときの言い方。

基本 Ⅱ （語彙：単語）

1 「あなたは外国に行ったことがありますか」「外国にいること，または行くこと」

2 「彼は最近フロリダで果物の商売を始めた」「ものを作ったり売買したりして，お金を稼ぐ活動」 business「ビジネス，商売」

3 「私はこの車をほぼ10年間運転している」「車に乗って動かすこと」 継続を表す現在完了の文。drive「～を運転する」の過去分詞 driven を入れる。

4 「彼らのダンスの出来栄えはコンテストの平均より悪かった」「質が悪く，許容できるレベルを下回る」 後ろに than「～よりも」があるので，bad「悪い」の比較級 worse を入れる。

5 「私は彼らを兄弟だと思ったが，実際はいとこだった」「あなたのおじやおばの子供」

重要 Ⅲ （語句整序：比較，関係代名詞，熟語，不定詞，間接疑問，受動態）

1 (Our teacher looked surprised) to see how tired Nancy was. to see は「～して」と感情の原因・理由を表す不定詞。「いかにナンシーが疲れているのか」は「ナンシーがどのくらい疲れているか」とし，間接疑問〈疑問詞＋主語＋動詞〉で表す。

2 (Last week my father) sent me twice as many books as (he did last year.) 〈send ＋人＋物〉「(人)に(物)を送る」 twice as … as ～「～の2倍の…」

3 (What) kind of fruits should be kept cold (in the refrigerator?) 英文の直訳は「どんな種類の果物が冷蔵庫で冷やされておくべきですか」となる。should 以下は〈keep ＋目的語＋形容詞〉「～を…にしておく」を受動態にしたもの。

4 (I was) not brave enough to ask Lucy to (go on a picnic together.) 「誘う勇気がなかった」は「誘えるほど勇敢ではなかった」とし，〈形容詞＋ enough to ＋動詞の原形〉「～できるほど…」の構文を使って否定文にする。〈ask ＋人＋ to ＋動詞の原形〉「(人)に～してほしいと頼む，誘う」

5 (This street will take) you to the shop I spoke of at (the party.) 「この道を行くと～に着く」は「この道があなたを～へ連れて行く」と表す。〈take ＋人＋ to ～〉「(人)を～へ連れて行く」 I の前には目的格の関係代名詞が省略されており，I spoke of at the party「パーティーで私が話した」が shop を後ろから修飾する。speak of ～「～について話題にする」

6 (One third) of all the food produced in the world is wasted. 受け身を表す形容詞的用法の過去分詞句 produced in the world「世界で生産される」が food を後ろから修飾する。One third of all the food produced in the world が文全体の主語で，文の動詞は受動態の is wasted「破棄されている」。

Ⅳ （長文読解問題・紹介文：文補充・選択）

（全訳） 1月の暖かい日に，ティム・サンダースのトラックがアラバマ州グリーンビル近くの幹線道路上で故障した。彼は車に乗せてもらって帰ったが，トラックを町までけん引するお金が十分になかった。彼と友人がトラックを引き取りに戻ったが，彼らはトラックを見つけることができなかった。数か月後，彼らはもう1度探した。彼らは車で行ったり来たりした。そして道路脇にある，つたでできた大きな丘の近くで車を止めた。ティムが斧を取り出し，つたを切り始めた。彼のトラックが出てきた。わずか6か月間で葛が完全に覆いかぶさっていたのだ。

葛は日本や中国が原産の植物だ。大きな緑色の葉と小さな紫色の花をつける，つる性の植物である。1つの葛の根は200ポンド(91kg)になることもあり，地下10－12フィート(3－3.6m)の深さに至る。

1876年，日本政府は植物展の一部として葛をアメリカに持ち込んだ。(1)アメリカの庭師たちはそれを美しいと思い，あらゆる場所に植え始めた。彼らの中には，動物がそれを好んで食べることに気づき，農家の人たちにヤギ，牛，馬のエサとして葛を植えるように言った人もいた。1930年代，アメリカ政府は土壌を守るため，人々にお金を払って葛を植えさせた。(2)政府の科学者たちは，葛がアメリカ南東部の暖かい気候で急速に成長することを知らなかった。

夏，葛は1日で1フィート成長し，ひと夏で60フィートも成長しうる。今や葛は南部の土地の700万エーカーを覆っている。それは，家，車，電柱など，動いていない物なら何でも覆ってしまう。地面全体を覆うので，他のものが成長できない。(3)木が生きるのに必要な光を葛が遮ってしまうので，いくつかの森が死にかけている。葛で覆われた森では鳥も動物も生きられない。

今，政府は葛を根絶しようとしている。(4)毒物を使った科学者たちもいたが，葛は枯れなかった。さらに速く成長しただけだった。ある科学者は，葛を食べる芋虫を南部で発見した。彼らはまた，中国から昆虫を連れてくることを考えている。これらの昆虫は葛を好んで食べるが，他の植物も食べるかもしれない。(5)これは新しい問題を引き起こすかもしれない。

今のところ，葛は定着してしまっている。もし南部を訪れるなら，車を道路脇に置き去りにしてはいけない。もしそうしたら，車を見つけるために斧が必要になるかもしれない！

問　全訳下線部参照。

Ⅴ　**(長文読解問題・紹介文：内容吟味，要旨把握)**

(全訳)　国が宇宙飛行士を宇宙へ送るのは金の無駄遣いだと考える人々がいる。彼らは，お金は地球上の暮らしの質を良くするために使われるべきだと言う。彼らがおそらく知らないのは，地球の暮らしは宇宙飛行計画によって向上してきた，ということだ。最初，宇宙空間での使用のために開発された技術，素材，装置，繊維が，今は私たちの毎日の生活の一部になっている。これらのものは「派生品」と呼ばれる。

例えば，宇宙技術の派生品の1つは，店での買い物を素早くした。今日，パッケージに使われているバーコードはNASAの宇宙計画から生まれた。今や値段がレーザーで即座に読み取られるので，私たちは皆，恩恵を受けている。かつて値段は1つ1つレジに入力しなくてはならなかった。世界中の全ての店や，毎日毎時間，列に並ぶ全ての人々を考えると，そのシンプルな技術がどれほど多くの時間を節約したかがわかるだろう。

NASAは，私たちが毎日身のまわりで見かける様々な素材を開発してきた。現代のテニスラケットで使われる軽量の金属はその一例だ。また，NASAは「記憶」を持つ金属も開発した。これらの金属は曲げられると元の形に戻る。私たちは眼鏡のフレームにそれを使い，フレームが柔軟かつ壊れないようにしている。ガラスもまた別のNASAの開発品だ。傷のつきにくいレンズだ。最後に，もともと月面ブーツのために開発された衝撃吸収素材は，今やあらゆる種類のスポーツシューズに使われている。

家庭によくある，別の宇宙派生品は煙探知機だ。煙感知器は1970年代初頭の宇宙船スカイラブでもともと使われた技術から生まれている。今，何百万もの家にこれらの装置が設置されている。それらは煙が生じるとアラーム音を出す，安くて小さいセンサーだ。煙探知機が出した早期の警告のおかげで，数えきれないほどの命が救われてきた。

また，宇宙時代の繊維も身の回りにある。今，家には，最初に宇宙での使用のために開発された薄い断熱材が使われている。この断熱材は昔からある断熱材よりも効果が高く，設置も容易である。私たちは湯沸かし器をこの種類の断熱材で包み，より効率的にしている。宇宙計画のために考案された超軽量の繊維は，今，ミシガン州デトロイトのシルバードーム・スポーツアリーナの屋根や，サウジアラビアのジッダにある空港の屋根に使われている。さらに重要なことに，宇宙繊維は煙探知機のように命を救うのに役立つ。NASAによって作られた繊維であるベータ・ガラスは，消防士が着用する耐火服に使われている。

これらは，地球上の私たちの暮らしに恩恵を与える，3万の宇宙技術革新のうちのいくつかだ。宇宙探検に反対する人は常にいるだろうが，もし彼らがそれは金の無駄だと言ったら，彼らの生活様式は宇宙からの製品のおかげで可能なのだと，彼らに思い出させよう。

1 「宇宙探検に反対する人々は，派生品が自分たちの暮らしを良くしたことに気が付いていないかもしれない」 第1段落第3文および最終段落最終文参照。

2 「NASAからの派生品は私たちの家の中や体の上にある」 on our bodies「私たちの体の上に」とはNASAの技術を使った眼鏡やスポーツシューズを身に着けていることを表している。

3 「煙感知器には，もともと私たちの日常生活のために開発されたのではないセンサーが付いている」 第4段落第2文参照。煙探知機は，もとは宇宙船のために作られ，のちに日常生活に使われるようになった。

4 「シルバードームの屋根に使われている素材は超軽量の繊維だ」 第5段落第5文参照。

やや難 5 「この文章に最適な題は『宇宙飛行計画から何が得られるか』だ」 宇宙飛行計画は金の無駄と考える人もいるが，宇宙飛行計画のために開発された技術によって私たちの暮らしが良くなっている，というのが本文の主旨。よって，宇宙飛行計画は私たちにとって様々な恩恵があるということを示唆するアが適切。

Ⅵ （長文読解問題・歴史：文整序，語句補充・選択，内容吟味，語句整序，関係代名詞，間接疑問，内容一致）

（全訳） 人々は最初，食べるのに手を使っていた。そして指とナイフを両方使うようになった。5000年ほど前，世界の残りの人々が指とナイフを使っている時に，中国人は箸を使い始めた。現在，多くの人がナイフ，スプーン，フォークを組み合わせて食べるが，箸は数世紀前と同様に重要かつ一般的である。

中国人がいつ箸を使いだしたかは正確にはわからない。ある中国の言い伝えによると，箸の使用は2人の貧しい農夫が村を追い出された時に始まった。農夫たちは村から村へ移動したが，どこでも歓迎されなかった。[A]その2人の男は疲れてお腹が空いたので，小さな村の物置から肉を一かたまり盗んだ。[B]そして彼らはその村から森へ逃げ込み，そこで彼らの肉を調理するためにすぐに火を起こした。[C]その肉が焼けるにおいがとてもよかったので，2人の男はもはや待てなかった。森の地面にある棒を使い，彼らは火から肉を取って，口に入れた。そうして，箸の人気が始まった。他の人々も同じようにし，わずかな期間のうちに中国中の人々が箸を使って食べていた。

中国人が箸を使いだした理由について，別の考えもある。哲学者である孔子が中国人の物事の考え方について，食べ方も含めて影響を与えた，と考える人々もいる。菜食主義者である孔子は，ナイフは①殺すために使われるものなので，食卓で持つべきではない，と言った。また別の考えは，中国には十分な燃料がなかったということだ。食べ物を調理するために使える燃料はわずかな量だった。しかし中国人は解決策を見つけた！ 彼らはできるだけ早く調理できて少しの燃料しか使わないよう，調理する前に食べ物を小さく切ったのだ。小さく切られた食べ物は箸によく合った。箸が先か，中国のユニークな調理法が先かは定かではない。しかし箸が中国の料理の発展に大きな影響を与えたことは確かである。

箸は中国からベトナムに広がり，最終的には500年までに日本に広まった。3000年の間に，様々な文化の中で，箸のいくつかの変化形が発達した。中国の箸は長さ9－10インチで先端が丸いか角ばっている。ベトナム人は中国の箸を変えなかった。日本人は箸を丸くしてとがらせた。それらは長さも短く，女性用は7インチ，男性用は8インチだ。

箸を作るのにあらゆる種類の素材が使われる。箸の大多数が竹から作られる。竹は安く，熱に強く，味もにおいもない。お金持ちの人々は金，ひすい，象牙，銀でできた箸を持っている。これらの素材のいくつかに対し，強い感情を持つ人もいた。②実は，かつて人々は③銀の箸は毒に触れると黒くなると信じていた。毒を盛られることを恐れていた皇帝は，自分の召使たちに命じ，自分が食べる前に1つ1つの料理を銀の箸で調べさせた。皇帝自身は食べるのに銀の箸を使おうとしなかった。彼は口の中に金属が入るのを気持ち悪いと思った。今日，私たちは銀が毒に反応しないことを知っているが，傷んだ卵，玉ねぎ，にんにくが使われると，その化学物質が銀の箸の色を変えるかもしれない。

日本人は箸をあらゆる種類の木から作った。彼らは約400年前に，つやつやした塗料である漆を箸に塗り始めた。現代の日本の漆塗りの箸は模様があり，見た目が美しい。それらは美しいだけでなく長持ちするので，特別な贈り物として渡される。漆の層が長持ちさせるのだ。日本の輪島塗の地域は，75から120もの漆の層がある箸を作ることで有名だ。これらの箸は金属より硬く，一膳の価格が125ドルにもなることがある。

1878年，日本人は初めて使い捨ての木の箸を作った。使い捨ての箸は，島本忠雄という日本人教師が昼食を弁当にして学校へ持って行ったが，箸を忘れてしまった時に始まった。運が良いことに，彼の学校は木で有名な日本の地域にあった。彼は自分の問題を地元の男性たちに話した。その男性は彼に木を渡し，それを使って忠雄は箸を作った。④日本食レストランで食事したことがある人は誰でも，これらがどのような見た目か知っている。人々は彼の箸をとても気に入り，すぐにその地域は割り箸と呼ばれる使い捨ての箸を大量生産し始めた。忠雄が割り箸でお金もうけをしたかどうかはわからないが，彼の名前は確実に記憶されている。毎年，使い捨て箸の製造元の代表者が忠雄の故郷へ行き，割り箸の父に対する⑤敬意を示すために式典を行う。

使い捨ての箸の約半分が日本で生産され，残りは中国，インドネシア，韓国，フィリピン産である。日本は1年でおよそ240億の使い捨ての箸を使い，それは大量の木である。1万以上の家を建てるのに十分な量だ。日本は今，⑥環境的な理由で，それらを排除しようとしている。今日，使い捨ての箸を使う代わりに，自分の箸をレストランに持参する日本人の数が増えている。しかし人々がどんな種類の箸を使おうとも，箸は生活に浸透している。

重要 問1　全訳下線部参照。

問2　ナイフは動物を殺すことにつながる。

問3　in fact「実は，実際のところ」

問4　下線部③を含む文とその直後の文より，イが本文の内容に合う。

問5　アが第6段落第4文の内容に一致する。

やや難 問6　who は主格の関係代名詞。who has eaten in a Japanese restaurant「日本食レストランで食事したことがある」が anyone を後ろから修飾し，anyone who has eaten in a Japanese restaurant「日本食レストランで食事したことがある人は誰でも」が文全体の主語となる。文の動詞は knows「知っている」で，その後ろに間接疑問 what these look like「これらがどんなふうに見えるか」を置く。

問7　respect「尊敬，敬意」

問8　割り箸の使用は大量の木材を消費することになるので，「環境的な理由」で割り箸を排除しようとしている，ということ。environmental「環境的な」

重要 問9　ア「日本の箸は中国の箸と全く同じだ」(×)　イ「使い捨ての箸は菜食主義者の孔子によって最初に作られた」(×)　ウ「2人の貧しい農夫が箸の文化を広めるために多くの村へ行った」(×)　エ「日本では，男女は異なる長さの箸を使う」(○)　オ「孔子は中国人に，食べ物を切るために箸を使うように言った」(×)　カ「自分の箸をレストランに持って行くことは，日本で一般的になりつつある」(○)　キ「島本忠雄は初めて使い捨ての箸を販売用として作った」(×)

★ワンポイントアドバイス★

Vの長文は，日常生活における宇宙開発技術の恩恵について述べた文章で，長文読解問題3題中，最も難度が高い。

＜国語解答＞ 《学校からの正答の発表はありません。》

一　問一　イ　　問二　固有種　　問三　(例)　アブラヤシ農園を開発するために，大量の肥料を使っている。(28字)　　問四　d　　問五　健康にいい(5字)値段が安い(点。)
問六　A　ア　　B　ウ　　問七　(例)　(環境破壊の問題)　生物多様性が損なわれている。(14字)　(社会的な問題)　児童労働が見過ごされている。(14字)　　問八　理由
問九　エ　　問十　「植物油」「植物油脂」　　問十一　(例)　認証油を使った製品(9字)
問十二　ア　　問十三　(例)　(マレーシア政府が)アブラヤシの栽培を奨励し，パーム油の生産と輸出を行った。(28字)　　問十四　ボルネオゾウのレスキューセンター
問十五　(例)　熱帯雨林の伐採により，野生生物が生存の危機に直面していること。(31字)
問十六　日本は　　問十七　人間の暮らしをよりよくする(13字)(こと。)
問十八　野次馬　　問十九　緑の砂漠[「緑の砂漠」]　　問二十　エ

二　①　イ　　②　ウ　　③　エ　　④　ア　　⑤　イ

三　①　蛇足　　②　登竜[龍]門　　③　大器晩成　　④　助長　　⑤　五里霧中

四　①　矯正　　②　閑散　　③　憂慮　　④　網羅　　⑤　触媒　　⑥　煩雑　　⑦　沸騰
⑧　じゅんしゅ　　⑨　ちゅうぞう　　⑩　そぞう

○推定配点○

一　問四・問六・問八・問十六　各1点×5　　問二・問五・問十八　各2点×4
問三・問七・問十三・問十五　各5点×4　　他　各3点×9　　二～四　各2点×20　　計100点

＜国語解説＞

一　**(論説文―主題，大意・要旨，内容吟味，文脈把握，指示語，接続語，脱語補充，語句の意味，文と文節，品詞・用法)**

問一　①は「漆黒の闇の中」で「大きな枝を踏み折るような，耳慣れない音」が聞こえ，「生暖かい風が，獣の匂いを運んで」きた状況なので，「緊張」が当てはまる。③は「期待通りにゾウの群れに出会うことができた」という気持ちなので，「興奮」が当てはまる。

問二　「世界で三番目……」で始まる段落で，傍線部②の「この島」＝ボルネオ島は，昆虫や両生類などにも「固有種(特定の地域にしか生息・生育・繁殖しない動植物の種)」が多いのが特徴で

あることを述べている。

重要 問三 「しかし，そこを……」で始まる段落で，アブラヤシ栽培のために熱帯雨林を伐採していること，さらに「熱帯雨林が失われた……」で始まる段落で，熱帯雨林が失われ，一度開発されると，大量の肥料の影響で，熱帯雨林の再生はきわめて難しいことを述べている。これらの内容から，アブラヤシ農園を開発するという目的とともに，「熱帯雨林の減少」の原因となる「人間」の行為を説明していく。

問四 Xとdは，断定の助動詞の連用形。a，bは格助詞，cは接続助詞。

問五 傍線部⑤直後の2段落で，先進国では肥満に悩む人たちを中心に，「健康にいい」植物油が注目されるようになり，中でも「値段が安い」パーム油が人気を集めた，ということを述べている。

問六 Aは，直前の内容とは相反する内容が続いているので，アが当てはまる。Bは，直前の内容に付け加えた内容が続いているので，ウが当てはまる。

重要 問七 傍線部⑥直後の段落で，「環境破壊の問題」として，生物多様性が損なわれたこと，「社会的な問題」として，世界的に問題視されている児童労働が見過ごされていること，を述べている。

基本 問八 「ゆえん(所以)」は，理由，わけ，という意味。「熟語」で答えることに注意。

基本 問九 ⑧のある文は，パーム油を使った商品を買わないようにするのは，現実に即していないという意味で，エが当てはまる。

問十 「『パーム油？……』」で始まる段落で，お菓子などの商品の裏側に印刷されている「原材料」の欄に，「植物油」「植物油脂」と書いてあるものの多くは，パーム油であることを述べている。

重要 問十一 傍線部⑩は，RSPOの認証を受け，そこで採れたパーム油を使った製品と，そうでない商品を比較して，前者を指しているが，このままだと長いので，RSPOのルールを守って作られたパーム油は「認証油」と呼ばれる，と述べていることを用いて，指定字数以内にまとめる。

やや難 問十二 「適切でないもの」を選ぶことに注意。傍線部⑪は，これより前で述べているように，RSPOの認証を受けたパーム油の製品を選ぶことで⑪を防げるかもしれない，ということなので，パーム油の生産に関係しているイ，ウ，エは適切。パーム油の生産に直接関わる説明ではないアは適切でない。

やや難 問十三 「しかし，そこを……」から続く3段落で，アブラヤシから採れるパーム油が「もうかる」と目をつけたマレーシア政府は，アブラヤシの栽培を奨励するようになったこと，世界の人口増加とともに油の消費量が増え，先進国では「健康にいい」植物油が注目されるようになり，パーム油の生産量の八割以上がインドネシアとマレーシアであること，を述べている。また，さらに後で，インドや日本もパーム油を輸入していることを述べていることを踏まえて，マレーシア政府が行ったことを具体的に説明していく。

問十四 傍線部⑬のある言葉は，サバ州のアンブ野生生物局長のもので，「必ずボルネオゾウに会える」⑬は，サバ州に完成した「ボルネオゾウのレスキューセンター」のことである。

やや難 問十五 傍線部⑭の「彼らのふるさと」とは，野生生物のすみかである熱帯雨林のことで，「しかし，そこを……」で始まる段落で，ボルネオゾウやオランウータンといった野生生物が，熱帯雨林の伐採により，生存の危機に直面していることを述べている。この部分を中心に，指定字数以内にまとめる。

問十六 傍線部⑮の文では，直前の文からの流れで，主語の「日本は」が省略されている。

問十七 傍線部⑯で自然を壊していく，と同じような文脈で，最後の段落で「人間の暮らしをよりよくする」ための行動が，地球に負荷を与えたり，動物を犠牲にしたりすることを述べている。

問十八 「以来，坂東園長は……」で始まる段落で，筆者が「野次馬」として坂東園長に同行したことを述べている。「野次馬」は，自分とは無関係のことに興味本位で見物すること，という意味。

重要　問十九　「期待通りに……」で始まる段落で，一面の緑が広がるボルネオ島を，野生生物が生きてはいけない「緑の砂漠」と述べている。

重要　問二十　最後の段落で，グローバル化していく世界では，人間の暮らしをよりよくするための行動が，地球に負荷を与えたり，動物を犠牲にしたり，悲しむ人間を増やしている，というようなことがさらに増えていくことが予想され，簡単には答えは出ないが，まずは知ることからしか始まらず，「無関心は最大の敵」である，と述べているので，エが適切。寄付の一例として支援自動販売機を挙げているが，「もっと活用して」「役立てるべきだ」とは述べていない。地球の環境の問題について「簡単には答えは出ません」と述べているので，イも不適切。ウも述べていないので，不適切。

二　(語句の意味，慣用句)

重要　①　イは，卒業前で，まだ就職しないない学生に対して早い時期から内定を出すことなので，「就職が決まった学生」とするのは間違い。アは全く縁のない人，ウは多くの中から選び出すこと，エは陰で指図をしたり，はかりごとをめぐらしたりする人のこと。

やや難　②　ウの「折り紙が付く」は，人物や品質など保証するに足りる価値がある，という意味なので，間違い。アは人々が次々と来ること，イは敬意を表されていること，エは順番が回ってくること。

③　エは，頭や顔を強く打ったときなど目の前に光が飛び交うような感じのことなので間違い。恥ずかしくて顔が真っ赤になる「顔から火が出る」などと使うのが正しい。アは予算より出費が多くなること，イは人の振る舞いなどがうっとうしく感じられること，ウは極端に倹約すること。

④　アは，交渉がないことなので間違い。イは本来持っている姿，ウは意志が強く，権力にも屈しない男のこと，エは規則などに従わず，勝手気ままにふるまうこと。

基本　⑤　イは，他人の意見や行動に軽々しく同調することなので間違い。アは非常に待ち遠しいこと，ウは自分の利益になるように考えたり，したりすること，エは法令や命令などがひんぱんに変わって定まらないこと。

三　(故事成語)

やや難　①は，余計なもの，不要のもの，という意味の「蛇足」。蛇の絵を早く描く競争で，一番早く描き上げた者が，余裕を見せようとして，蛇にはない足を描き加えてしまった故事から。

②は，出世の糸口となる関門のたとえの「登竜[龍]門」。中国の黄河上流にある「竜(龍)門」と呼ばれる難所を鯉(こい)が登ることができれば，竜(龍)になるという伝説から。

重要　③は，偉大な人物は並の人よりも遅く大成するという意味の「大器晩成」。大きな器は容易にはつくることができない，ということから。

④は，成長，発展させようと力を添えること，という意味の「助長」。昔，宋の人が苗の生長を早めようとして，苗を手で引っ張ったため，すっかり枯らしてしまったという故事から，余計な手助けをして悪い結果を招く，というのがもとの意味だが，④のように単に物事を助ける，という意味でも用いる。

基本　⑤は，判断がつかず，方針や手段が立たないことを表す「五里霧中」。中国後漢の張楷(ちょうかい)が，五里四方に霧を発生させる術を使い，その霧の中では誰もが方角がわからなくなった，という故事から。

重要　四　(漢字の読み書き)

①は正常な状態に直すこと。②はひっそりと静まりかえっていること。③は心配すること。④は残らず取り入れること。⑤は他の物質の化学反応を促進または抑制する物質。⑥は込み入ってわずらわしいこと。⑦は煮えたつこと。「沸湯(ふっとう)」は，すでにわいた湯のこと。⑧は法律などを

守り，従うこと。⑨は金属を溶かし，鋳型(いがた)に流し込んで物をつくること。⑩はねんどなどで制作した像。

★ワンポイントアドバイス★

論説文で筆者の主張や考えは，最後の段落でまとめられている場合が多い。どのようにまとめているか，特に注意して読み取ろう。

MEMO

大切なことはメモしておこうネ！

2019年度

★★★★★★★★★★★★★★★★★★★★★★★

入　試　問　題

2019年度

明治大学付属中野高等学校入試問題

【数　学】（50分）〈満点：100点〉

1.　次の問いに答えなさい。

(1)　$\dfrac{(x-y)^2}{2}-\dfrac{x^2-y^2}{3}+(x-y)y$ を計算しなさい。

(2)　$\dfrac{3}{\sqrt{2}}+3\sqrt{72}-\dfrac{6}{\sqrt{8}}+3\sqrt{18}-4\sqrt{50}$ を計算しなさい。

(3)　$(x^2+6x)(x^2+6x+4)-32$ を因数分解しなさい。

(4)　x についての2次方程式 $x^2-(2k+1)x+4=0$ の1つの解が $x=k$ のとき，k の値を求めなさい。

2.　次の問いに答えなさい。

(1)　連立方程式 $\begin{cases} ax+2y=-b \\ 2ay=-8x+b \end{cases}$ の解は，$x=1$，$y=3$ です。このとき，a，b の値を求めなさい。

(2)　$2\sqrt{5}$ の小数部分を a とするとき，a^2+8a の値を求めなさい。

(3)　$\boxed{1}$，$\boxed{1}$，$\boxed{2}$，$\boxed{2}$，$\boxed{3}$，$\boxed{3}$ の6枚のカードをよくきって，同時に2枚のカードを取りだすとき，書かれている数の和が5になる確率を求めなさい。

(4)　ある美術館の入場料は小学生250円，中学生400円，高校生600円です。ある日の小学生，中学生，高校生の入場者の合計は114人で，入場料の合計は42300円でした。小学生の人数は高校生の人数の $\dfrac{9}{4}$ 倍のとき，小学生，中学生，高校生それぞれの人数を求めなさい。

3.　右の図のように，放物線 $y=3x^2$ と直線 ℓ が2点A，Bで交わっていてA，Bの x 座標はそれぞれ -1，3です。このとき，次の問いに答えなさい。

(1)　放物線上でOB間に，△ABC＝△AOBとなるように点Cをとります。Cの座標を求めなさい。

(2)　放物線上に点Pを△AOBの面積と△APBの面積の比が3：5になるようにとります。このような点Pは2つあり，x 座標が正の方を点P′，負の方を点P″とします。このとき四角形ABP′P″の面積を求めなさい。

【この問題は途中式や考え方を書きなさい。】

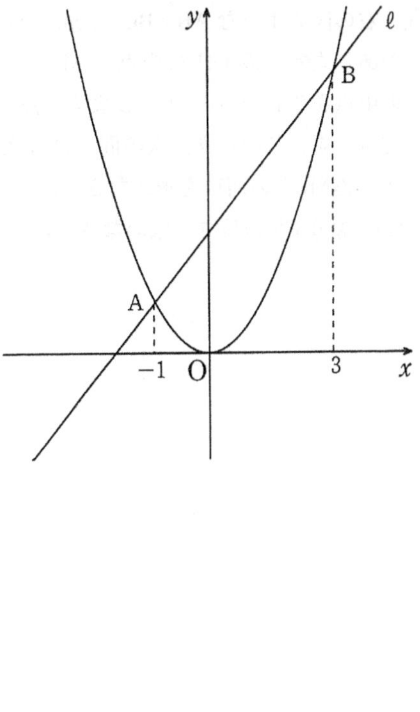

4. 下の図のような直角三角形 ABC があります。このとき，次の問いに答えなさい。

(1) 図 1 のように，円 O_1 は△ABC の 3 辺と接しているとき，円の半径を求めなさい。

(2) 図 2 のように，半径が等しい円 O_2，O_3 が接していて，それぞれの円は△ABC の 2 辺と接しています。この円の半径を求めなさい。

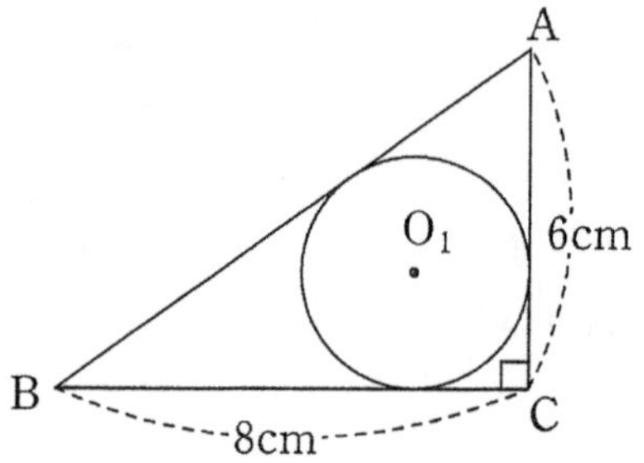

図 1

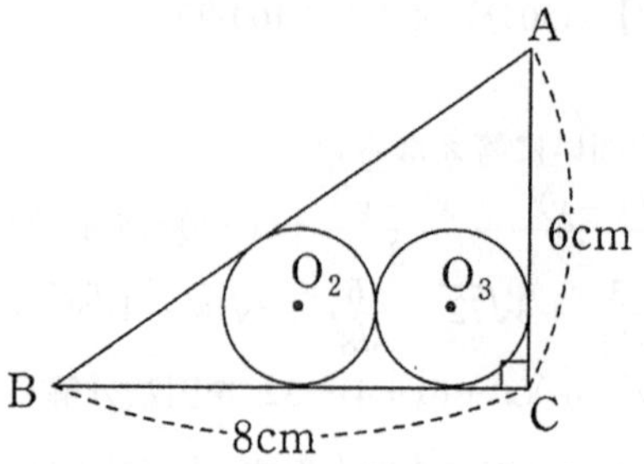

図 2

5. 右の図のように，円 O の周上に四角形 ABCD の 4 つの頂点があります。対角線 AC は∠BAD の二等分線，∠BAD＝90°，AB＝5cm，AD＝12cm です。また，BG，DH は対角線 AC とそれぞれ点 E，F で垂直に交わっています。このとき次の問いに答えなさい。

(1) 四角形 ABCD の面積を求めなさい。

(2) AE：EF：FC を最も簡単な整数の比で表しなさい。

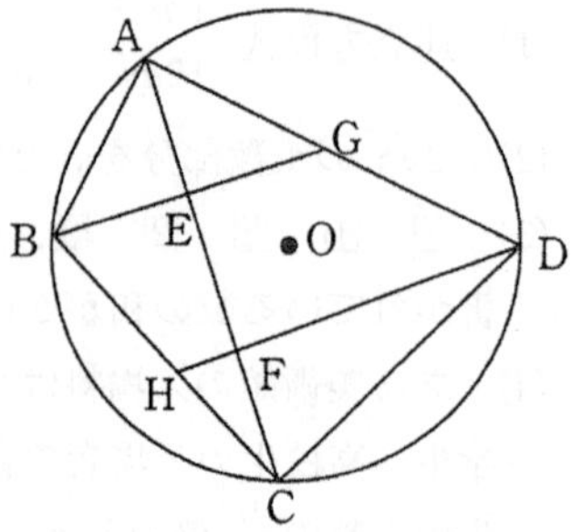

6. 右の図のような AB＝BC＝3cm，AE＝6cm の直方体があります。辺 DH の中点を M とし，線分 ME，EG の中点をそれぞれ I，J とします。点 P は GI と MJ の交点です。このとき，次の問いに答えなさい。

(1) △MEG の面積を求めなさい。

(2) 線分 CP の長さを求めなさい。

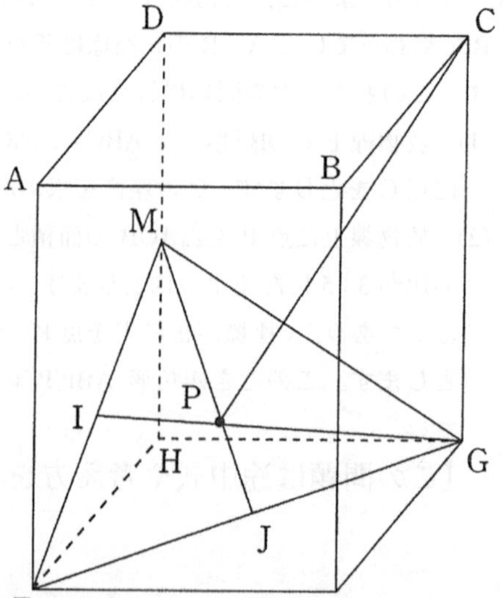

【英　語】（50分）〈満点：100点〉

Ⅰ．次の英文の（　　）に最も適するものを選び，記号で答えなさい。

1. In many cultures, couples exchange rings, usually (　　　) of gold or silver, during the marriage ceremony.
　ア．make　　イ．made　　ウ．have made　　エ．making
2. Something must be (　　　) with this engine. It doesn't work!
　ア．wrong　　イ．bad　　ウ．strange　　エ．curious
3. I spent the evening (　　　) swimming matches on TV with my family.
　ア．watch　　イ．watched　　ウ．to watch　　エ．watching
4. The traffic was (　　　) than usual and I arrived here early this morning.
　ア．lighter　　イ．weaker　　ウ．busier　　エ．heavier
5. A：Do you think it will rain tomorrow?
　B：I hope (　　　).
　ア．no　　イ．not　　ウ．never　　エ．none
6. A：I have been to Paris several times.
　B：(　　　) I.
　ア．Either have　　イ．Neither have　　ウ．So have　　エ．Both have

Ⅱ．（　　）に指定された文字で始まる語を入れ，英文を完成させなさい。その際に［　　］内の定義を参考にすること。

1. Do you want dressing for this (s　　　)?
　[a dish of uncooked and mixed vegetables]
2. He is one of the greatest (a　　　) in Japan.
　[someone whose job is to perform in plays and films]
3. I actually asked her why her (t　　　) were as white as snow.
　[hard things in our mouth for biting and chewing]
4. You should be more (c　　　) when you walk alone at night.
　[giving a lot of attention to safety]
5. He (s　　　) in business when he was young.
　[to do well in school, in your career, or in some other activity]

Ⅲ．次の日本語の内容になるよう［　　］内の語句を並べかえ，英文を完成させなさい。解答は(A) (B) (C)に入るものを書きなさい。

1. この学校に来たことは，今までした中で最高の決断でした。
　It was (　　　)(A)(　　　)(B)(　　　)(　　　)(C) to come to this school.
　[made / that / ever / decision / I / the best / have]
2. このスーツケースを運ぶのを手伝ってくれませんか。
　Would you (　　　)(　　　)(A)(　　　)(B)(　　　)(C)?
　[hand / a / me / suitcase / this / with / give]

3. そのお祭りについて私たちに知ってほしいことは何かありますか。

Is there (　A　)(　　　)(　　　)(　B　)(　　　)(　C　)(　　　) about the festival?

[us / know / you / like / to / anything / would]

4. 美術の勉強をするために，どの国に彼女は行くと思いますか。

(　　　)(　A　)(　　　)(　　　)(　B　)(　　　)(　C　)(　　　) to study art?

[she / you / which / do / visit / will / think / country]

5. 両親とも車の運転の仕方を知らない。

(　A　)(　　　)(　　　)(　B　)(　　　)(　C　)(　　　) drive.

[how / knows / parents / of / neither / my / to]

6. 世界の飢餓を終わらせるためには，いったいどれくらいの食料が必要なのだろう。

I wonder (　　　)(　A　)(　　　)(　B　)(　　　)(　C　)(　　　) world hunger.

[needed / much / end / how / is / to / food]

Ⅳ. 次の英文を読んで，あとの問いに答えなさい。

The pyramids were built on the west bank of the Nile River. The Egyptians chose the west bank as the "land of the dead" because that was where the dying sun disappeared each evening.

The building of the pyramids was generally started during the dry season of May and June. (　　　1　　　) The crops of the year before had been harvested. The ground was now dry under a baking sun. The farmers had no work to do in the fields.

The farmers became pyramid builders. They were paid for their labor in food and clothing. The workers were provided with tools. (　　　2　　　) Many of the farmers probably worked on the pyramids of their own free will rather than as forced labor. The work was a way of adding to their livelihood.

Once the Nile flood began, boats were able to bring stones down the river from the distant quarries. The stones could be unloaded close to the building sites at the desert's edge. But most of the stone used in the pyramids came from the surrounding desert itself. On land, the stones were transported on sleds with wide wooden runners. (　　　3　　　) They would have sunk at once into the sand.

Every step of the work was done with human labor. (　　　4　　　) Tools of copper were used. The Egyptians had no iron. The stones were lifted and pulled onto the sleds with the help of wooden wedges. Strong wooden bars were used as levers. The sleds themselves were not pulled by animals but by teams of men. The oxen and donkeys that the Egyptians used for fieldwork could not have been fed and watered in the desert.

As the pyramid grew taller, the blocks of stone were pulled uphill on ramps of rocks, sand, and mud. Logs, laid on the ramps, were embedded in the mud every few feet. (　　　5　　　) Any interior rooms or passages had to be finished before the upper part of the pyramid was completed.

Altogether about eighty pyramids were built as burying places for the kings of Egypt.

注）harvest 収穫する　labor 労働　will 意思　flood 洪水　quarry 採石場　sled そり
copper 銅　wedge くさび　ramp 坂　embed 埋め込む

問 (1)～(5)に適するものをそれぞれ選び，記号で答えなさい。

ア．They worked as stoppers to keep the heavy loads from slipping backward.

イ．Wheels would probably have been useless.

ウ．The huge blocks of stone were cut and shaped by hand.

エ．That was when the Nile River was at its lowest level.

オ．There were no coins or other types of money used in Egypt at that time.

Ⅴ．次の英文を読んで，あとの問いに記号で答えなさい。

It was a perfect summer morning on the beach in Rio de Janeiro. A man set up his umbrella and chair near the water. There was hardly anyone else around, and he was looking forward to reading his book. Just then, when he looked toward the sea, he noticed a small shape that emerged from the water. It slowly made its way out onto the sand and began to flap its wings. It seemed very weak and tired.

When the creature was just a few feet away, the man couldn't believe his eyes. A penguin? On a beach in Rio? Penguins don't belong in Rio. The man was amazed. He looked around to see if there was anyone else to witness this strange sight.

A jogger soon appeared, followed by another. They stopped and stared. It was clear that the penguin was having trouble breathing. The first jogger looked at the sea and said, "Poor fellow, so far away from home."

The penguin fell to its side. It had swum 2,000 miles, trying to find the tiny anchovies that penguins like to eat. Why did the penguin need to travel so far? Perhaps it was confused by shifting ocean currents and temperatures — common effects of global warming. The penguin needed help. It would not survive on the hot sand.

One of the joggers phoned for help, and soon some firemen arrived. The man was relieved that the penguin would soon be safe, although he felt a little sad, too. That weak, helpless creature suddenly made him understand the impact of humans on the planet.

This event on the beach at Rio happened some time ago. It was only the beginning of penguin migration to Brazil. Since that time, hundreds of penguins have appeared on the coasts of Brazil. They come all the way from Patagonia and the Straits of Magellan, southern parts of South America. They land on the sands exhausted and starving. People often rush to help them, but they don't know what to do, and many of the penguins die. Some are shipped or flown back to colder waters farther south.

Perhaps the experience of the penguins will help us better understand the serious effect of human activity on climate change and on the condition of our planet.

1. Why did the man go to the beach?

ア．He wanted to swim.　　イ．He wanted to relax.

ウ．He wanted to take a walk.　　エ．He wanted to see a penguin.

2. Why were the people at the beach surprised?
   ア. The penguin looked weak and tired.
   イ. The penguin fell to its side.
   ウ. The penguin was having trouble breathing.
   エ. The penguin was far away from home.
3. Why did the penguin travel so far from its home?
   ア. It was looking for food.
   イ. It was interested in the joggers.
   ウ. It loved the warm water near the beach in Rio.
   エ. There were anchovies in the water near the beach in Rio.
4. Was this the only time a penguin appeared on the Brazilian coast?
   ア. Yes, people on the beach got surprised.
   イ. Yes, but whales and dolphins were often seen on the Brazilian coast.
   ウ. No, it was the first of many times that it happened.
   エ. No, Brazilian people had a long history of feeding penguins.
5. Why was the man a little sad?
   ア. He was never going to see the penguin again.
   イ. The penguin was so tired that it fell to its side.
   ウ. He wanted to have the penguin as one of his pets.
   エ. He was thinking about the bad effects of human activity on Earth.

Ⅵ. 次の英文を読んで，あとの問いに答えなさい。

A few hours after Joy Fisher's birth, her parents took pictures of her. Joy's mother put a pink headband around Joy's head, so that everyone who saw the pictures would know that the new baby was a girl. Even before she was born, Joy's parents knew that she was going to be female. When Joy's mother was six months pregnant, she got a ①sonogram. When the doctor said, "I'm sure you have a little lady in there," Joy's parents told all their relatives and friends that their baby was a girl. Gifts soon arrived, including pink dresses and dolls. Joy's parents decorated her room in pink and white.

A few years later, Joy's brother, Tommy, was born. His room was painted blue, and he received books and a football as gifts. Joy enjoyed helping her mother take care of the new baby. She also enjoyed playing with other girls at school. Now, Tommy has also entered school, where he plays with other boys. The games Joy and Tommy play are quite different. Joy loves, jumping rope with her two best friends. Tommy likes to play ball with a large group of boys. Sometimes when they play a game, he is the captain. He enjoys telling the other boys what to do. Joy, on the other hand, doesn't like it when new girls join her friends and try to change the way they jump rope. She thinks that some of these girls are too bossy.

Both Joy and Tommy are growing up in the culture of the United States. [A]

Their sex at birth, female and male, is now becoming a gender — a way of thinking, speaking, and behaving that is regarded as feminine or masculine. Each culture has its own way of defining gender, and very early in life gender becomes a basic part of a person's identity. According to Deborah Tannen, a professor at Georgetown University, gender differences are even reflected in the ways that men and women use language. Tannen and others who study communication believe that these differences begin early in life.

For example, in the United States and Canada, boys and girls usually play in same-sex groups. Boys might play in large groups in which every boy knows his place. Some are leaders ; others are followers. Boys compete with one another for leadership. Many boys like to get attention by boasting, or talking about how well they can do things. [B]

Girls, in contrast, usually play in smaller groups. Sometimes they play with only one or two "best friends." Most girls want other girls to like them, and this is more important to them than winning. [C] For example, when girls jump rope together, two girls hold the rope while others jump. Then the rope-holders take their turn jumping.

Tannen has found that these differences are reflected in the ways that children use (②) while they play. Boys often use commands when they talk to each other. For example, when Tommy is captain he might say, "You go first. Don't wait for me." As the leader of the other boys, he tells them exactly what to do. But when Joy wants to influence her friends, she uses different forms of language. (③) using commands, she will say, "Let's try it this way. Let's do this." This is how she tries to direct the other girls without sounding bossy. By using the form "let's," she also emphasizes the fact that the girls all belong to the same group.

As Joy and Tommy grow up, they will continue to speak differently. In junior high school, Joy's status will depend on her circle of friends. If her friends are popular, then Joy may enjoy high status at school. For this reason, ④Joy and many other girls are interested in gossip. If Joy has some information to share about a popular girl at school, this proves that she has a friendship with this girl. In this way Joy can use gossip to gain more status in her school.

Tommy, on the other hand, may be less interested in gossip. His status does not depend on who his friends are at school. Tommy gains status through his own ability to play sports well or earn high grades. Later in life, Joy may continue to be interested in talking about other people and their lives. Tommy will be less interested in personal talk and more concerned with discussions of sports and news. These give him ⑤[status / to / showing / by / gain / others / a chance] his knowledge.

Different ways of speaking are part of gender. As adults, men and women sometimes face difficulties in their communication with each other. Studies of communication show that if a woman tells her husband about a problem, she will expect him to listen and offer sympathy. She may be annoyed when he simply tells her how to solve the problem. Similarly, a husband may be annoyed when ⑥[ask / his wife / for / to / a stranger / wants] directions to a park or restaurant. Unlike his wife, he would rather use a map and find his way by himself.

Language is also part of the different ways that men and women think about friendship. Most North American men believe that friendship means doing things together such as camping or playing tennis. Talking is not an important part of friendship for most of them. American women, on the other hand, usually identify their best friend as someone with whom they talk frequently. Tannen believes that for women, talking with friends and agreeing with them is very important. Tannen has found that women, in contrast to men, often use tag questions. For example, a woman might say, "This is a great restaurant, isn't it?" By adding a tag question to her speech, she is showing that she wants other people to agree with her. Likewise, many women use more polite forms —"Can you close the door?" "Could you help me?" "Would you come here?" (⑦), men often speak more directly, giving direct commands —"Close the door." "Help me." "Come here."

These differences seem to be part of growing up in the culture of the United States and following its rules of gender. If men and women can understand that many of their differences are cultural, not personal, they may be able to improve their relationships. They may begin to understand that because of gender differences in language, there is more than one way to communicate.

注） pregnant　妊娠した　　feminine　女性らしい　　masculine　男性らしい　　define　定義づける
compete　競う　　boast　自慢する　　emphasize　強調する　　sympathy　共感
annoy　いらいらさせる　　would rather　むしろ～したい　　identify A as B　AをBと考える

問1　下線部①の本文中の意味として，最も適切なものを選び，記号で答えなさい。

ア．請求書　　イ．処方箋　　ウ．電報　　エ．画像

問2　[A]－[B]－[C]に入る文の組み合わせとして最もふさわしいものを選び，記号で答えなさい。

1. They may be interested in playing fairly and taking turns.
2. The games that they play often have complicated rules, and each one tries hard to win.
3. They are learning what it means to be a girl and a boy in this culture.

ア．1－2－3　　イ．1－3－2　　ウ．2－1－3
エ．2－3－1　　オ．3－1－2　　カ．3－2－1

問3　(②)に適するものを選び，記号で答えなさい。

ア．ability　　イ．language　　ウ．gossip　　エ．status

問4　(③)に適するものを選び，記号で答えなさい。

ア．By　　イ．While　　ウ．Instead of　　エ．In case of

問5　下線部④の理由として，最も適するものを選び，記号で答えなさい。

ア．Gossip brings them good rank.

イ．Gossip teaches them how they should behave.

ウ．Gossip makes their friendship strong.

エ．Gossip allows them to use commands.

問6　下線部⑤の[　　]内の語句を正しく並べかえなさい。

問7　下線部⑥の[　　]内の語句を正しく並べかえなさい。

問8　(⑦)に適するものを選び，記号で答えなさい。

ア．As a result　　イ．In addition　　ウ．However　　エ．In other words

問9　本文の内容に合うよう，英文の空所に適するものを選び，記号で答えなさい。

Joy's friendships are probably ____________ than Tommy's.

ア．more boring　　イ．longer lasting

ウ．less communicative　　エ．less competitive

問10　次の英文が本文の要旨となるよう，(A)(B)に適する語をそれぞれ選び，記号で答えなさい。

Boys and girls learn different ways of behaving, talking, and thinking. These different behaviors reflect differences in gender. In America, boys learn to compete with each other in games. On the other hand, girls try to be (　A　) when they play. Language reflects the gender of children. Boys usually give commands, while girls often make suggestions. Language and gender are both so closely related to (　B　).

A：ア．bossy　　イ．equal　　ウ．cute　　エ．popular

B：ア．culture　　イ．leadership　　ウ．friendship　　エ．communication

③ 人間にはザセツの経験も必要だ。

④ 新しい先生が隣の県からフニンしてきた。

⑤ この地域はセンイ工業が盛んだ。

⑥ 芸術家の思いがギョウシュクした作品。

⑦ この広い森林は国がカンカツしている。

⑧ 市井の人々の感覚を取り入れて行政を行う。

⑨ 契約を誠実に履行する。

⑩ 古い習慣がすっかり廃れてしまった。

(ア) 人間の頭脳には、一生懸命に覚えたことでも時間の経過によって完全に忘れ去ってしまうという特徴が存在する。
(イ) 人間には、まったく根拠がない場合であっても、必要に迫られれば決断をしなければならない瞬間が存在する。
(ウ) 人間の「知恵」には、大きく食い違った複数の考え方を結びつけて、一つの解決法を導き出す力が存在する。
(エ) 人間の頭脳には、「知恵」という、実体ははっきりとしないが、生きていく上で非常に大切なものが存在する。

二、次の①～⑤はカタカナ語とその意味が書かれたものです。例を参考にして、①～⑤の〈意味〉の□□に、（　）内の指示に従って、それぞれ適語を補いなさい。

〔例〕
リアル＝〈意味〉芸術作品などが□□的であること。
（「し」から始まる二字熟語）

〔答え〕 写実

① テーマ＝〈意味〉文学作品などの□□。
（「し」から始まる二字熟語）
② バーチャル＝〈意味〉現実ではなく□□的なこと。
（「か」から始まる二字熟語）
③ モダン＝〈意味〉建物などが□□的なこと。
（「げ」から始まる二字熟語）
④ シナリオ＝〈意味〉映画などの□□。
（「き」から始まる二字熟語）
⑤ タブー＝〈意味〉習俗上□□とされるものごと。
（「き」から始まる二字熟語）

三、次の□にふさわしい漢字を補って四字熟語を完成させなさい。また、その意味として最も適切なものを、後の(ア)～(コ)の中からそれぞれ選び、記号で答えなさい。

① □態依□　② 暗□□索　③ 危□存□
④ □行無□　⑤ □耳□風

(ア) 自分に都合の良い言動をすること。
(イ) 生きるか滅びるかの大事な時期、状態。
(ウ) 策略をめぐらし、秘術を尽くして渡り合うこと。
(エ) 味方がすべて敵に寝返り、孤立していること。
(オ) 方法や手掛かりがつかめず、いろいろと探ってみること。
(カ) 当事者より第三者のほうが物事の是非が分かること。
(キ) 昔のままで全く進歩のない様子。
(ク) 人の意見や批判などを気にかけないこと。
(ケ) この世の物事は、すべてはかないこと。
(コ) ばらばらで、筋道が立たない様子。

四、次の①～⑦の——線部を漢字に改め、⑧～⑩の——線部の読みをひらがなで答えなさい。

① 不当な要求をキョヒした。
② 遠い昔をカイコして本にまとめた。

念にとらわれることなく、絶えず別の角度から物事を見ようとしていくこと。

（エ）物事に対する的確な判断能力を養うために、疑問が生じた物事から目をそらすことなく、絶えず解決する方法を探ろうとしていくこと。

問十三、［A］～［D］に当てはまる言葉の組み合わせとして最も適切なものを、次の（ア）～（エ）の中から選び、記号で答えなさい。

（ア）A　三角形　B　コの字　C　円　D　8の字
（イ）A　コの字　B　8の字　C　円　D　三角形
（ウ）A　8の字　B　円　C　コの字　D　三角形
（エ）A　円　B　三角形　C　コの字　D　8の字

問十四、［⑭］に当てはまる言葉を、本文中から十字以内で抜き出して答えなさい。

問十五、――線⑮「知恵には『広さ』があり」とありますが、「知恵の広さ」とはどのようなものだと考えられますか。次の（ア）～（エ）の中から最も適切なものを選び、記号で答えなさい。

（ア）「知恵の広さ」とは、忘れることの長所を指していう言葉である。
（イ）「知恵の広さ」とは、蓄えた知識の量に比例して存在するものである。
（ウ）「知恵の広さ」とは、忘れても絶えず学び続ける行為そのものである。
（エ）「知恵の広さ」とは、学んでは忘れることを繰り返すこと自体を指す言葉である。

問十六、［⑯］に当てはまる二字熟語を、本文中から抜き出して答えなさい。

問十七、――線⑰「到底真の解決に至らない難問ばかりである」とありますが、この「難問」をより良く「解決」するために、どのような態度が重要であると述べていますか。本文中の言葉を用いて三十五字以内で答えなさい。

問十八、――線⑱「それ」の指示内容を、本文中から抜き出して答えなさい。

問十九、――線⑲「知恵のそういう『強さ』」とありますが、「知恵の強さ」の具体的な例として最も適切なものを、次の（ア）～（エ）の中から選び、記号で答えなさい。

（ア）将来何の役に立つかわからないが、多くの友人が大学に進学するのを見て自分も大学に進学することにした。
（イ）今後の景気の動向には不安を感じたが、これまでに得た知識と経験から会社の設備投資を行うことにした。
（ウ）会議でたくさんの異なる意見が出て迷ったが、最も高い地位にいる先輩の意見に従うことにした。
（エ）コンピューターについては何の知識もないが、お店の人に勧められるままにパソコンを購入することにした。

問二十、筆者はこの文章の中で、「知恵」の三つの側面について述べていますが、「知恵の深さ」について述べている部分の最初の形式段落はどこですか。その段落の最初の五字を抜き出して答えなさい。

問二十一、本文の内容と合うものを、次の（ア）～（エ）の中から一つ選び、記号で答えなさい。

すれば、「それは知恵を身につけるためだ」と、答えるほかないのである。

（広中平祐『学問の発見』による）

※瑣末＝重要ではない、ほんのちょっとしたことであるさま。

問一、――線①「いつも答える言葉がある」とありますが、「いつも答える言葉」を、本文中から抜き出して答えなさい。

問二、――線②「この能力」とはどのような「能力」ですか。それを言い表した二字の熟語を、本文中から抜き出して答えなさい。

問三、～～線ⓐ～ⓔの中で、一つだけ品詞の異なるものを選び、記号で答えなさい。

問四、――線③「実はそれは正確ないい方ではないのである」とありますが、「正確ないい方」をしている部分を、本文中から二十五字以内で抜き出し、その最初と最後の五字を答えなさい。

問五、――線④「自由自在」の類義語を、次の（ア）～（エ）の中から一つ選び、記号で答えなさい。

（ア）臨機応変　（イ）適材適所　（ウ）縦横無尽

（エ）徹頭徹尾

問六、――線⑤「厳然」の意味として正しいものを、次の（ア）～（エ）の中から一つ選び、記号で答えなさい。

（ア）おごそかで動かし難いさま。

（イ）人を威圧するように大げさなさま。

（ウ）確かめるまでもなく明らかなさま。

（エ）深く調べなければ判断できないさま。

問七、⑥・⑦・⑧に当てはまる言葉を、次の（ア）～（オ）の中からそれぞれ選び、記号で答えなさい。

（ア）あるいは　（イ）それゆえ　（ウ）そして

（エ）むしろ　（オ）ところが

問八、――線⑨「ちょっとした手間ときっかけ」とありますが、この具体的な例が含まれている一文を本文中から抜き出し、その最初の五字を答えなさい。

問九、――線⑩『ゆとり』とはここではどのようなことですか。本文中の言葉を用いて分かりやすく答えなさい。

問十、⑪に当てはまる漢字一字を、本文中から抜き出して答えなさい。

問十一、――線⑫「寛容性」として当てはまらないものを、次の（ア）～（エ）の中から一つ選び、記号で答えなさい。

（ア）映像などの刺激に対する反応の余韻を残す能力

（イ）脳で蓄積した知識をわずかな手間で取り出せる能力

（ウ）多人数から出た異なる意見の共通点を発見する能力

（エ）異なる図形や文字の間に共通点を読みとる能力

問十二、――線⑬「連想の習慣」として最も適切なものを、次の（ア）～（エ）の中から選び、記号で答えなさい。

（ア）物事に対する新たな見方を受け入れやすくするために、日々の学習内容について、絶えず振り返りながら整理しようとしていくこと。

（イ）物事に対する見る目や感性を高めていくために、身のまわりの出来事について、絶えず注意を払いながら生活を送ろうとしていくこと。

（ウ）物事に対する新しい発見や本質の理解に近づくために、固定観めて短い間を無視し、前のコマのイメージを持続させて次のコマのイメージと重ねることができる。これは人間の脳がある時は敏感に働き、ある時は鈍感に働き、また刺激に対する反応の余韻を残すという特性をもっているからだが、ともかくも、人間はそのような不連続なものから連続したものを読みとる能力をもっているのだ。

人間の頭脳にあるこの⑫寛容性は、ものを考える上でも発揮される。その一つは連想である。

文章、特に詩とか格言のようなものを読む時、その中の言葉から連想される異なった言葉を、思いつくまま列記しておくとする。列記された言葉のいくつかを組み合わせて新しい文章をつくってみる。こうしたあとで、もう一度、元の文章を読み直すと、意味の理解が深みと新鮮さをもつものだ。連想は、言葉の意味と感じに幅をもたせてみるという脳の寛容性から生まれる。

また⑬連想の習慣は、いくつかの異なるものの間に共通点を読みとる脳の働きにもつながる。数学の簡単な例でいうと、[A]と[B]の共通点は、平面を内側と外側の二つに分割するという性質である。[C]には、この性質はない。[D]は、平面を三つに分割する。実際生活でも、議論をまとめる時に、異なった意見の共通点を発見する能力は大変有用である。

このように、人がものを考える時は幅をもった考え方をするものであり、またそれでこそ、思考は発展性をもって深まっていくのだ。

私は人生には深くものを考えなければならない時期があり、その深い[⑭]も勉強の目的の一つだ、と前にいった。これはいいかえれば、勉強してこそつくられる「知恵の深さ」である。勉強しない人の頭脳は、人間特有の幅をもった思考のレッスンをしないから深くものを考える力、つまり「知恵の深さ」が身につかないのだ。

⑮知恵には「広さ」があり、「深さ」があり、また「強さ」というものがある。「知恵の強さ」とは、すなわち[⑯]力である。

私たちが人生で当面する問題には、クイズやテストのようにあらかじめ答えが用意されているものはない。クイズの問題は解答を見つけるだけの問題だが、人生の問題は、相当の時間をかけなければ問題そのものの真意もつかめないし、⑰到底真の解決に至らない難問ばかりである。だから、長い年月をかけて、すべてを知らなければ何の行動も起こせないという姿勢にだけ固執していては、この世は渡っていけない。

医者が、現在の医学の水準ではある病気について数パーセントしか解明されていなくても、目の前で苦しんでいる患者に何らかの診断をくださなければならない時があるように、⑱それがいかに未解決の難問であろうと、どこかで決断しなければならないのである。飛躍しなければならないのである。

人間の頭脳は、不連続のものから連続したものを導き出す寛容性をもっている、と私はいった。いいかえれば、実は飛躍であることを飛躍でないととらえられるのが、人間の頭脳である。だから、人間は飛躍ができる。コンピューターやロボットには、それができない。

決断できる力、どこかでエイッと飛躍できる力。⑲知恵のそういう「強さ」も、人生とは直接かかわらないように見える勉強を積み上げていく中で、身についていくものなのだ。

知恵には、以上私が述べたほかにもいくつかの側面があるはずだ。いずれにせよ私は、「人はなぜ学ばなければならないか」の答えがあると人間の頭脳の特性を明らかにするには、猿などの動物のそれと比べるより、ⓔやはり頭脳をもった機械、コンピューターやロボットと比較するのが、一番てっとり早いと思う。

まず私は、ものを忘れることはコンピューターやロボットなどにはない人間特有の能力だ、と前に述べた。だが、③実はそれは正確ないい方ではないのである。人間の頭脳には百四十億の神経細胞があって、出来事や知識を無数に蓄積できるようになっているし、事実、蓄積されているのだ。ただコンピューターは記憶したことを④自由自在に百パーセント取り出すことができるのに対して、人間の脳は、記憶したことをほんのわずかしか取り出すことができない、という相違にすぎない。ともあれ、脳に無数の情報を蓄積しているのは⑤厳然とした事実なのである。つまり人間は「忘れる」のではなく、「脳に蓄積し取り出せない状態にする」能力をもつといったほうが正確な表現といえる。

私はこれを、コンピューターなどにはない、人間の脳のみが有する「ゆとり」だと思う。私がこの場合に使った「ゆとり」は数学的な意味での「ゆとり」である。すなわち、わずかしかない「いつでもすぐ取り出せる」情報に対比して、実は膨大な量の情報が「すぐ取り出せない」形で脳に蓄積されているという、後者の前者に対する比率の大きさを「ゆとり」ということにしている。

人間の頭脳にあるこの「ゆとり」が、実は知恵というものをつくる要素の一つなのだ。

ここで一つの例をあげる。今かりに、ある文科系の大学生が卒業論文を書く上で、どうしても高校生の頃に習った数学の因数分解を用いなければならない必要が生じたとする。⑥、彼は文科系の学問ばかりしてきたために、いつのまにかすっかり数学の因数分解を忘れてしまっている。どうするか。彼はおそらく図書館に直行して調べるか、理科系の友人にたずねてみるか、何らかの手段を講じるに違いない。⑦、そのようにちょっとした労をとった彼は、すぐに「ああ、なるほど」とうなずくことができるに違いない。なぜかというと、彼の頭の中には高校時代に習った因数分解の基礎的な知識が蓄積され眠っているからだ。⑧、一度も数学を勉強したことのない人ならば理解するのに長い時間と労力を要するところを、彼は短時間でさほど苦労せずに理解できるのである。

このように、頭脳に蓄積され取り出せない状態にされていた知識は、永遠に取り出せないものではなく、⑨ちょっとした手間ときっかけをつくれば、容易に取り出すことができるのだ。人間の頭脳に⑩「ゆとり」があるからこそ、それが可能なのである。

知恵とは、一つはこのような側面をもったものだと思う。私はこれを「知恵の広さ」と呼ぶことにしている。この「知恵の広さ」は勉強しては忘れ、また勉強しては忘れているうちに、自然と脳の中につちかわれていくのである。

知恵がつくられる場所である人間の頭脳は、また、コンピューターなどと違って、物事を⑪をもってみつめ、考えることができるようにできている。つまり寛容な思考態度をとることが人間にはできるのだ。

例えば、コンピューターに映画を見させても、彼は鑑賞することができない。なぜなら、一つ一つのコマがバラバラな画面に見え、そこにある連続した動きがコンピューターには見えないからだ。ところが人間は、一つのコマを見てイメージをはっきり残し、次のコマへ移るまでのきわ

【国　語】（五〇分）〈満点：一〇〇点〉

【注意】字数指定がある問いでは、句読点・記号なども一字として数えます。

一、次の文章を読んで、後の問いに答えなさい。（字数指定がある問いでは、句読点・記号なども一字として数えます。）

「人間は考える葦《あし》である」と、パスカル（一六二三〜一六六二。フランスの数学者、物理学者、思想家）はいった。考えない人間はいないのである。だが、ここ一番という時に、より深く考える力、素養を身につけておくことは、親の手を離れる前に是非ともやっておくべきことだと思う。

実は、私たちが勉強する目的の一つは、この思考力をつちかうことにあるのだ。

人は、なぜ勉強しなければならないのか。一つは思考力をつちかうために、と私は今いったが、実は、この問いに対する答えは私にもわからない。わからないなりに勉強してきたというのが本音である。だが、学生諸君からそんな質問を受けるたびに、①いつも答える言葉がある。私はここで、それに触れておきたい。

人間の頭脳は、過去の出来事だけではなく、過去に得た知識をも、きれいさっぱり忘れてしまうようにできている。ものを忘れる能力、これはコンピューターやロボットにはない人間の長所、あるいは短所といえるだろう。

忘却という人間特有のこの能力が、長所となって現れる場合はずいぶんある。例えば、日常生活を営んでいく上で何ら支障をきたさない※瑣末《さまつ》なことが記憶から去らなかったり、いやな出来事、腹立たしいことなどが忘れられなかったら、人はまず確実に神経がまいってしまう。してみれば、ものを忘れることができるという人間の能力は、この点ではまことに尊い能力だといえるわけである。

では、②この能力が短所となって現れる場合は、どういう場合だろうか。例えば、高校で勉強して得た知識を、大学入試に合格すると間もなく忘れてしまう。また、大学で学んだことを、めでたく就職すると忘れたり、あるいは国家試験に向けて汗水流して覚え込んだ知識を、ライセンスを取得するとどこかへやってしまう。このようなことは、一見、人間の忘れる能力が短所となって現れる例といえそうである。

そこで問題は、勉強してもどうせ忘れてしまうものをⓐなぜ苦労して勉強しなければならないか、ということになる。

私は、学生からこうたずねられると、「それは知恵を身につけるためではないか」と答えることにしているのだ。つまり、学ぶことの中には知恵という、目に見えないが生きていく上に非常に大切なものがつくられていくと思うのである。この知恵がつくられる限り、学んだことを忘れることは人間の非とならない。学ぶことは、結果として無駄にはならないのだ。ⓑだから大いに学び、大いに忘れ、ⓒまた学びなさい、と私は答えることにしている。

では、ⓓいったい「知恵」とは何だろうか。それはきわめてあいまいなもので容易に分析し難いものだが、ただし、人間の中のどこにそれがつくられるかは、はっきりしている。

頭脳である。してみれば、知恵は人間の頭脳の仕組みと何らかの関係をもつものではないか、こんな推論ができそうな気がする。

2019年度

解　答　と　解　説

《2019年度の配点は解答欄に掲載してあります。》

＜数学解答＞《学校からの正答の発表はありません。》

1.　(1)　$\frac{x^2-y^2}{6}$　　(2)　$7\sqrt{2}$　　(3)　$(x+2)(x+4)(x^2+6x-4)$　　(4)　$k=\frac{-1\pm\sqrt{17}}{2}$

2.　(1)　$a=-2$，$b=-4$　　(2)　4　　(3)　$\frac{4}{15}$

　(4)　小学生54人，中学生36人，高校生24人

3.　(1)　C(2，12)(途中式は解説参照)　　(2)　75(途中式は解説参照)

4.　(1)　2cm　　(2)　$\frac{4}{3}$cm

5.　(1)　$\frac{289}{4}$cm²　　(2)　AE：EF：FC＝5：7：5

6.　(1)　$\frac{9\sqrt{3}}{2}$cm²　　(2)　$\sqrt{30}$cm

○推定配点○

1.　各6点×4　　2.　各6点×4　　3.　各8点×2　　4.　各6点×2　　5.　各6点×2

6.　各6点×2　　計100点

＜数学解説＞

1.　(式の計算，平方根，因数分解，2次方程式)

(1)　$\frac{(x-y)^2}{2}-\frac{x^2-y^2}{3}+(x-y)y=\frac{3(x-y)^2-2(x^2-y^2)+6(x-y)y}{6}=$
$\frac{3x^2-6xy+3y^2-2x^2+2y^2+6xy-6y^2}{6}=\frac{x^2-y^2}{6}$

(2)　$\frac{3}{\sqrt{2}}+3\sqrt{72}-\frac{6}{\sqrt{8}}+3\sqrt{18}-4\sqrt{50}=\frac{3\sqrt{2}}{2}+3\times6\sqrt{2}-\frac{6}{2\sqrt{2}}+3\times3\sqrt{2}-4\times5\sqrt{2}=\frac{3\sqrt{2}}{2}+18\sqrt{2}-$
$\frac{3\sqrt{2}}{2}+9\sqrt{2}-20\sqrt{2}=7\sqrt{2}$

基本　(3)　$(x^2+6x)(x^2+6x+4)-32=(x^2+6x)^2+4(x^2+6x)-32=(x^2+6x+8)(x^2+6x-4)=(x+2)(x+4)(x^2+6x-4)$

(4)　$x^2-(2k+1)x+4=0$に$x=k$を代入して，$k^2-(2k+1)k+4=0$　　$k^2+k-4=0$　　解の公式を用いて，$k=\frac{-1\pm\sqrt{1^2-4\times1\times(-4)}}{2\times1}=\frac{-1\pm\sqrt{17}}{2}$

2.　(連立方程式，式の値，確率，方程式の利用)

基本　(1)　$ax+2y=-b$に，$x=1$，$y=3$を代入して整理すると，$a+b=-6$…①　　$2ay=-8x+b$に，$x=1$，$y=3$を代入して整理すると，$6a-b=-8$…②　　①＋②より，$7a=-14$　　$a=-2$　これを①に代入して，$-2+b=-6$　　$b=-4$

(2)　$2\sqrt{5}=\sqrt{20}$，$4<\sqrt{20}<5$より，$a=2\sqrt{5}-4$　　$a^2+8a=a(a+8)=(2\sqrt{5}-4)(2\sqrt{5}-4+8)=(2\sqrt{5})^2-4^2=20-16=4$

基本 (3) 6枚のカードから2枚のカードの取り出し方は，$(1a,\ 1b)$，$(1a,\ 2a)$，$(1a,\ 2b)$，$(1a,\ 3a)$，$(1a,\ 3b)$，$(1b,\ 2a)$，$(1b,\ 2b)$，$(1b,\ 3a)$，$(1b,\ 3b)$，$(2a,\ 2b)$，$\underline{(2a,\ 3a)}$，$\underline{(2a,\ 3b)}$，$\underline{(2b,\ 3a)}$，$\underline{(2b,\ 3b)}$，$(3a,\ 3b)$の15通りで，数の和が5になるのは下線の4通りだから，求める確率は，$\dfrac{4}{15}$

(4) 入場者の人数を中学生x人，高校生y人とすると，小学生は$\dfrac{9}{4}y$人だから，$\dfrac{9}{4}y+x+y=114$より，$4x+13y=456$…① $250\times\dfrac{9}{4}y+400x+600y=42300$より，$4x+11.625\ \mathrm{y}=423$…② ①－②より，$1.375y=33$ $y=24$ これを①に代入して，$4x+13\times24=456$ $x=36$ $24\times\dfrac{9}{4}=54$ よって，小学生54人，中学生36人，高校生24人

重要 3. (図形と関数・グラフの融合問題)

(1) $y=3x^2$に$x=-1$，3をそれぞれ代入して，$y=3$，27 よって，A$(-1,\ 3)$，B$(3,\ 27)$ 直線ABの式を$y=ax+b$とおくと，2点A，Bを通るから，$3=-a+b$，$27=3a+b$ この連立方程式を解いて，$a=6$，$b=9$ よって，$y=6x+9$ △ABC＝△AOBのとき，OC//ABであるから，直線OCの式は，$y=6x$ $y=3x^2$と$y=6x$からyを消去して，$3x^2=6x$ $x^2-2x=0$ $x(x-2)=0$ $x=0$，2 よって，C$(2,\ 12)$

(2) D$(0,\ 9)$とおく。y軸上にOD：DE＝3：5となる点Eを点Dに関して原点Oと反対側にとると，△AOB：△AEB＝OD：DE＝3：5となるから，点Eを通り，直線ABに平行な直線と$y=3x^2$との交点をPとすれば，△APB＝△AEBより，題意を満たす。このとき，四角形ABP′P″＝△ABP′＋△AP′P″＝△ABE＋△DP′P″ 点Eのy座標をeとすると，$9:(e-9)=3:5$ $3(e-9)=45$ $e=24$ $y=3x^2$と$y=6x+24$からyを消去して，$3x^2=6x+24$ $x^2-2x-8=0$ $(x+2)(x-4)=0$ $x=-2$，4 DE＝24－9＝15より，△ABE＝△ADE＋△ADB＝$\dfrac{1}{2}\times15\times1+\dfrac{1}{2}\times15\times3=30$ △DP′P″＝△P′DE＋△P″DE＝$\dfrac{1}{2}\times15\times4+\dfrac{1}{2}\times15\times2=45$ よって，四角形ABP′P″の面積は，$30+45=75$

重要 4. (平面図形の計量)

(1) AB＝$\sqrt{6^2+8^2}=10$ 円$\mathrm{O_1}$の半径を$r$cmとすると，△ABC＝△$\mathrm{O_1}$AB＋△$\mathrm{O_1}$BC＋△$\mathrm{O_1}$CAより，$\dfrac{1}{2}\times6\times8=\dfrac{1}{2}\times10\times r+\dfrac{1}{2}\times8\times r+\dfrac{1}{2}\times6\times r$ $24=12r$ $r=2$(cm)

(2) (1)より，△ABCの3辺と内接円の半径の比は，AB：$\underline{\mathrm{BC}}$：CA：$\underline{r}$＝10：8：6：2＝5：$\underline{4}$：3：$\underline{1}$…① 問題の図2において，円$\mathrm{O_2}$と円$\mathrm{O_3}$との接点を通り，辺BCに垂直な直線と辺AB，BCとの交点をそれぞれD，Eとする。このとき，△ABC∽△DBE 円$\mathrm{O_2}$の半径を$x$cmとすると，①より，BE＝$4x$，EC＝$2x$だから，BCについて，$4x+2x=8$ $x=\dfrac{4}{3}$(cm)

重要 5. (平面図形の計量)

(1) ∠BAD＝90°より，線分BDは直径であるから，BD＝$\sqrt{5^2+12^2}=13$ また，∠BAC＝$\dfrac{1}{2}$∠BAD＝45°だから，円周角の定理より，∠BOC＝2∠BAC＝90° よって，四角形ABCDの面積は，△ABD＋△BCD＝$\dfrac{1}{2}\times5\times12+\dfrac{1}{2}\times13\times\dfrac{13}{2}=\dfrac{289}{4}$(cm²)

(2) △ABE，△ADFは直角二等辺三角形だから，AE＝BE＝$\dfrac{1}{\sqrt{2}}$AB＝$\dfrac{5}{\sqrt{2}}=\dfrac{5\sqrt{2}}{2}$ AF＝DF＝

$\frac{1}{\sqrt{2}}\mathrm{AD}=\frac{12}{\sqrt{2}}=6\sqrt{2}$　　四角形ABCD $=\triangle\mathrm{ABC}+\triangle\mathrm{ACD}=\frac{1}{2}\times\mathrm{AC}\times\frac{5\sqrt{2}}{2}+\frac{1}{2}\times\mathrm{AC}\times6\sqrt{2}=$ $\frac{17\sqrt{2}}{4}\mathrm{AC}$　　よって，$\frac{17\sqrt{2}}{4}\mathrm{AC}=\frac{289}{4}$　　$\mathrm{AC}=\frac{289}{17\sqrt{2}}=\frac{17\sqrt{2}}{2}$　　したがって，AE：EF：FC＝ $\frac{5\sqrt{2}}{2}:\left(6\sqrt{2}-\frac{5\sqrt{2}}{2}\right):\left(\frac{17\sqrt{2}}{2}-6\sqrt{2}\right)=5:7:5$

重要 **6.** （空間図形の計量）

(1)　$\mathrm{MH}=\frac{1}{2}\mathrm{DH}=3$ より，△MEGは1辺の長さが $3\sqrt{2}$ の正三角形である。1辺 a の正三角形の高さは $\frac{\sqrt{3}}{2}a$ で表せるから，△MEGの面積は，$\frac{1}{2}\times3\sqrt{2}\times\frac{\sqrt{3}}{2}\times3\sqrt{2}=\frac{9\sqrt{3}}{2}$ (cm²)

(2)　I，Pから底面EFGHにひいた垂線をそれぞれII′，PP′とする。I′は線分EHの中点だから，$\mathrm{II'}=\frac{1}{2}\mathrm{MH}=\frac{3}{2}$，$\mathrm{I'G}=\sqrt{\mathrm{I'H}^2+\mathrm{HG}^2}=\sqrt{\left(\frac{3}{2}\right)^2+3^2}=\frac{3\sqrt{5}}{2}$　　Pは△MEGの重心でGP：PI＝MP：PJ＝2：1だから，GP′：P′I′＝HP′：P′J＝2：1　　PP′：II′＝GP：GI＝2：3だから，$\mathrm{PP'}=\frac{2}{3}\mathrm{II'}=1$　Pから CGにひいた垂線をPQとすると，CQ＝CG－QG＝6－1＝5　　$\mathrm{PQ}=\mathrm{P'G}=\frac{2}{3}\mathrm{I'G}=\frac{2}{3}\times\frac{3\sqrt{5}}{2}=\sqrt{5}$　　よって，$\mathrm{CP}=\sqrt{\mathrm{CQ}^2+\mathrm{PQ}^2}=\sqrt{5^2+(\sqrt{5})^2}=\sqrt{30}$ (cm)

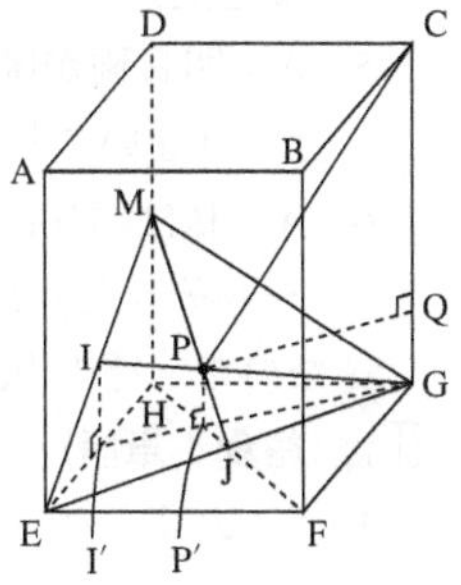

★ワンポイントアドバイス★

関数の大問が記述式で，平面図形の大問が2題出題されたが，全体の出題傾向，難易度は例年と変わらない。過去の出題例を研究しておこう。

＜英語解答＞ 《学校からの正答の発表はありません。》

Ⅰ　1 イ　2 ア　3 エ　4 ア　5 イ　6 ウ

Ⅱ　1 salad　2 actor　3 teeth　4 careful　5 succeeded

Ⅲ　1 A decision　B I　C made　2 A a　B with　C suitcase
3 A anything　B like　C to　4 A country　B think　C will
5 A Neither　B parents　C how　6 A much　B is　C to

Ⅳ　1 エ　2 オ　3 イ　4 ウ　5 ア

Ⅴ　1 イ　2 エ　3 ア　4 ウ　5 エ

Ⅵ　問1 エ　問2 カ　問3 イ　問4 ウ　問5 ア　問6 a chance to gain status by showing others　問7 his wife wants to ask a stranger for　問8 ウ
問9 エ　問10 (A) イ　(B) ア

○推定配点○

Ⅰ・Ⅱ　各2点×11　Ⅲ～Ⅵ　各3点×26（Ⅲ，Ⅵ問10は各完答）　計100点

＜英語解説＞

基本 Ⅰ （語句補充・選択：分詞，熟語）

1 「多くの文化で，結婚式でカップルはふつう金製か銀製の指輪を交換する」 made of ～「～でできた，～製の」

2 「このエンジンはどこか調子が悪いにちがいない。作動しない！」 Something is wrong with ～「～はどこか調子が悪い」 must「～にちがいない」（推量）

3 「私はその晩，家族とテレビで水泳の試合を見て過ごした」 〈spend ＋時間＋ ～ing〉「～して（時間）を過ごす」

4 「交通量がいつもより少なく，私は今朝早くここに到着した」 The traffic is heavy / light.「交通量が多い／少ない」 than usual「いつもより」があるので比較級 lighter を入れる。

5 A：明日雨が降ると思う？／B：降らないといいな。 I hope not. は相手の発言に対して「そうではないことを望む，そうでなければいいと思う」という意味。

6 A：私はパリに数回行ったことがあります。／B：私もそうです。 相手の発言（肯定文）を受け，「～もそうだ」という場合は，〈So ＋ do ＋主語.〉の形になる。ここでは相手の発言が現在完了形なので，その have を使って So have I. となる。

Ⅱ （語彙：単語）

1 「このサラダにドレッシングをかけたいですか」「生野菜を混ぜた料理」

2 「彼は日本で最も優れた俳優の1人だ」「劇や映画で演技をするのが仕事の人」

3 「私は実際に彼女にどうして歯が真っ白なのかと尋ねた」「かじったりかんだりするための，口の中にある硬いもの」 tooth「歯」の複数形 teeth を入れる。

4 「夜1人で歩くときにはもっと用心すべきだ」「安全に大きな注意を払うこと」

5 「彼は若い頃ビジネスで成功した」「学校や仕事やほかの活動でうまくいくこと」

重要 Ⅲ （語句整序：比較級，関係代名詞，熟語，不定詞，間接疑問，受動態）

1 （It was） the best decision that I have ever made （to come to this school.） It は形式主語で，真主語は to come to this school「この学校に来たこと」。that は目的格の関係代名詞で that I have ever made が the best decision を後ろから修飾する。

2 （Would you） give me a hand with this suitcase? Would you ～?「～してくれませんか」〈give ＋人＋ a hand with ～〉「（人）の～を手伝う」

3 （Is there） anything you would like us to know （about the festival?） you の前に目的格の関係代名詞が省略されている。〈would like ＋人＋ to ＋動詞の原形〉「（人）に～してほしい」

4 Which country do you think she will visit （to study art?） 疑問文に do you think「あなたは思いますか」が挿入された形。〈疑問詞＋ do you think ＋主語＋動詞〉の語順になる。

5 Neither of my parents knows how to （drive.） neither of ～「～のどちらも…ない」 主語になる場合は単数扱いなので動詞 know に -s が付く。〈how to ＋動詞の原形〉「～の仕方」

6 （I wonder） how much food is needed to end （world hunger.） 〈I wonder ＋間接疑問〉「～なのだろうか」 間接疑問中の主語は how much food「どのくらいの量の食料」，動詞は受動態で is needed「必要とされる」，to end ～ は目的を表す副詞的用法の不定詞句。

Ⅳ （長文読解問題・歴史：文補充・選択）

（全訳） ピラミッドはナイル川の西岸に建設された。エジプト人たちは西岸を「死者の地」に選んだ，なぜならそこは毎夕，沈む太陽が消える場所だったからだ。

ピラミッドの建設は一般的に，5月と6月の乾季に始められた。(1)それはナイル川の水位が最も低い時だった。前年の作物はすでに収穫されている。地面は今や，焼くような太陽の下で乾いていた。

農民たちは畑ですることがなかった。

農民たちはピラミッド建設者になった。彼らは労働に対して食べ物や衣服で支払われた。作業員たちには道具が支給された。(2)当時エジプトでは硬貨や他の種類のお金は使われていなかった。農民たちの多くはおそらく，強制労働というよりもむしろ自分たちの自由意志で，ピラミッドの仕事をした。その仕事は生活の足しだった。

ナイル川の氾濫が始まると，ボートで遠くの採石場から石を運んでくることができた。石は砂漠の端にある建設現場の近くで下ろすことができた。しかし，ピラミッドで使われる石のほとんどは周りの砂漠から出たものだった。陸では，石は幅の広い木の滑走部を付けたソリに載せて運ばれた。(3)車輪はおそらく役に立たなかっただろう。それはすぐに砂に沈んでしまっただろう。

作業は全ての段階において人力で行われた。(4)石の巨大なブロックが手作業で切断され形を整えられた。銅製の道具が用いられた。エジプト人たちは鉄を持っていなかった。石は木製のくさびを使って持ち上げられ，ソリの上に載せられた。頑丈な木の棒がてことして用いられた。ソリそのものは動物ではなく複数の男性によって引かれた。エジプト人たちが畑仕事に使っていた牛やロバは，砂漠ではエサや水を与えることができなかった。

ピラミッドが高くなるにつれ，石のブロックが岩，砂，泥でできた坂の上を引き上げられた。坂の上に置かれた丸太が数フィートごとに泥の中に埋め込まれた。(5)それらは重い荷物が滑り落ちるのを防ぐストッパーとして機能した。ピラミッドの上部が完成する前に，内部の部屋や通路が完成されなければならなかった。

全部で約80のピラミッドがエジプト王の埋葬場所として建設された。

問　全訳下線部参照。

Ⅴ　**(長文読解問題・紹介文：内容吟味，英問英答)**

(全訳)　リオデジャネイロの海岸で，素晴らしい夏の朝だった。1人の男性が水際にパラソルとイスを置いた。周りにはほとんど誰もおらず，彼は本を読むのを楽しみにしていた。ちょうどそのとき，彼は海のほうを見たときに水から出てくる小さな形に気がついた。それはゆっくりと進んで砂の上に上がり，翼をばたつかせ始めた。それはとても衰弱しているようだった。

その生き物がわずか数フィートの距離にいて，その男性は自分の目を疑った。ペンギン？　リオの海岸に？　ペンギンはリオには住んでいない。その男性は驚いた。彼はあたりを見回し，他の誰かがこの奇妙な光景を目撃していないか確かめた。

ジョギング中の人が現れ，さらにもう1人もやってきた。彼らは立ち止まってじっと見た。そのペンギンが息をするのが困難なことは明らかだった。最初に来たジョギング中の人は海を見て「かわいそうに，家からずっと遠くに来てしまったんだな」と言った。

そのペンギンは体を横にして倒れた。それは，ペンギンが好んで食べる小さなカタクチイワシを探そうとして，2,000マイルも泳いできた。なぜそのペンギンはそんなにも遠くへ来る必要があったのか。もしかしたらそれは，地球温暖化の影響である，海流や水温の変化に戸惑ったのかもしれない。そのペンギンは助けを必要としていた。それは熱い砂の上では生きていられない。

ジョギング中の人のうちの1人が電話で救助を頼み，すぐに数名の消防士が到着した。その男性は少し悲しい気持ちにもなったが，ペンギンがすぐに大丈夫になるだろうと安心した。あの弱った無力な生き物によって，突如彼は地球に対する人間の影響について理解した。

リオの海岸でのこの出来事は少し前に起きた。それはペンギンのブラジルへの移住の始まりに過ぎなかった。それ以来，数百ものペンギンたちがブラジルの沿岸に姿を見せている。彼らははるばる，南アメリカの南部のパタゴニアやマゼラン海峡からやってくる。彼らは疲労と飢えた状態で砂の上に上陸する。人々は彼らを助けようと駆けつけるが，何をすべきかわからず，ペンギンの多くは死んでしまう。さらに南のもっと冷たい海へと流されたり引き戻されたりするペンギンもいる。

ペンギンたちの経験によって，私たちは気候変動や地球環境におよぼす人間の活動の深刻な影響について，よりよく理解することができるだろう。

1 「その男性はなぜ海岸へ行ったのか」「彼はリラックスしたかった」 第1段落第2，3文参照。

2 「海岸にいた人々はなぜ驚いたのか」「ペンギンが住みかから遠く離れてやってきた」 人々はリオに本来いないはずのペンギンがいたことに驚いたので，エが適当。

3 「なぜそのペンギンは住みかから遠く離れてやってきたのか」「食べ物を探していた」

4 「ペンギンがブラジルの沿岸に現れたのはこのときだけか」「いや，それは多くの出来事のうちの初回だった」 最後から2番目の段落の第2，3文参照。

5 「その男性はなぜ少し悲しかったのか」「彼は地球に対する人間の活動の悪影響について考えていた」

Ⅵ （長文読解問題・論説文：単語，文補充・選択，語句補充・選択，内容吟味，語句整序，不定詞，前置詞，動名詞，熟語，要旨把握）

（全訳） ジョイ・フィッシャーの誕生の数時間後，彼女の両親は彼女の写真を撮った。ジョイの母親はジョイの頭にピンクのバンドをつけ，その写真を見る人皆が赤ちゃんは女の子だとわかるようにした。彼女が生まれる前から，ジョイの両親は彼女が女の子になることをわかっていた。ジョイの母は妊娠6か月の時に①超音波画像をもらった。医師が「お腹には女の子がいます」と言った時，ジョイの両親は親類や友人全員に赤ちゃんは女の子だと話した。ピンクのドレスやお人形などの贈り物がすぐに届いた。ジョイの両親は彼女の部屋をピンクと白で飾った。

数年後，ジョイの弟のトミーが生まれた。彼の部屋は青に塗られ，贈り物として本やボールをもらった。ジョイは母親が生まれたての赤ちゃんの世話をするのを喜んで手伝った。彼女はまた，学校で他の女の子たちと遊ぶのを楽しんだ。今はトミーも学校に入学していて，そこで他の男の子たちと遊ぶ。ジョイとトミーが遊ぶゲームはかなり違っている。ジョイは2人の親友と縄跳びをするのが大好きだ。トミーは男の子の大集団でボール遊びをするのが好きだ。彼らがゲームをするときに彼がキャプテンになることがある。彼は喜んでほかの男の子たちに何をするべきか言う。他方，ジョイは新しい女の子たちが自分たちに加わって縄跳びの仕方を変えようとすると嫌がる。彼女は，こういう女の子たちは威張っていると思う。

ジョイもトミーもアメリカの文化の中で育っている。[A]彼らはこの文化の中で女の子であることはどういうことか，そして男の子であることはどういうことかを学んでいる。女子か男子かという生まれた時の性別は，だんだんとジェンダーになっていく。それは女性的・男性的と見なされる考え方，話し方，ふるまい方だ。それぞれの文化にジェンダーを定義する方法があり，人生の早い時期にジェンダーは個人のアイデンティティの基本的な部分となる。ジョージタウン大学の教授であるデボラ・タネンによると，ジェンダーの違いは男性と女性の言葉の使い方にも反映される。タネンや他のコミュニケーションを研究している人々は，これらの違いは人生の早い時期に始まると確信している。

例えば，アメリカやカナダでは，男の子も女の子もたいてい同性の集団で遊ぶ。男の子は，各自が自分の地位をわきまえている大きな集団で遊ぶかもしれない。何人かがリーダーになり，他の子たちは従う。男の子たちはお互いにリーダーシップを競う。多くの男の子は，自慢をしたり，自分がどれほど上手に物事をできるのかということを話したりして，注目されるのを好む。[B]彼らが遊ぶゲームには複雑なルールがあることが多く，各自が勝とうと一生懸命になる。

女の子は対照的に，たいてい小さな集団で遊ぶ。1人か2人の「親友」とだけ遊ぶこともある。ほとんどの女の子は他の女の子たちに自分を好きになってほしいと思っていて，これは彼女たちにとって勝つことよりも重要だ。[C]彼女たちは公平に遊ぶことや順番にやることに関心を持つかもしれない。例えば，女の子たちが一緒に縄跳びをするとき，2人の女の子が縄を持って他の子たちが跳ぶ。次に縄を持った子たちが跳ぶ番になる。

タネンはこれらの違いが子供たちが遊んでいる間の②言葉の使い方に反映されていることに気づいた。男の子たちはお互いに話すときによく命令形を使う。例えばトミーは自分がキャプテンのときに「お前が先に行け。俺を待つな」と言うかもしれない。他の男の子たちのリーダーとして，彼は何をすべきかをはっきりと伝える。しかしジョイは友達に影響を与えたいときに違う形の言葉を使う。命令形を使う③代わりに，彼女は「こんなふうにやってみようよ。こうしようよ」と言うだろう。これは彼女が威張った感じに聞こえることなく，他の女の子たちに指示を与えようとする方法である。「～しよう」という形を使うことで，彼女は女の子たちは皆同じグループに属しているという事実も強調している。

ジョイとトミーは成長するにつれて，異なる話し方をし続けるだろう。中学校では，ジョイの社会的立場は友達の輪によって決まる。彼女の友達が人気者なら，ジョイは学校で高い地位につけるかもしれない。この理由で，④ジョイと多くの他の女の子たちは噂話に関心を持つ。もしジョイが学校で人気の女子について情報を持っていたら，彼女はこの女子と仲がいいという証明になる。このようにして，ジョイは学校で自分の地位をもっと得るために噂話を利用する。

トミーは他方で，噂話にはあまり興味がないかもしれない。彼の地位は，学校で誰が友達なのかということによって決まるものではない。トミーはスポーツが上手だとか成績が良いなどの自分自身の能力を通じて地位を得るのだ。後の人生においても，ジョイは引き続き他人とその人達の暮らしについて話すことに興味があるかもしれない。トミーは個人の話にはあまり興味がなく，スポーツやニュースに関して議論することに関心があるだろう。これらのことは彼に，⑤他人に知識を披露することによって地位を得る機会を与える。

話し方の違いはジェンダーの一部だ。大人になると，男性と女性はお互いにコミュニケーションするのに困難に直面することがある。コミュニケーションの研究によると，女性が夫にある問題について話すとき，その女性は夫が耳を傾けて共感を示すことを期待する。夫がただ問題の解決法を言うだけだと，彼女はイライラするかもしれない。同様に夫は，⑥妻が知らない人に公園やレストランへの行き方を尋ねようとすると，イライラするかもしれない。妻と違って，夫はむしろ地図を使って自分で道を探そうとする。

言葉は，男性と女性の友情についての考え方の違いにも含まれる。ほとんどの北米男性は，友情とはキャンプやテニスなど，何かを一緒にすることだと思っている。彼らのほとんどにとって，おしゃべりすることは友情の重要な部分ではない。他方でアメリカの女性はふつう，親友とは自分が頻繁に一緒におしゃべりする人のことだと考える。タネンは，女性にとっては友達と話して意見を一致させることが非常に重要だ，と考えている。タネンは，女性は男性とは対照的に頻繁に付加疑問を使うことを発見した。例えば女性は「ここは素敵なレストランよね？」と言うかもしれない。言葉に付加疑問を付けることによって，彼女は自分が他の人々に同意してほしいと思っていることを示している。同様に，多くの女性がより丁寧な形式を使う。「ドアを閉めてくれませんか」「手伝っていただけませんか」「こちらに来てくださいませんか」 ⑦しかしながら，男性は直接的な命令文を使って，もっとズバッと話すことが多い。「ドアを閉めろ」「助けてくれ」「こっちに来い」

これらの違いは，アメリカ文化で育ち，そのジェンダーのルールに従うことの一部であるようだ。もし男性と女性が，自分たちの違いの多くは文化的なものであって個人的なものではない，と理解することができたら，お互いの関係をより良くすることができるかもしれない。彼らは，言葉にはジェンダーによる違いがあるので，コミュニケーションの方法は複数あると，理解し始めるかもしれない。

問1　sonogram「超音波画像」直後の文で，医師が赤ちゃんの性別を伝えていることから推測する。

問2　全訳下線部参照。

問3　空所②を含む段落は，男女の言葉使いの違いについて述べている。空所③の直前にも different forms of language とある。

問4　instead of ～ing「～する代わりに」

問5　下線部④の直後の2文参照。ア「噂話は彼女たちに良いランクをもたらす」が適当。

やや難　問6　〈a chance to ＋動詞の原形〉「～する機会，チャンス」 by ～ing「～することによって」

重要　問7　〈want to ＋動詞の原形〉「～したい」〈ask ＋人＋ for ～〉「(人)に～を求める」

問8　however「しかしながら」

問9　ジョイの友達関係はおそらくトミーの友達関係よりも競争的ではない」 less … than ～「～よりも…でない」 competitive「競争的な」 空所B の2文前に Boys compete ～ とあるのに着目する。動詞 compete「競争する」→形容詞 competitive「競争的な」

重要　問10「男の子も女の子も異なるふるまい方，話し方，考え方を身につける。これらの異なるふるまいはジェンダーの違いを反映する。アメリカでは男の子たちはゲームでお互いに競うようになる。他方で女の子たちは遊ぶとき，(A)平等にしようとする。言葉は子供たちのジェンダーを反映する。男の子たちはふつう命令を出し，女の子たちはよく提案する。言葉とジェンダーは(B)文化と緊密に関係する」

★ワンポイントアドバイス★

Ⅵの長文読解問題は，ジェンダー(社会的性差：性別に基づいて社会的に要求される役割のこと)についての論説文。ジェンダーによる男女の違いについて把握しよう。

＜国語解答＞《学校からの正答の発表はありません。》

一　問一　それは知恵を身につけるためだ　　問二　忘却　　問三　ⓑ
問四「脳に蓄積　～　能力をもつ　　問五　ウ　　問六　ア　　問七　⑥　オ
⑦　ウ　　⑧　イ　　問八　彼はおそら　　問九　(例)「いつでもすぐ取り出せる」情報に対する「すぐ取り出せない」形で脳に蓄積されている膨大な量の情報の比率の大きさ。
問十　幅　　問十一　イ　　問十二　ウ　　問十三　エ　　問十四　思考力をつちかうこと(10字)　　問十五　エ　　問十六　決断　　問十七　(例)　すべてを知らなくても，決断して何らかの行動を起こそうとする態度。(32字)　　問十八　人生の問題　　問十九　イ
問二十　知恵がつく　　問二十一　エ

二　①　主題　　②　仮想　　③　現代　　④　脚本　　⑤　禁忌

三　①　旧(態依)然・キ　　②　(暗)中模(索)・オ　　③　(危)急(存)亡・イ
④　諸(行無)常・ケ　　⑤　馬(耳)東(風)・ク

四　①　拒否　　②　回顧　　③　挫折　　④　赴任　　⑤　繊維　　⑥　凝縮　　⑦　管轄
⑧　しせい　　⑨　りこう　　⑩　すた(れて)

○推定配点○
一　問三・問五～問七　各1点×6　　問九　4点　　問十七　5点　　他　各3点×15
二～四　各2点×20　　計100点

＜国語解説＞

一（論説文－大意・要旨，内容吟味，文脈把握，段落構成，指示語，接続語，脱語補充，語句の意味，同義語，四字熟語，品詞・用法）

重要　問一　①は「人は，なぜ勉強しなければならないのか」という問いに対するもので，本文最後でこの問いの答えとして「それは知恵を身につけるためだ」と述べている。

問二　②直前の段落で②＝「忘却という人間特有のこの能力」として述べているので「忘却」を抜き出す。

基本　問三　ⓑのみ接続詞で，ほかは副詞。

問四　③は「ものを忘れる」といういい方のことで，同段落最後で「『脳に蓄積し取り出せない状態にする』能力をもつ(23字)」といったほうが正確な表現といえる，と述べている。

基本　問五　④は思いのままにするさまという意味で，ウが類義語。アは状況に応じて適切な処置をすること，イはその人の才能を正しく評価してふさわしい仕事などにつけること，エは最初から最後まで，という意味。

問六　⑤は「げんぜん」と読み，アの意味が正しい。

問七　⑥は直前の内容と相反する内容が続いているので「ところが」，⑦は直前の内容から引き続いて起こる内容が続いているので「そして」，⑧は直前の内容を理由とした内容が続いているので「それゆえ」がそれぞれ当てはまる。

重要　問八　⑨は，頭脳に蓄積され取り出せない状態にされていた知識を取り出すためのもので，直前の段落でこのことの具体的な例として，数学の因数分解を忘れてしまっている大学生について「彼はおそらく図書館に直行して調べるか，理科系の友人にたずねてみるか，何らかの手段を講じるに違いない」と述べているので，この一文の最初の五字を抜き出す。

やや難　問九　⑩前「私はこれを，」で始まる段落で，「いつでもすぐ取り出せる」情報に対する「すぐ取り出せない」形で脳に蓄積されている膨大な量の情報の比率の大きさを，「ゆとり」ということにしていると述べているので，この部分から「ゆとり」とはどのようなことかを説明する。

問十　⑪は人間の頭脳の寛容な思考態度のことで，直後から続く４段落で，連想は言葉の意味と感じに「幅」をもたせてみるという脳の寛容性から生まれ，人がものを考える時は「幅」をもった考え方をするため思考は発展性をもって深まっていくことが述べられているので，⑪には「幅」が当てはまる。

問十一　「当てはまらないもの」を選ぶことに注意。ア・ウ・エは「寛容性」について説明している「例えば」から続く4段落で述べられているが，イは「このように」で始まる段落で述べられている脳の「ゆとり」についての説明なので，⑫に当てはまらない。

重要　問十二　⑬直前の段落で，詩などの言葉から連想される異なった言葉で新しい文章をつくり，もう一度元の文章を読み直すと，意味の理解が深みと新鮮さをもつことが述べられている。これは，異なった言葉を連想することで新たな発見があるように，物事も別の角度から見ることで新しい発見や理解が深まるということなので，ウが適切。物事を別の異なった角度から見ることを説明していない他の選択肢は不適切。

問十三　A・Bは平面を内側と外側の二つに分割する性質なので「円」と「三角形」，Cは平面を内側と外側の二つに分割しない性質なので「コの字」，Dは平面を三つに分割するので「8の字」が入ることから，エが適切。

重要 問十四　冒頭で，私たちが勉強する目的の一つは「思考力をつちかうこと(10字)」にある，と述べており，⑭はこのことを述べているのでこの言葉を抜き出す。

やや難 問十五　⑮前「このように」から続く2段落で，頭脳に蓄積され取り出されない状態にされていた知識が，ちょっとしたきっかけで取り出すことができるのは頭脳に「ゆとり」があるからで，このような側面をもつ「知恵の広さ」は勉強しては忘れ，また勉強しては忘れているうちに，自然と脳の中につちかわれていく，と述べているのでエが適切。学んでは忘れることを繰り返すことなので，他の選択肢は不適切。

問十六　⑯後で，いかに未解決の難問であろうと「決断」しなければならないこと，勉強を積み上げていく中で「決断できる力」も身についていくものであることを述べているので，「決断」が当てはまる。決断することで飛躍ができるとも述べていることから，飛躍より「決断」が適切。

やや難 問十七　⑰直後で⑰に対して，長い年月をかけてすべてを知らなければ何の行動も起こせないという姿勢にだけ固執していては，この世は渡っていけない，と述べていることから，このことと反対の態度が，⑰の「難問」をより良く「解決」するための態度ということになる。直後の内容を踏まえて「すべてを知らなくても，決断して何らかの行動を起こそうとする態度。(32字)」のような形で説明する。

問十八　⑱は直前の段落の「人生の問題」を指しており，整理すると「人生の問題」は難問ばかりですべてを知らなければ何の行動も起こせないという姿勢では解決しない→ほとんど解明されていない病気でも医者は目の前の患者に診断をくださなければならないように→「人生の問題」が未解決の難問であろうとどこかで決断しなければならない，という文脈になる。

重要 問十九　「知恵の強さ」は人生で当面する問題が解決に至らない難問でも決断できる力のことであると述べているので，不安を感じているが決断して行動を起こしているイが適切。未解決の難問であろうと自分で決断することが「知恵の強さ」なので，自分以外の人に解決をゆだねている他の選択肢は不適切。

問二十　本文では「知恵」の三つの側面として「広さ」「深さ」「強さ」について述べている。「広さ」は「まず私は」で始まる段落～「知恵とは，」で始まる段落まで，「深さ」は「知恵がつくられる」で始まる段落～「私は，人生には」で始まる段落まで，「強さ」は「知恵には『広さ』があり」で始まる段落～「決断できる力」で始まる段落まで，で述べられている。

やや難 問二十一　アの「完全に忘れ去ってしまう」は合っていない。「未解決の難問」と述べているが「まったく根拠がない場合」とは述べていないので，イは合っていない。本文では「異なった意見の共通点を発見する能力」に「連想の習慣」は大変有用であることを述べているので，ウの「大きく食い違った複数の考え方を結びつけて」は合っていない。エは「私は，学生から」から続く3段落で述べているので，合っている。

二　(熟語)

①は中心となる題材や思想のこと。②で仮想現実のことを「バーチャルリアリティ」という。③は「現実」ではないことに注意。④は「台本」ともいう。⑤は禁止したり避けたりすること。

重要 三　(四字熟語)

①は「きゅうたいいぜん」と読む。「然」を「前」などと間違えないこと。②は「あんちゅうもさく」と読み，暗やみの中で手さぐりで探すことから。③は「ききゅうそんぼう」と読む。「危急」を「危機」と間違えないこと。④は「しょぎょうむじょう」と読み，『平家物語』の冒頭でも有名である。⑤は「ばじとうふう」と読み，人間には心地よい東風＝春風も馬は何も感じないことから。アは

「我田引水」，ウは「権謀術数」，エは「四面楚歌」，カは「岡目八目」，コは「支離滅裂」など。

重要 四 （漢字の読み書き）

①の「拒」の右側を「臣」としないこと。②は過去のことを思い返すこと。③の「挫」を「座」と間違えないこと。④は仕事として任地におもむくこと。⑤はいずれも「糸（いとへん）」であることに注意。⑥「凝」は「冫（にすい）」であることに注意。⑦は権限をもって支配すること。⑧は人が多く集まっている所のことで「市井の人」は町中に住む一般庶民のこと。⑨は決めたことを実際に行うこと。⑩は衰えたり勢いをなくしたりすること。音読みは「ハイ」。熟語は「廃止」など。

★ワンポイントアドバイス★

論説文では具体的な例を挙げて筆者が何を述べようとしているのか，筆者の考えを的確に読み取っていこう。

MEMO

大切なことはメモしておこうネ！

平成30年度

★★★★★★★★★★★★★★★★★★★★★★★★

入　試　問　題

平成30年度

明治大学付属中野高等学校入試問題

【数　学】（50分）〈満点：100点〉

1. 次の問いに答えなさい。

(1) $(x^2+5x)^2+2(x^2+5x)-24$ を因数分解しなさい。

(2) 2次方程式 $2(x-5)^2=(x-6)(x-7)+26$ を解きなさい。

(3) $(\sqrt{27}-2)(3\sqrt{3}+4)-\dfrac{6\sqrt{72}-\sqrt{6}}{\sqrt{24}}$ を計算しなさい。

(4) 2つの関数 $y=ax^2$ と $y=4x+3$ について，x の値が3から7まで増加したときの変化の割合が等しいとき，a の値を求めなさい。

2. 次の問いに答えなさい。

(1) 右の図のように，5点A，B，C，D，Eは1つの円周上にあります。
このとき，∠BCDの大きさを求めなさい。

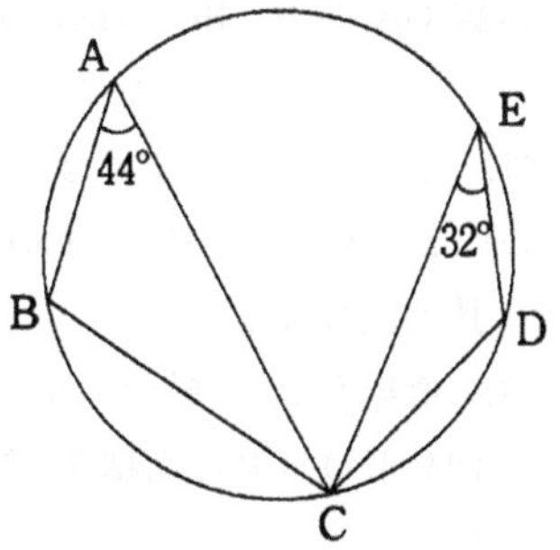

(2) x%の食塩水300gとy%の食塩水200gを混ぜると，9%の食塩水になりました。また，$2x$%の食塩水300gと9%の食塩水200gを混ぜると，y%の食塩水となりました。このとき，x，y の値を求めなさい。

(3) 3辺の長さが $x+3$，$x+5$，$x+6$ の直角三角形があります。
このとき，x の値を求めなさい。

(4) 右の図のように，円周上に等しい間隔で1から6までの番号が順に並んでいます。大，中，小3つのさいころをふって出た目の番号を結ぶとき，直角三角形ができる確率を求めなさい。

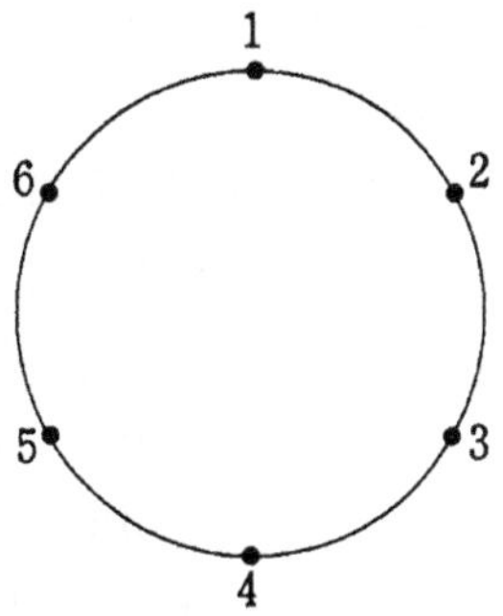

(5) $x=\dfrac{3-\sqrt{5}}{2}$，$y=\dfrac{3+\sqrt{5}}{2}$ のとき，$x^9y^7+x^5y^7-2x^5y^5$ の値を求めなさい。

(6)　右の図のように，正三角形 ABC の各頂点が半径 6 cm の円 O の周上にあります。辺 BC を直径とする円をかいたとき，斜線部分の面積を求めなさい。
ただし，円周率は π とします。

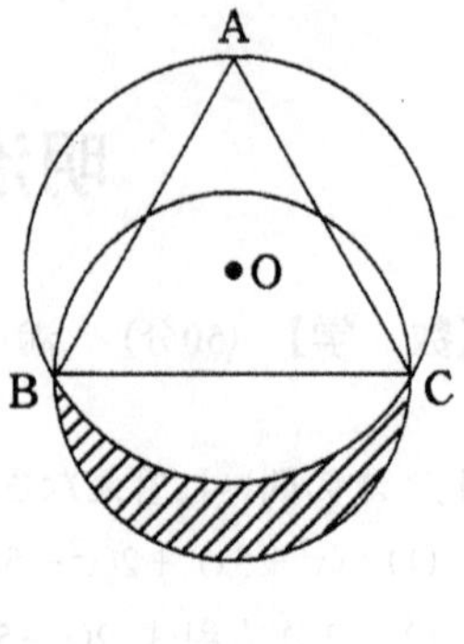

3.　2 次方程式 $x^2-8x+6=0$ の 2 つの解を a，b とするとき，

$$(2a^2-16a+9)(3b^2-24b-2)$$

の値を求めなさい。この問題は，途中式や考え方も書きなさい。

4.　右の図のように，放物線 $y=\frac{1}{2}x^2$ 上に 3 点 A，B，C があります。
直線 OA，AB，BC の傾きがそれぞれ 1，$-\frac{1}{2}$，1 のとき，次の問いに答えなさい。

(1)　点 C の座標を求めなさい。

(2)　△OAB と△ABC の面積の比を，最も簡単な整数の比で表しなさい。

(3)　直線 BC と y 軸との交点を D とします。点 D を通り，四角形 OACB の面積を 2 等分する直線の式を求めなさい。

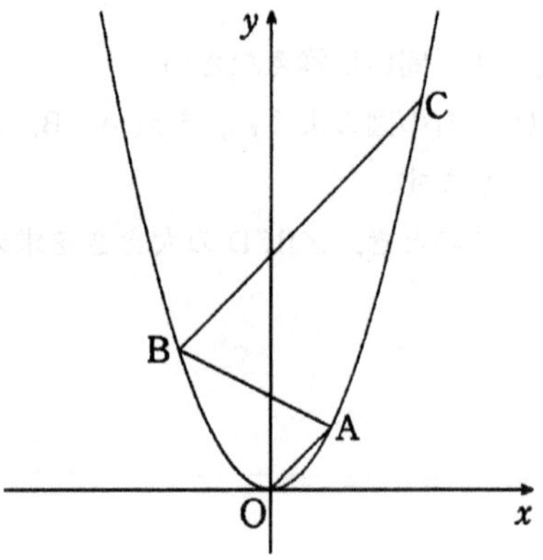

5.　右の図のように，四角形 ABCD の各頂点が円 O の周上にあります。辺 AD と辺 BC の延長上の交点を E とします。
AB＝AC＝6cm，BC＝5cm，AD＝DE のとき，次の問いに答えなさい。

(1)　△ADC ∽ △ACE であることを次のように証明しました。アからオに，それぞれあてはまる適切なことがらを書き入れなさい。
ただし，同じ記号には，同じことがらが入ります。

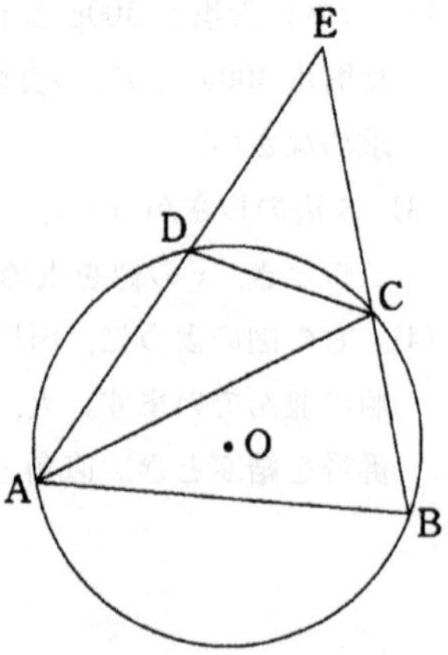

［証明］　△ADC と△ACE において

円周角の定理から

$\angle ABC=\frac{1}{2}\angle AOC$　…①

$\angle ADC=\frac{1}{2}$(［　ア　］)　…②

①，②より

$\angle ABC+\angle ADC=$［　イ　］　…③

また

AB＝AC より

∠ABC＝［ウ］　…④

さらに

［ウ］＋［エ］＝180°　…⑤

③，④，⑤より

∠ADC＝［エ］　…⑥

また，共通な角だから

∠DAC＝∠CAE　…⑦

⑥，⑦より

［オ］から

△ADC∽△ACE

(2)　AE の長さを求めなさい。

(3)　CD の長さを求めなさい。

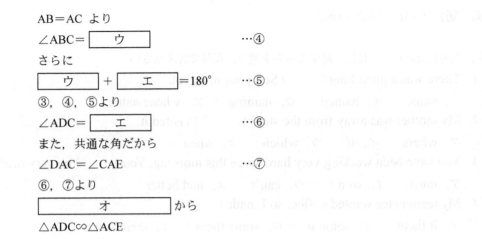

【英　語】（50分）〈満点：100点〉

Ⅰ．次の英文の（　　）に最も適するものを選び，記号で答えなさい。

1. There was a great king (　　　) Scorpion in Egypt.
   ア．name　イ．named　ウ．naming　エ．whose name
2. My mother was away from the store (　　　) I visited it.
   ア．where　イ．if　ウ．which　エ．when
3. You have been working very hard since this morning. You (　　　) be very tired.
   ア．must　イ．won't　ウ．can't　エ．had better
4. My teammates wanted coffee, so I made (　　　).
   ア．it them　イ．some it　ウ．some them　エ．them some
5. I think he won't come to the meeting, (　　　)?
   ア．do I　イ．don't I　ウ．will he　エ．won't he
6. Jack saw an old friend of (　　　) on his way back home last night.
   ア．my　イ．me　ウ．his　エ．him

Ⅱ．（　　）に指定された文字で始まる語を入れ，英文を完成させなさい。その際に［　　］内の定義を参考にすること。

1. Nothing is (i　　　) for him.
   [not able to happen or to be done]
2. Autumn (l　　　) were beginning to fall.
   [a usually flat and green part of a plant or a tree]
3. We practiced the song which was (c　　　) for the music festival.
   [to decide which one you want]
4. This school (u　　　) is famous for its unique design.
   [the special clothing worn by children attending certain schools]
5. My sister wants to be a (n　　　) like Nightingale.
   [someone who looks after sick or injured people in the hospital]

Ⅲ．次の日本語の内容になるよう［　　］内の語句を並べかえ，英文を完成させなさい。解答は(A) (B) (C)に入るものを書きなさい。

1. 太陽の体積は地球のよりもはるかに大きい。
   The volume of the sun is (　　　)(A)(　　　)(B)(C)(　　　).
   [that / the earth / much / than / greater / of]
2. 近年，多くの交通事故は携帯電話を使用している運転手によるものである。
   These days, (　　　)(　　　)(A)(B)(　　　)(C)(　　　) mobile phones.
   [drivers / caused / traffic accidents / by / using / are / many]
3. 私たちは若い人たちに留学するチャンスを与える必要がある。
   We need to (　　　)(　　　)(A)(B)(　　　)(C)(　　　).

[a / young people / study / chance / to / abroad / give]

4. 自分のことは自分でできる年頃だよ。

You're (A)(　)(　)(B)(　)(　)(　)(C)(　) yourself.

[care / to / to / of / enough / able / old / take / be]

5. 私が楽しみにしていた試合は雨のため延期になった。

The game (　)(A)(　)(　)(B)(　)(C)(　) because of the rain.

[off / to / was / was / put / forward / I / looking]

6. 頭に花をつけたあの女の子が，今朝私が話しかけた女の子です。

The girl (　)(　)(A)(　)(B)(　)(C) talked to this morning.

[on / the one / flowers / is / her head / I / with]

Ⅳ. 次の英文を読んで，あとの問いに答えなさい。

Space is full of garbage, but not the type of garbage you generally think of, like old food or boxes. (1) There are things like very big pieces of metal and also very small pieces of paint. This is bad because the garbage is traveling at very fast speeds. Different countries are sending astronauts into space all the time, and these pieces of garbage can be very dangerous if the astronauts get hit by them. This is why flights into space have to be controlled carefully. (2) They are safe places for astronauts to pass through.

There are well over one million pieces of space garbage going around the Earth. The problem is that there is no place this garbage can go. It just continues to go around the Earth.

(3) When it does, it becomes very hot and burns up completely in the atmosphere before it reaches the surface of the Earth. Sometimes you can see this burning garbage because it looks like a bright light flying across the sky. However, not much garbage has burned up in our atmosphere so far. (4) It could take thousands of years before this garbage falls into the Earth's atmosphere.

(5) Any garbage smaller than an apple is quite difficult to see in space. The only thing we can do is to watch the big pieces of garbage carefully and tell the people who are in space to move out of their way.

問　(1)～(5)に適するものをそれぞれ選び，記号で答えなさい。

ア. Some garbage comes back to Earth.

イ. There is no way for us to go and get all the garbage.

ウ. The garbage in space is mostly metal or different pieces from the things humans have sent into space, like rockets.

エ. There are some parts of space where there is very little garbage.

オ. Most of the garbage is too far away from Earth.

V．次の英文を読んで，あとの問いに答えなさい。

In 1991, Mt. Pinatubo in the Philippines surprised the world. On June 15, it erupted after standing silent for 500 years. Mt. Pinatubo is a volcano, but the people living near it never expected it to wake up. It was the second most powerful eruption of the 20th century. More than a million people had to run away, and between 700 and 900 people were killed. Surprisingly, only a few years later, life was back to normal on the island of Luzon, and people were once again building homes and working in the shadow of the volcano.

Why do people live near volcanoes? They might live there because the volcano is beautiful or because a large city already exists there. In many countries, people move to cities to find jobs. They don't worry about volcanoes; they are trying to feed their families. Some people also live near volcanoes because the land near a volcano is good for farming. Volcanoes release ash from the Earth, and the ash is good for growing plants. Whatever the reason, most people who live around a volcano probably do not realize that the volcano is dangerous.

"Volcanoes and their surrounding environment are beautiful places to live and work and recreate, and the number of people moving into volcanic hazard zones is increasing in developed, as well as developing, countries," said C. Dan Miller, chief of the US Geological Survey's Volcano Disaster Assistance Program. Miller offered southern Italy as an example. "Mt. Vesuvius is right on the edge of Naples, and it has a 2,000-year history of eruptions," said Miller, "yet there are 3.75 million people living within thirty kilometers of the mountain. What would these people do if Vesuvius erupted again? No one can imagine running away from a city, the size of Naples," said Miller.

One of the world's most legendary volcanoes is Mt. Etna in Sicily. Sicily is an island in the Mediterranean Sea with more than 5 million people who are generally proud to be living near such a famous volcano. Mt. Etna has been very active over recent years, with eruptions nearly every year, but the eruptions are very calm so countless tourists go to see the "safe" active volcano. These eruptions are beautiful to watch, and the tourists are rarely hurt. Sicilians call Etna a "good mountain." They think of the volcano as a mother because it has given them such a good life. In fact, many people who live near Etna call themselves "Etneans."

Scientists say there are no "good" volcanoes. All volcanoes can be dangerous, but people won't stop moving to areas near volcanoes. So, if there's a mountain near your town, take a good look. Is it just a pile of rock? Or is it a sleeping dragon?

問　本文の内容に合うよう，質問の答えとして適するものを選び，記号で答えなさい。

1. How did the eruption of Mt. Pinatubo change life on Luzon?
   - ア．Everyone moved away and didn't come back.
   - イ．Life was back to normal after a few short years.
   - ウ．Agriculture was destroyed.

エ. The eruption changed nothing.

2. Which is NOT given as a reason why people want to live near volcanoes?
   ア. Low-priced housing
   イ. Good farming areas
   ウ. Beautiful scenery
   エ. Plenty of jobs
3. Which is true about people living near volcanoes?
   ア. Only people in developing countries live near volcanoes.
   イ. People in developed countries don't like living in cities near volcanoes.
   ウ. All the people are starting to move their homes away from volcanoes.
   エ. People living near volcanoes don't usually worry about the danger of eruption.
4. Which of the following is true?
   ア. Sicily is an island in the Mediterranean Sea with no volcanoes.
   イ. Mt. Etna erupts almost every year and people can't visit it.
   ウ. Though Mt. Etna has been very active, it is loved by many tourists.
   エ. Scientists think of Etna as a "good" volcano.
5. What does the writer want to say most?
   ア. You should stop living near volcanoes.
   イ. You cannot be too careful when visiting Mt. Etna.
   ウ. Every volcano is like a mother to tourists.
   エ. You need to see whether the mountain near your town is safe.

Ⅵ. 次の英文を読んで，あとの問いに答えなさい。

The British were not the first Europeans to arrive in Australia. Dutch, Spanish, and Portuguese explorers had passed through the vast continent before them without giving it much notice. When an Englishman, Dampier, landed in Australia, he said that the land was barren and useless. Then the British explorer Captain James Cook found Dampier was wrong. He landed in Australia in 1770, and with his botanist, Joseph Banks, he found that the eastern shores were rich and fertile. Although Captain Cook gave an excellent report on all the land he had seen in Australia, the British government made no effort to form a settlement there for several years.

[A] There, as punishment, these convicts had to work on big farms until they had served out their sentences, and they were then set free. This policy of sending criminals abroad was called "transportation."

[B] In 1776, they declared their independence from Britain. When they became the United States of America, the British government had to stop sending convicts there. The government was in a difficult position. People were still being sentenced to transportation, but there was no place to send them. Soon, the jails were overcrowded.

[C] "The soil is good there," he said, "and soon they will grow all their own food." Lord Sydney — after whom one of the biggest cities in Australia is named — had the task of looking after the British colonies. He decided to try Banks' plan. He selected Captain Arthur Phillip to take control of the new settlement.

In May 1787, the First Fleet of eleven ships left England for Australia. On board were about 1,400 people, of whom 780 were (D). The rest were mainly (E) to guard the convicts and (F) to work on the ships. About 20 percent of the convicts were women; the oldest convict was eighty-two, and the youngest one was about ten years old. The journey to Australia was very slow. It took eight months; six of these were spent at sea, and two were spent in ports to get food and water. The fleet finally arrived in Australia in 1788. Two more convict fleets arrived in 1790 and 1791, and ships continued to come to Australia for over seventy years.

A major problem of the convict system was the ①severity of its punishments. Among the convicts on the First Fleet was a woman who was transported for stealing a coat. The British also transported a man who had received a sentence of fourteen years for killing his master's rabbit. Others were transported only because they supported different political opinions. There were many real criminals who were transported as well, but by today's standards many of the convicts would not be considered criminals.

Conditions on the ships were ②deplorable. Ship owners were paid "per (③)," or for each person they transported. To make as much money as possible, the owners overcrowded the ships. The convicts were chained below deck, where there was no sunlight or fresh air. They suffered a lot, and many died on the way. Because so many died on the ships, later the government paid a bonus to ship owners whose passengers had arrived safe at the end of the journey.

For convicts who made it to Australia, conditions were a little better. Those who were well-behaved were sent to settlers as workers or servants, and if they worked for good people, they served out their sentences under better conditions. Other convicts worked in groups for the (④). They did various kinds of jobs, such as clearing land, making roads and bridges, and constructing public buildings. Those convicts who refused to work or tried to escape were severely punished.

Convicts were not the only settlers in the country; free settlers had been coming from Britain and starting farms since 1793. In the beginning, the convicts were a great help to the new settlers. But later, when the number of free settlers grew, they objected to the transportation of convicts. They thought it was unfair that their new land was filled with criminals. By 1840, objection ⑤[that / convicts / more / strong / no / so / were / was] transported to the mainland. Instead, they were sent from there to Tasmania, an island south of Australia.

Convicts had never been sent to western Australia, but in the middle of the nineteenth century, the colony there suddenly asked for them. There was a shortage of labor in the area, and the colony could only progress with convict labor. Britain supplied the colony with convicts starting in 1850 and ending in 1868, and the convicts helped build it up by constructing roads, bridges, and public buildings.

A total of 162,000 men and women — transported on 806 ships — came as convicts to Australia. By the time the British policy of transportation ended, the population of Australia had increased to over a million. Without the convicts' hard work, first as servants and later as settlers, it wouldn't have been easy for the government and the free settlers to create a nation. The transportation of convicts is an essential part of Australia's history. Today, many Australians respect their convict ancestors and are thankful for all the effort they put into the country.

注) Portuguese ポルトガルの　explorer 探検家　barren 不毛の　botanist 植物学者
fertile 肥沃な　settlement 居住地　convict 受刑者　sentence 刑(を宣告する)
criminal 犯罪者　declare 宣言する　jail 刑務所　colony 植民地　fleet 船団
deck 甲板　well-behaved 行儀のよい　settler 入植者　object 反対する
shortage 不足　labor 労働力　essential 不可欠な

問1. [A] − [B] − [C] に入る文の組み合わせとして最もふさわしいものを選び，記号で答えなさい。

1. However, all this changed with the loss of the American colonies.
2. Joseph Banks, Captain Cook's botanist, suggested Australia as a good place for a convict settlement.
3. For many years it was the policy of the British government to send convicts to America.

ア．1−2−3　イ．1−3−2　ウ．2−1−3
エ．2−3−1　オ．3−1−2　カ．3−2−1

問2. (D)～(F)に入る語の順番として最もふさわしいものを選び，記号で答えなさい。

ア．seamen − convicts − soldiers　イ．seamen − soldiers − convicts
ウ．convicts − soldiers − seamen　エ．convicts − seamen − soldiers
オ．soldiers − convicts − seamen　カ．soldiers − seamen − convicts

問3. 下線部①の意味に最も近いものを選び，記号で答えなさい。

ア．seriousness　イ．pleasure　ウ．atmosphere　エ．popularity

問4. 下線部②の意味に最も近いものを選び，記号で答えなさい。

ア．interesting　イ．reasonable　ウ．economical　エ．terrible

問5. (③)に適するものを選び，記号で答えなさい。

ア．finger　イ．head　ウ．eye　エ．ear

問6. (④)に適するものを選び，記号で答えなさい。

ア．government　イ．soldiers　ウ．passengers　エ．ship owners

問7. 下線部⑤の[　　]内の語句を正しく並べかえなさい。

問8. 本文の内容に合うものを2つ選び，記号で答えなさい。

ア．The British government didn't make any effort to settle Australia because they didn't know how good the land was.

イ. The British government has never sent criminals to America in history.

ウ. One of the largest cities in Australia was named after Joseph Banks, the British explorer Captain James Cook's botanist.

エ. Only the convicts who killed people or stole money were on the First Fleet.

オ. As the ships were overcrowded and the convicts on board were badly treated, many of them lost their lives during the journey.

カ. A lot of free settlers from Britain had already started farms in Australia before the First Fleet arrived in 1788.

キ. The colony in western Australia needed lots of help of convicts to develop.

ク. The population of Australia reached over a million after the British government stopped sending convicts.

問9. この文章のタイトルとして最もふさわしいものを選び，記号で答えなさい。

ア. 『イギリスにおける司法制度の歴史』

イ. 『イギリスの植民地計画』

ウ. 『オーストラリアの労働者問題』

エ. 『オーストラリア建国の背景』

③　先生が生徒に大切なことをおっしゃられました。

（ア）申し　（イ）おっしゃい　（ウ）お話しになられ

（エ）お話しいたし

④　お客様が新製品を拝見しました。

（ア）御覧になり　（イ）お目にかかり　（ウ）お目にとまり

（エ）拝聴し

⑤　あなたのお母様からくださった桃はとてもおいしかった。

（ア）もらわれた　（イ）頂戴なさった　（ウ）差し上げた

（エ）いただいた

三、次の①～⑤の――線部のカタカナをそれぞれ異なる漢字に改め、そのうちの二字を組み合わせて熟語を完成させなさい。

①
（ア）彼の表情はカタい。
（イ）外出をカタく禁ずる。
（ウ）カシの木はカタい。

②
（ア）兄の友人に便宜をハカる。
（イ）家から駅までの時間をハカる。
（ウ）空港で手荷物の重さをハカる。

③
（ア）母に頼まれて祝電をウつ。
（イ）猟銃でキジをウつ。
（ウ）敵をウつ芝居を見た。

④
（ア）親の言い付けをキく。
（イ）先生の講演をキく。
（ウ）この薬はよくキく。

⑤
（ア）問題の解決にツトめる。
（イ）応援団長をツトめる。
（ウ）銀行にツトめる。

四、次の①～⑦の――線部を漢字に改め、⑧～⑩の――線部の読みをひらがなで答えなさい。

①　事実をシサイに調べる。

②　兄はジキに帰ってくるでしょう。

③　センプウを巻き起こす。

④　条約にショメイする。

⑤　ジュミョウの短い電池。

⑥　とっておきの話をヒロウする。

⑦　不意の来客にアワてる。

⑧　彼のプレーは神業だ。

⑨　パンを一斤買いに行く。

⑩　古くは役人を官吏と言った。

Dの中から選び、記号で答えなさい。

問九、［a］～［c］に当てはまる最も適切な言葉を次の（ア）～（エ）の中からそれぞれ選び、記号で答えなさい。

（ア）しかし　（イ）もちろん
（ウ）ただし　（エ）たとえば

問十、――線⑨「抽象とは、具体的な物事から共通する要素を抜き出すことをいいます」とありますが、本文中に挙げられている「共通する要素」を抜き出して答えなさい。

問十一、――線⑩「枝葉」の対義語を答えなさい。

問十二、――線⑪「具体的な物事」として示されている例を答えなさい。

問十三、――線⑫「後世」とありますが、「世」の読み方が同じ熟語を次の（ア）～（エ）の中から選び、記号で答えなさい。

（ア）隔世　（イ）出世
（ウ）来世　（エ）世襲

問十四、――線⑬「私たちがよくやりがちな失敗」とありますが、「私たち」はなぜ「失敗」するのですか。答えなさい。

問十五、――線⑭「相関関係とは、二つのものごとが単にかかわり合う関係」とありますが、本文中に挙げられているこの「関係」の具体例を記した次の［X］・［Y］に当てはまる言葉をそれぞれ五字以内で抜き出して答えなさい。

［X］こと
と
［Y］こと

問十六、本文中の［　］の中の（ア）～（オ）を適切な順序に並べ替えなさい。

問十七、［⑮］に当てはまる一文を考えて答えなさい。

問十八、――線⑯「それ」の指示内容を十字前後で答えなさい。

問十九、――線⑰「そういうふうに理論を立てたのです」とありますが、その「理論」をどういうふうに表現していますか。本文中から二つ抜き出して答えなさい。

問二十、――線⑱「ヘンテコな理論」とありますが、この場合の「理論」を三十字前後で答えなさい。

問二十一、［⑲］に当てはまる言葉として最も適切なものを次の（ア）～（エ）の中から選び、記号で答えなさい。

（ア）検証という手続きを経て実証しない
（イ）実験という手続きを経て検証しない
（ウ）実証という手続きを経て検証しない
（エ）理論という手続きを経て実証しない

二、次の①～⑤の――線部の敬語の用法には誤りがあります。正しい表現として最も適切なものを次の（ア）～（エ）の中からそれぞれ選び、記号で答えなさい。

①　私はその話をお聞きになっております。
（ア）お知りになって　（イ）存じて　（ウ）参上して
（エ）お承りになって

②　父が八時にこちらにいらっしゃいます。
（ア）おいでになり　（イ）お越しになり　（ウ）伺い
（エ）召し上がり

相関関係と因果関係の取り違えからもわかるように、見た目だけにとらわれると、私たちは間違った仮説を持ちやすいのです。それは古代ギリシャの偉大な哲学者であるアリストテレスも同じでした。

紀元前四世紀にアリストテレスは、音は光よりもスピードが遅いことに気づきました。どうして、そのことがわかったのでしょうか。

たとえば、稲妻が光ってから雷鳴がとどろくまで、時間差がある。ピカッと光ったのに、ゴロゴロという音が届くまでには時間がかかりますね。あるいは、遠くで船を漕《こ》いでいるオールが水をバシャッと叩《たた》いた。⑯それは瞬時に見えるけれども、そのオールが水を叩く音が自分のところで聞こえるまでには時間がかかります。

こうしたことを観察して、アリストテレスは、音速は光速よりもずっと遅いと考えたわけです。

当時は、光速を測るような機器はありませんから、光の具体的なスピードはわかりません。でも、観察から導いたアリストテレスのこの仮説が正しいことを私たちは知っています。

しかし、観察するだけでは誤ることもあります。アリストテレスは、なぜ物が落ちるのだろうかと疑問を持ちました。考えた結果、きっとその物体にはもともと下に向かって落ちていく性質があると考えました。

たとえば、土を落とすと地面に落ちていくのは、土は本来、下にあるのが自然な状況であり、その自然な場所に行こうとしているんだと分析したのですね。その逆のケースもあります。火花が空に向かっていく。すると、火花はそもそも空にあるのが自然であるから、上に向かっていくのだ。⑰そういうふうに理論を立てたのです。

現代の眼からは⑱ヘンテコな理論に見えますが、それは私たちが重力や万有引力の法則を知っているからでしょう。

紀元前四世紀の段階で、アリストテレスはさまざまな自然現象を分析して、仮説を立てました。そのなかには音速と光速の関係のように、今から見ても正しい仮説がある一方、物体の運動については、勝手な決めつけをしてしまったのです。

ただ、そのどちらもまだ「実証」という手続きには至っていません。観察をすれば、仮説はいろいろ立てられます。でも、その仮説は、さきほど説明したような［⑲］と、勝手な決めつけになってしまうということです。

（池上彰『はじめてのサイエンス』による）

問一、――線①「科学の法則や理論」とはどんなものだと筆者は捉えていますか。本文中から十字以内で抜き出して答えなさい。

問二、――線②「絶対的な真理ではない」とありますが、その理由を解答欄の「から。」に続くように本文中から十五字以内で抜き出して答えなさい。

問三、――線③の［A］・［B］にそれぞれ漢字一字を当てはめ、四字熟語を完成させなさい。

問四、――線④「限られた認識の手段」とありますが、「手段」にあたるものを本文中から抜き出して答えなさい。

問五、――線⑤「科学的な態度」とはどんなことですか。本文中から抜き出して答えなさい。

問六、［⑥］に当てはまる言葉をひらがな三字で答えなさい。

問七、――線⑦「立てます」の主語を本文中から一文節で抜き出して答えなさい。

問八、――線⑧「当然」が直接かかっていく部分を本文中の〜〜〜線A〜

二つのものごとが原因・結果でつながる関係です。

二〇〇三年に、国立教育政策研究所が、毎日朝食をきちんと食べている子どもは成績がいいという研究結果を発表しました。なぜ、そんなことがわかるのでしょうか。

毎年、文部科学省は全国学力テストを実施していて、テストと同時にアンケートも取っています。テストの結果とアンケートを照らし合わせてみると、成績のいい子どもの多くが、毎日きちんと朝食を食べていることがわかりました。この結果から、「朝食を食べると、子どもの学力が上がる」と主張する人が出てきたのです。

そういう人は、朝食を食べるときちんとした栄養が体内に入って、脳にエネルギーが送られ、それによって午前中からしっかりと勉強に集中することができるから、学力が高くなると考える。つまり、朝食と学力の間に因果関係があると考えたわけです。

たしかに、朝食を食べたほうがいいに決まっていますが、これを本当に因果関係と言えるのでしょうか。

朝食を毎朝きちんと食べているということは、規則正しい生活を送っているということです。深夜遅くまでダラダラと起きていれば、朝、ギリギリに起きて、朝食を食べる間もなく学校に行ってしまうでしょう。

(ア) そういう親は、朝食をきちんと食べさせるだけではないでしょう。(イ) そうなると、親のしつけと学力という因果関係も考える必要が出てきます。(ウ) では、規則正しい生活をしているのはどういう子どもでしょうか。(エ) それ以外に、「勉強しなさい」と言ったり塾に通わせたり、子どもの学習に積極的にかかわる親も多いかもしれない。(オ) おそらく、そういう子どもには、規則正しい生活をさせている親がいるのではないでしょうか。

あるいは、学校の先生が「きちんと朝食を食べましょう」と、生徒に指導をしていたら、どうでしょうか。こういう先生は、子どもの指導に熱心だから、勉強も熱心に教えるのではないでしょうか。この場合、先生の熱意と学力との間に因果関係がある可能性もあるわけです。

つまり、「朝食を食べること」と「学力が高い」の間には、相関関係があるとは言えるかもしれません。しかし、「朝食を食べるから学力が上がる」という因果関係があるとまでは言いきれないということです。

同じような例で、OECD(経済協力開発機構)が実施しているPISAというテストがあります。このテストは、三年に一度、世界の国々の一五歳の子どもたちが受けています。その分析から、新聞を読んでいる子ほど学力が高いという結果が出ました。

新聞社は大喜びです。喜ぶのはいいけれど、勢いあまって「新聞を読むと、子どもの学力が上がります」と言ったら、これは科学的な態度として失格でしょう。つまり、これも相関関係を因果関係と取り違えているということです。

たしかに新聞を読んでいれば、学力が上がるのかもしれない。でも、逆の解釈もできるでしょう。つまり、[　⑮　]というわけです。

統計的に「学力の高い子は、ニュースへの関心が高い」ことがわかっただけでは、「ニュースに関心を持つと、学力が高くなる」という因果関係は導けないのです。

成功したら、実験の条件や手続きを明らかにして、誰でも再現実験をできるようにする。再現実験でも、同じような結果が出た。そうなれば仮説は、とりあえずの真理として成立するということです。これが科学的な理論や法則ということになります。

教科書に載っている「法則」「理論」にしても、最初から一〇〇パーセント正しいものと認められていたわけではありません。多くの人がチェックを重ねるなかで、徐々に「正しい」と認められるようになっていったのです。

先に挙げた「万有引力の法則」にしても、一七世紀にニュートンが発見して以来、長い間「真理」として認められてきましたが、二〇世紀初頭になると、アインシュタインが提唱した重力理論に取って代わられました。アインシュタインは誰もが正しいと思っていた万有引力の法則を疑うことで、科学をさらに前進させたのです。真理とは絶対的なものではなく、「とりあえずの真理」なのです。

では、科学者はどのように仮説を立てるのでしょうか。仮説を立てるうえで重要なのが、物事を抽象化することです。

⑨抽象とは、具体的な物事から共通する要素を抜き出すことをいいます。共通する要素を抜き出すためには、よけいな⑩枝葉は切り捨てていく必要がある。つまり科学者が物事を観察するときは、よけいな要素を切り捨てて、仮説になるような要素を抽象化していくわけです。

[c]、リンゴの実が木からポトンと落ちた。ふつうの人なら「リンゴの実が落ちるのは当たり前だ」ということで、わざわざ立ち止まって考えないでしょう。でもニュートンのような科学者は、リンゴが落ちるのを見て、「なぜ物は上から下に落ちるんだろう？」と疑問を持って、ここから物が落ちる理由について仮説を立てるわけです。

このとき科学者は、リンゴが落ちるという運動に注目しています。ですから、リンゴの色や香りという枝葉は捨てていることになります。そうやってさまざまな物が落ちる運動に着目し、その理由を考える。あるいは、月は落ちてこないので、その理由も考えてみる。こうして⑪具体的な物事を抽象化することで、万有引力の法則に行き着いたのです。

このように、ニュートンはリンゴが落ちるのを見て、万有引力の法則を発見したと言われています。でも、このエピソードは本当でしょうか。検証していくと、じつは相当あやふやなことになってきました。

ニュートンが教えていたケンブリッジ大学トリニティカレッジの入り口のところには、万有引力の法則を発見したときに落ちてきたリンゴの子孫の木が植えられています。観光名所にもなっていますが、これを見ると、ますます先のエピソードが真実味を帯びてきますね。

ところが調べてみると、「私はリンゴの実が落ちるのを見て万有引力の法則を発見した」と、ニュートン本人から直接聞いた人はいません。じつは、ニュートンの姪《めい》の話を聞いた人が情報元なのです。ニュートンが本当にそう言ったかどうかは確実とは言えません。⑫後世の人が面白く物語にしただけかもしれないのです。

このように、科学的な態度とは、疑問や問いを持って物事を見るということです。そして、観察した物事を抽象化して仮説を立てることが、科学という営みの最初のプロセスです。

しかし、この仮説を立てるときに、⑬私たちがよくやりがちな失敗があります。それは、⑭相関関係と因果関係を取り違えてしまうということ。相関関係とは、二つのものごとが単にかかわり合う関係、因果関係とは、

【国語】（五〇分）〈満点：一〇〇点〉

【注意】字数指定がある問いでは、句読点・記号なども一字として数えます。

一、次の文章を読んで、後の問いに答えなさい。（字数指定がある問いでは、句読点・記号なども一字として数えます。）

そもそも科学とは何でしょうか。

科学というと「法則」や「理論」、たとえば学校で習った「万有引力の法則」や「相対性理論」を思い出す人もいるかもしれません。私たちは法則や理論を「一〇〇パーセント正しい」と思いこんでしまいがちです。ところが、①科学の法則や理論はそのような②絶対的な真理ではないのです。

テレビ番組では「驚きの真実が明らかに！」という言い方をよく使います。こういう言い方をすると、視聴者は一〇〇パーセント正しい絶対的な真実があるように思ってしまいますから、私が担当する番組では「そういう言い方はしないでほしい」とお願いしています。人間の物の見方は完璧ではないのですから、一〇〇パーセント正しい真実を把握することはできません。そんなことができるのは、③全［A］全［B］の神様だけでしょう。

科学も同様です。「真実は、もしかしたらあるかもしれない。ならば、少しでもそこに近づきたい」。科学とはこのように、④限られた認識の手段を使って、少しずつ真理に近づいていこうとする営みだと思います。

では、科学はどのようにして真理に近づいていくのでしょうか。

その第一歩は、「疑うこと」から始まります。

「みんなはAだと考えているけど、本当かな？」

「なぜ、こんなことが起こるのだろう？」

自然科学であれ社会科学であれ、⑤科学的な態度を持つ人は、まわりの意見を［⑥］にせず、それが本当かどうかと疑い、「なぜだろう？」「どうしてだろう？」と問いを発します。

問いを発したら、次にその解答（回答）のための仮説を⑦立てます。科学という営みでは、それぞれの学者が仮説を立て、それを検討していきます。仮説というのは、文字どおり「仮につくりあげた説明」なので、それが正しいかどうかを確かめなければなりません。つまり、「検証」しなければなりません。

検証にはさまざまな方法があります。わかりやすいのは実験することです。実験をしてみて、仮説が裏づけられれば、その仮説は真理に近い説明だということができるでしょう。それでも、⑧当然、仮説とはA異なるB実験結果がC出てくることもDあります。

仮説どおりの実験結果が出ない場合は、仮説を修正しなければなりません。そして、修正した仮説が正しいかどうか、再び検証をしてみる。このように、仮説と検証を繰り返して、真理に少しでも近づこうとすることが科学という営みなのです。

［a］、仮説を検証する段階では、一人だけが実験に成功しても、その仮説は認められません。逆に言えば、誰でも同じ手順にもとづいて実験をすれば、同じ結果が出なければいけないのです。ですから「STAP細胞はあります」と言っても、世界中の学者が実験してみて再現できなかったら、その仮説は間違っているということです。

［b］最初の実験は、一人で行うことが多いでしょう。その実験に

平成30年度

解答と解説

《平成30年度の配点は解答用紙に掲載してあります。》

＜数学解答＞ 《学校からの正答の発表はありません。》

1. (1) $(x+2)(x+3)(x^2+5x-4)$ (2) $x=-2,\ 9$ (3) $\dfrac{39}{2}$ (4) $a=\dfrac{2}{5}$

2. (1) 104度 (2) $x=7,\ y=12$ (3) $x=\sqrt{6}-2$ (4) $\dfrac{1}{3}$ (5) 5

(6) $9\sqrt{3}+\dfrac{3}{2}\pi$

3. 60(途中式は解説参照)

4. (1) $C\left(5,\ \dfrac{25}{2}\right)$ (2) $1:4$ (3) $y=-\dfrac{11}{4}x+\dfrac{15}{2}$

5. (1) ア $360°-\angle AOC$ イ $180°$ ウ $\angle ACB$ エ $\angle ACE$

オ 2組の角がそれぞれ等しい (2) $6\sqrt{2}$ cm (3) $2\sqrt{2}$ cm

＜数学解説＞

1. (因数分解，2次方程式，平方根，変化の割合)

(1) $(x^2+5x)^2+2(x^2+5x)-24=(x^2+5x+6)(x^2+5x-4)=(x+2)(x+3)(x^2+5x-4)$

(2) $2(x-5)^2=(x-6)(x-7)+26$ $2(x^2-10x+25)=x^2-13x+42+26$ $x^2-7x-18=0$ $(x+2)(x-9)=0$ $x=-2,\ 9$

(3) $(\sqrt{27}-2)(3\sqrt{3}+4)-\dfrac{6\sqrt{72}-\sqrt{6}}{\sqrt{24}}=(3\sqrt{3}-2)(3\sqrt{3}+4)-\dfrac{6\sqrt{72}}{\sqrt{24}}+\dfrac{\sqrt{6}}{\sqrt{24}}=27+12\sqrt{3}-6\sqrt{3}-8-6\sqrt{3}+\dfrac{1}{2}=\dfrac{39}{2}$

基本 (4) $\dfrac{a\times7^2-a\times3^2}{7-3}=\dfrac{40a}{4}=10a$ よって，$10a=4$ $a=\dfrac{2}{5}$

2. (角度，食塩水，三平方の定理，確率，式の値，面積)

(1) 円の中心をOとする。$\overset{\frown}{CD}$の円周角だから，$\angle CAD=\angle CED=32°$ 円周角の定理より，$\overset{\frown}{BCD}$の中心角$\angle BOD=2\angle BAD=2\times(44°+32°)=152°$ よって，$\angle BCD=\dfrac{1}{2}\times(360°-152°)=104°$

(2) $300\times\dfrac{x}{100}+200\times\dfrac{y}{100}=(300+200)\times\dfrac{9}{100}$より，$3x+2y=45$…① $300\times\dfrac{2x}{100}+200\times\dfrac{9}{100}=(300+200)\times\dfrac{y}{100}$より，$6x-5y=-18$…② ①×2－②より，$9y=108$ $y=12$ これを①に代入して，$3x+24=45$ $x=7$

重要 (3) 最大長の辺は$x+6$だから，三平方の定理を用いて，$(x+3)^2+(x+5)^2=(x+6)^2$ $x^2+6x+9+x^2+10x+25=x^2+12x+36$ $x^2+4x=2$ $(x+2)^2=2+4$ $x+2=\pm\sqrt{6}$ $x=-2\pm\sqrt{6}$ $x>0$より，$x=\sqrt{6}-2$

(4) さいころの目の出方の総数は$6\times6\times6=216$(通り) 直径に対する円周角は90°だから，1と4を結ぶ線分を斜辺とする直角三角形の目の組み合わせは，(1，2，4)，(1，3，4)，(1，4，5)，(1，

4，6)の4通りで，それぞれ$3\times2\times1=6$(通り)ずつの目の出方がある。2と5を結ぶ線分，3と6を結ぶ線分をそれぞれ斜辺とする直角三角形の場合も同様であるから，求める確率は，$\frac{4\times6\times3}{216}=\frac{1}{3}$

(5)　$xy=\frac{3-\sqrt{5}}{2}\times\frac{3+\sqrt{5}}{2}=\frac{9-5}{4}=1$より，$x^9y^7+x^5y^7-2x^5y^5=(xy)^5(x^4y^2+y^2-2)=1^5\times(x^2y^2\times x^2+y^2-2)=x^2+y^2-2=(x+y)^2-2xy-2=\left(\frac{3-\sqrt{5}}{2}+\frac{3+\sqrt{5}}{2}\right)^2-2\times1-2=3^2-2-2=9-4=5$

重要　(6)　OからBCにひいた垂線をOHとすると，$\angle BOC=2\angle BAC=2\times60^\circ=120^\circ$　よって，$\angle BOH=\angle COH=120^\circ\times\frac{1}{2}=60^\circ$　△OBHは内角が30°，60°，90°の直角三角形だから，$OH=\frac{1}{2}OB=\frac{1}{2}\times6=3$，$BH=\sqrt{3}\,OH=3\sqrt{3}$　よって，$BC=2BH=6\sqrt{3}$　斜線部分の面積は，△OBC＋(直径BCの半円)－(おうぎ形OBC)$=\frac{1}{2}\times6\sqrt{3}\times3+\pi\times(3\sqrt{3})^2\times\frac{1}{2}-\pi\times6^2\times\frac{120}{360}=9\sqrt{3}+\frac{27}{2}\pi-12\pi=9\sqrt{3}+\frac{3}{2}\pi$ (cm²)

3.　(2次方程式の解と式の値)

$x=a$，bは$x^2-8x+6=0$の解だから，$a^2-8a+6=0$，$b^2-8b+6=0$　$(2a^2-16a+9)(3b^2-24b-2)=\{2(a^2-8a+6)-3\}\{3(b^2-8b+6)-20\}=(2\times0-3)(3\times0-20)=-3\times(-20)=60$

4.　(図形と関数・グラフの融合問題)

基本　(1)　直線OAの式は傾きが1で原点を通るから，$y=x$　これと$y=\frac{1}{2}x^2$とからyを消去して，$\frac{1}{2}x^2=x$　$x^2-2x=0$　$x(x-2)=0$　$x=0,\ 2$　よって，A(2，2)　直線ABの式を$y=-\frac{1}{2}x+b$とおくと，点Aを通るから，$2=-1+b$　$b=3$　よって，$y=-\frac{1}{2}x+3$　これと$y=\frac{1}{2}x^2$とからyを消去して，$\frac{1}{2}x^2=-\frac{1}{2}x+3$　$x^2+x-6=0$　$(x-2)(x+3)=0$　$x=2,\ -3$　よって，$B\left(-3,\ \frac{9}{2}\right)$　直線BCの式を$y=x+c$とおくと，点Bを通るから，$\frac{9}{2}=-3+c$　$c=\frac{15}{2}$　よって，$y=x+\frac{15}{2}$　これと$y=\frac{1}{2}x^2$とからyを消去して，$\frac{1}{2}x^2=x+\frac{15}{2}$　$x^2-2x-15=0$　$(x-5)(x+3)=0$　$x=5,\ -3$　よって，$C\left(5,\ \frac{25}{2}\right)$

重要　(2)　3点A，B，Cからそれぞれx軸にひいた垂線をAA′，BB′，CC′とする。OA//BCより，△OAB：△ABC＝OA：BC＝OA′：B′C′＝(2－0)：(5＋3)＝1：4

重要　(3)　BD：DC＝B′O：OC′＝3：5，OA：BC＝1：4＝2：8より，四角形OADB：△ADC＝(OA＋BD)：DC＝(2：3)：5＝1：1　よって，直線DAは四角形OACBの面積を2等分する。直線DAの式を$y=ax+\frac{15}{2}$とおくと，点Aを通るから，$2=2a+\frac{15}{2}$　$a=-\frac{11}{4}$　したがって，$y=-\frac{11}{4}x+\frac{15}{2}$

5.　(平面図形－証明と計量)

基本　(1)　△ADCと△ACEにおいて，円周角の定理から，$\angle ABC=\frac{1}{2}\angle AOC$…①　$\angle ADC=\frac{1}{2}(360^\circ-\angle AOC)$…②　①，②より，$\angle ABC+\angle ADC=180^\circ$…③　また，AB＝ACより，$\angle ABC=\angle ACB$…④　さらに，$\angle ACB+\angle ACE=180^\circ$…⑤　③，④，⑤より，$\angle ADC=\angle ACE$…⑥　また，共通な角だから，$\angle DAC=\angle CAE$…⑦　⑥，⑦より，2組の角がそれぞれ等しいから，△ADC∽△ACE

重要 (2) AD＝DE＝xとおく。△ADC∽△ACEより，AC：AE＝AD：AC　6：$2x$＝x：6　$2x^2=36$
$x^2=18$　$x>0$より，$x=3\sqrt{2}$　よって，AE＝$2x=6\sqrt{2}$(cm)

重要 (3) CE＝yとおく。△ABEと△CDEにおいて，④より，∠ABE＝∠ACB　∠ACB＋∠ACE＝180°
∠CDE＋∠ADC＝180°だから，⑤，⑥より，∠ACB＝∠CDE　よって，∠ABE＝∠CDE…⑧
また，共通な角だから，∠AEB＝∠CED…⑨　⑧，⑨より，2組の角がそれぞれ等しいから，
△ABE∽△CDE　BE：DE＝AE：CE　$(y+5):3\sqrt{2}=6\sqrt{2}:y$　$y(y+5)=3\sqrt{2}\times6\sqrt{2}$
$y^2+5y-36=0$　$(y+9)(y-4)=0$　$y>0$より，$y=4$　よって，AB：CD＝AE：CE　6：
CD＝$6\sqrt{2}$：4　$CD=\dfrac{6\times4}{6\sqrt{2}}=2\sqrt{2}$(cm)

★ワンポイントアドバイス★

記述式問題は1題であったが，証明の穴埋め問題が出題された。計算力も必要なので時間配分を考えながら，できるところから解いていこう。

＜英語解答＞ 《学校からの正答の発表はありません。》

Ⅰ　1 イ　2 エ　3 ア　4 エ　5 ウ　6 ウ
Ⅱ　1 impossible　2 leaves　3 chosen　4 uniform　5 nurse
Ⅲ　1 A greater　B that　C of　2 A are　B caused　C drivers
　3 A a　B chance　C study　4 A old　B be　C care
　5 A was　B to　C put　6 A on　B is　C I
Ⅳ　1 ウ　2 エ　3 ア　4 オ　5 イ
Ⅴ　1 イ　2 ア　3 エ　4 ウ　5 エ
Ⅵ　問1 オ　問2 ウ　問3 ア　問4 エ　問5 イ　問6 ア
　問7 was so strong that no more convicts were　問8 オ，キ　問9 エ

＜英語解説＞

Ⅰ (語句補充・選択：分詞，接続詞，助動詞，付加疑問文，代名詞)

1 「エジプトにスコーピオンという名の偉大な王がいた」 A named B「Bという名のA」

2 「私が行ったとき，母はその店を出ていた」 接続詞 when「～したとき」

3 「あなたは今朝からずっと一生懸命働いている。とても疲れているにちがいない」 must「～にちがいない」(推量)

4 「私のチームメイトたちはコーヒーをほしがったので，私が彼らにコーヒーを入れた」〈make＋人＋物〉「(人)に(物)を作る」 some は some coffee を表す。

5 「彼は会議に来ないよね？」 付加疑問文。I think 「私が思う」の部分ではなく，he won't come ～「彼は来ない」に対して相手に確認を求めるので，will he? を付ける。

6 「ジャックは昨夜帰宅途中に古い友人の1人に会った」 この his は所有格「彼の」ではなく，所有代名詞「彼のもの」〈a friend of ＋所有代名詞〉「～の友人の1人」

基本 Ⅱ (語彙：単語)

1 「彼にとって不可能なものは何もない」「実現することができない，実行されることができない」

2 「秋の葉が落ち始めた」「植物や木の，平たくて緑色の部分」 動詞が were となっていることから，leaf「葉」の複数形 leaves を入れる。

3 「私たちは音楽祭のために選ばれた歌を練習した」「どれがほしいか決めること」 choose「選ぶ」の過去分詞 chosen を入れる。

4 「この学校の制服はユニークなデザインで有名だ」「特定の学校に通っている子供たちが着る特別な服」

5 「姉はナイチンゲールのような看護師になりたいと思っている」「病院で病人やけが人の世話をする人」

重要 Ⅲ （語句整序：比較，代名詞，受動態，分詞，不定詞，熟語，関係代名詞，前置詞）

1 (The volume of the sun is) much greater than that of the earth. 比較級の文。much は比較級を強める。that は the volume の繰り返しを避けるために用いられている。

2 (These days,) many traffic accidents are caused by drivers using (mobile phones.) cause「～を引き起こす」を受動態〈be動詞＋過去分詞〉にした文。using mobile phones は drivers を後ろから修飾する形容詞的用法の現在分詞句。

3 (We need to) give young people a chance to study abroad. 〈give ＋人＋物〉「(人)に(物)を与える」 to study abroad「外国で学ぶ」は chance を後ろから修飾する不定詞句。

4 (You're) old enough to be able to take care of (yourself.) 直訳は「あなたは自分自身の世話ができるくらい十分に年を取っている」〈… enough to ＋動詞の原形〉「～するくらい十分…」〈be able to ＋動詞の原形〉「～できる」 take care of ～「～の世話をする」

5 (The game) I was looking forward to was put off (because of the rain.) I の前に目的格の関係代名詞が省略されており，I was looking forward to「私が楽しみにしていた」が game を後ろから修飾する。文の動詞は put off ～「～を延期する」を受動態にして was put off となる。look forward to ～「～を楽しみにする」

6 (The girl) with flowers on her head is the one I (talked to this morning.) with ～ は「～を付けた」という意味で，with flowers on her head「頭に花をつけた」が girl を後ろから修飾する。the one は the girl の意味。I の前には目的格の関係代名詞が省略されており，I talked to this morning「私が今朝話しかけた」が後ろから one を修飾する。

やや難 Ⅳ （長文読解問題・自然科学系論説部文：脱文補充）

（全訳） 宇宙はごみでいっぱいだ，しかし古い食品や箱のように，あなたがふつう思い浮かべるようなごみではない。(1)宇宙のごみは主に，ロケットなど人間が宇宙に送ったものから出た金属片や様々なかけらである。非常に大きな金属片もあれば，非常に小さな塗料のかけらもある。そのごみは非常に速いスピードで移動するので，よくないことだ。様々な国が常に宇宙に宇宙飛行士を送っている，そしてこれらのごみが宇宙飛行士にぶつかると，非常に危険だ。このため，宇宙飛行は入念に管理されなくてはならない。(2)宇宙の中にはごみが非常に少ない場所もある。それらは宇宙飛行士が通過するのに安全な場所だ。

ゆうに100万個を超える宇宙ごみが地球の周りを回っている。問題は，このごみの行く場所がないということだ。地球の周りを回り続けるしかない。

(3)地球に戻ってくるごみもある。そのようなとき，ごみは地球の表面に到達する前に非常に熱くなり，大気中で完全に燃え尽きる。この燃えているごみは空を横切る明るい光のように見えるので，時々目にすることがある。しかし今のところ，大気中で燃え尽きたごみはあまり多くない。(4)ごみのほとんどが地球から遠く離れたところにある。このごみが地球の大気に突入するには数千年もかかるかもしれない。

(5)私たちがすべてのごみを回収しに行くことはできない。りんごより小さいごみは宇宙で見つけるのがかなり困難だ。私たちにできる唯一のことは，大きなごみを注意深く観察し，宇宙にいる人たちにそれらを避けるように言うことだけだ。

問　全訳下線部参照。

V　**(長文読解問題・紹介文：内容吟味，英問英答，要旨把握)**

（全訳） 1991年，フィリピンのピナツボ山が世界を驚かせた。6月15日，500年の沈黙を経て噴火したのだ。ピナツボ山は火山だが，近くに住む人々はその火山が目を覚ますとは思っていなかった。それは20世紀で2番目に大きな噴火だった。100万人以上の人々が避難しなくてはならず，700〜900人が死亡した。驚くべきことに，わずか数年後にルソン島の暮らしは正常に戻り，人々は再びその火山の下に家を建て，働いていた。

なぜ人は火山の近くに住むのか。その火山が美しいから，または大きな都市がすでにそこにあるから，という理由でそこに住むのかもしれない。多くの国で人々は職を探しに街に出る。彼らは火山を気にしない。家族を養おうとしているのだ。火山の近くの土地は農業に適しているので火山の近くに住む人もいる。火山は地球の灰を放出し，その灰が植物を育てるのに良い。理由は何であれ，火山の近くに住むほとんどの人々は，火山が危険だということをおそらく認識していない。

「火山やその周辺の環境は，住むにも働くにも休暇を取るにも美しい所で，火山危険地域に引っ越す人の数は発展途上国でも先進国でも増えています」とアメリカ地質調査所の火山災害援助計画の所長であるC・ダン・ミラー氏は言った。ミラー氏は例として南イタリアを挙げた。ベスビオ山はナポリのすぐ際にあり，2000年の噴火の歴史があります。しかし，その山の30キロ以内に375万人が住んでいます。もしまたベスビオ山が噴火したら，これらの人々はどうするのでしょう？　ナポリほどの大きさの街から逃げることは誰も想像できません」とミラー氏は言った。

世界で最も伝説的な火山の1つは，シチリアのエトナ山だ。シチリアは地中海の島で，500万人以上が住み，彼らは代々そのような有名な火山の近くに住んでいることを誇りに思っている。エトナ山は最近非常に活発で，ほぼ毎年噴火があるが，その噴火はとても落ち着いているので，数多くの観光客が「安全な」活火山を見に行く。これらの噴火は見て美しく，観光客がけがをすることはめったにない。シチリア人はエトナ山を「良い山」と呼ぶ。彼らはその火山を母と思っている，なぜなら彼らに良い生活を与えてくれるからだ。実際，エトナ山の近くに住む人々は自分たちを「エトナ人」と呼ぶ。

科学者は「良い」火山はないと言う。すべての火山が危険になりうるが，人々は火山の近くの地域に引っ越すのをやめない。だからもしあなたの町の近くに山があるなら，よく見てほしい。それは単に岩を積み上げたものなのか。それとも眠れる竜なのか。

1 「ピナツボ山の噴火はルソン島の暮らしをどう変えたか」「わずか数年後に暮らしは正常にもどった」 第1段落最終文参照。

2 「人々が火山の近くに住みたがる理由として挙げられていないものはどれか」「低価格の住居」

3 「火山の近くに住む人々について正しいのはどれか」「火山の近くに住む人々はふだん噴火の危険について気に留めない」 第2段落最終文参照。

4 「次のうち正しいのはどれか」「エトナ山はずっと非常に活発だが，多くの観光客に愛されている」 第4段落第3文参照。

5 「筆者が最も言いたいことは何か」「自分の町の近くの山が安全かどうか確認する必要がある」 最終段落参照。

Ⅵ （長文読解問題・歴史：文補充，語句補充・選択，同意語，熟語，語句整序，接続詞，受動態，内容一致，要旨把握）

（全訳） イギリス人はオーストラリアに到着した最初のヨーロッパ人ではなかった。オランダ人，スペイン人，そしてポルトガル人が彼らより前に，その広大な大陸をあまり注目することなく通り過ぎた。イギリス人のダンピアはオーストラリアに上陸した時，その土地は不毛で役に立たないと言った。その後イギリスの探検家ジェームズ・クック船長がダンピアは間違いであると証明した。彼はオーストラリアに1770年に上陸し，植物学者のジョセフ・バンクと共に東海岸は豊かで肥沃であることを発見した。クック船長はオーストラリアで見たすべての土地について優れた報告をしたが，その後数年間イギリス政府はそこに居住地を作ろうとしなかった。

[A]イギリスは何年もの間，政策として受刑者をアメリカに送っていた。そこで罰として，これらの受刑者たちは刑期を務めあげるまで大きな農場で働かなくてはならなかった，そしてその後彼らは釈放された。犯罪者を海外に送るこの政策は「流刑」と呼ばれた。

[B]しかしながら，アメリカの植民地を失ったことでこれらすべてが変わった。1776年，彼らはイギリスからの独立を宣言したのだ。彼らがアメリカ合衆国になると，イギリス政府は受刑者を送るのをやめなくてはならなかった。政府は難しい立場に置かれた。人々が流刑を宣告されているのに，送る場所がないのだ。すぐに刑務所が過密になった。

[C]クック船長の植物学者であるジョセフ・バンクが，オーストラリアを受刑者の居住地に良い場所だと提案した。彼は「あそこの土壌は良く，すぐに自分たちの食料をすべて育てられるでしょう」と言った。シドニー卿は，彼の名前からオーストラリア最大の都市の1つが名付けられたのだが，イギリスの植民地の管理をする任務を負っていた。彼はバンクの計画を試してみることにした。彼はアーサー・フィリップ船長に新しい居住地の管理を任せた。

1787年5月，11艘から成る最初の船団がイギリスを出発しオーストラリアへ向かった。約1,400人が乗船しており，そのうち780人が(D)受刑者だった。残りは主に受刑者を警護する(E)兵士と，船上で働く(F)船員だった。受刑者のおよそ20パーセントが女性だった。最年長の受刑者は82歳，最年少は10歳程度だった。オーストラリアへの旅はとても時間がかかった。8か月もかかったのだ。そのうち6か月は海上で過ごし，2か月は食料や水を得るために港で過ごした。その船団は1788年，ついにオーストラリアに到着した。さらに2つの受刑者船団が1790年と1791年に到着し，その後70年以上も船がオーストラリアに来ることが続いた。

受刑制度の主な問題はその罰の①厳しさだった。最初の船団の受刑者の中には，コートを盗んだために流刑にされた女性がいた。イギリスはまた，主人のウサギを殺したために14年の刑を受けた男性を流刑にした。異なる政治的意見を支持したという理由だけで流刑にされた者もいた。大勢本当の犯罪者も流刑にされたが，現在の基準ではその受刑者の多くが犯罪者だと見なされないだろう。

船上の環境は②嘆かわしいものだった。船の所有者は「③頭数」によって，つまり彼らが運んだ人数によって支払われた。できるだけ多くの金を稼げるように，所有者は船に過剰に人を乗せた。受刑者たちは甲板の下に鎖でつながれ，そこには日光も新鮮な空気もなかった。彼らはとても苦しみ，多くが途中で死亡した。非常に多くの人々が船上で亡くなったので，後に政府は乗客が旅の終わりに無事に到着した場合，船の所有者にボーナスを支払った。

オーストラリアへ無事到着した受刑者にとって，状況は少しましだった。行儀のよい者たちは労働者や召使いとして入植者のところへ送られた。そして彼らが善良な人々のもとで働けたら，より良い状況で刑期を務めることができた。集団で④政府のために仕事をする受刑者もいた。彼らは土地の清掃，道路や橋の建設，公共の建物の建設など様々な種類の仕事をした。働くのを拒否したり脱走を試みたりした受刑者は厳しい罰を受けた。

その国にとって受刑者たちだけが入植者ではなかった。1793年以降，自由入植者がイギリスから来て農業を始めていたのだ。最初の頃，受刑者たちは新しい入植者たちにとって大いに助けとなった。しかし後に自由入植者の数が増えると，彼らは受刑者の流刑に反対した。彼らは自分たちの新しい土地が犯罪者でいっぱいになるのは不公平だと考えた。1840年までには反対が⑤とても強くなったので，受刑者たちはもう本土に流されなくなった。代わりに，彼らはそこからオーストラリアの南にあるタスマニア島へ送られた。

受刑者たちはオーストラリア西部には送られていなかったが，19世紀中頃，そこの植民地が急に彼らを要請した。その地域では労働力不足で，植民地は受刑者の労働力でようやく発展することができた。イギリスはその植民地に対する受刑者の供給を1850年に開始し，1868年に終了した，そして受刑者たちは道路，橋，公共の建物の建設によって，その植民地が完成するのに協力した。

合計16万2000人の男女が，806艘の船で，オーストラリアへ受刑者としてやってきた。イギリスが流刑政策を終えた頃までに，オーストラリアの人口は100万人以上に増えていた。最初は召使いとして，後に入植者として，受刑者たちの重労働がなければ，政府や自由入植者が国を築くのは簡単ではなかっただろう。受刑者の流刑はオーストラリアの歴史において不可欠なものだ。現在，多くのオーストラリア人は自分たちの受刑者の先祖を尊敬し，彼らが国に注いだすべての努力に対して感謝している。

問1　全訳下線部参照。

問2　全訳下線部参照。seaman「船員」

問3　severity「厳しさ」　選択肢の中ではア seriousness「深刻さ」が一番近い。

問4　deplorable「嘆かわしい，ひどい」= terrible「ひどい」　下線部②を含む段落は，船上の劣悪な環境について述べたものである。

問5　per head「1人当たり」

問6　直後の文に，公共工事で働いたことが書かれていることから「政府のために」が適切。

重要 問7　so … that ～「とても…なので」の構文にする。no more ～「もう～ない，それ以上は～ない」

重要 問8　ア「イギリス政府はオーストラリアを入植地にする努力をしなかった，なぜならその土地がどれほどよいか知らなかったからだ」(×)　イ「イギリス政府は歴史上，犯罪者をアメリカに送ったことはない」(×)　ウ「オーストラリア最大の都市の1つは，イギリス人探検家ジェームズ・クック船長の植物学者だった，ジョセフ・バンクスから名付けられた」(×)　エ「人を殺したか金を盗んだ犯罪者だけが最初の船団に乗せられた」(×)　オ「船は過密状態で受刑者たちは船上でひどい扱いを受けていたため，彼らの多くが旅の途中で命を落とした」(○)　カ「最初の船団が1788年に到着する前に，すでに多くのイギリス人自由入植者がオーストラリアで農場を開いていた」(×)　キ「オーストラリア西部の植民地は発展するために受刑者の助けを大いに必要としていた」(○)　ク「イギリス政府が受刑者を送るのをやめたあと，オーストラリアの人口は100万人を超えた」(×)　流刑をやめた時までに100万人を超えていた。

問9　この文の主旨は，オーストラリアの建国にあたり，イギリスから流刑となった受刑者たちが大きな役割を果たした，ということなので，エがタイトルとして最もふさわしい。

★ワンポイントアドバイス★

Ⅵの長文読解問題は，オーストラリア建国の歴史を説明する文。非常に文章量が多いので時間配分に十分注意すること。

＜国語解答＞ 《学校からの正答の発表はありません。》

一　問一　とりあえずの真理　問二　人間の物の見方は完璧ではない(から。)(14字)
問三　A　知　B　能　問四　(例)　仮説と検証　問五　(例)　仮説と検証を繰り返して，真理に少しでも近づこうとすること　問六　うのみ　問七　学者が　問八　D
問九　a　ア　b　イ　c　エ　問十　(例)　科学的な態度　問十一　根幹
問十二　(例)　リンゴは落ちるが月は落ちない。　問十三　ア　問十四　(例)　見た目だけにとらわれて間違った仮説を持つから。　問十五　(例)　X　新聞を読む　Y　学力が高い　問十六　ウ→オ→ア→エ→イ　問十七　(例)　学力が高い子が，ニュースや新聞に関心を持つ　問十八　オールが水を叩くこと。(11字)　問十九　正しい仮説・勝手な決めつけ　問二十　(例)　物は，本来それがあるべき自然な場所へ向かって移動していく(という理論。)(28字)　問二十一　ア

二　①　イ　②　ウ　③　イ　④　ア　⑤　エ

三　①　堅固　②　計量　③　打撃　④　聴聞　⑤　勤務

四　①　子細　②　直　③　旋風　④　署名　⑤　寿命　⑥　披露
⑦　慌(てる)　⑧　かみわざ　⑨　いっきん　⑩　かんり

＜国語解説＞

一　(論説文ー内容吟味，文脈把握，文章構成，指示語，接続語，脱語補充，漢字の読み，対義語，四字熟語)

重要　問一　「絶対的な真理ではない」とあるので「仮の意見」と考え，この内容の語句を探す。

問二　「一〇〇パーセント正しい真実を把握すること」ができない理由として，人間の物の見方が完璧でないことが直後の段落に述べられている。

基本　問三　「全知全能」は，どんなことでもすべて知り，すべて行うことができる能力のこと。

問四　「少しずつ真理に近づ」くための科学の手段を考える。

問五　「疑うこと」から始め，問いに対する仮説をたて，実験などの検証を繰り返すことによって，少しでも真理に近づこうとするのが科学という営みであると述べている。

基本　問六　物事を十分に考えず，そのまま受け入れることを「鵜呑み」という。

問七　すぐ後に「それぞれの学者が仮説を立て，それを検討していきます」とある。

問八　「当然」は副詞なので，用言を修飾する。意味上のつながりではCとDが適切だが，その場合は最も後(文末に近い)にある語にかかることとする。

問九　a　仮説を検証するにあたって，注意しなければならないことがらを付け加えて述べている。　b　当然考えられることがらを述べている。　c　「仮説になるような要素を抽象化」することの具体例を挙げている。

やや難　問十　本文全体にわたって筆者が話題としていること，また本文の趣旨を考える。

問十一　「枝葉」は，本筋から外れた，あまり重要でない部分。「枝葉末節」の四字熟語で使われることが多い。反対語は，物事の重要な部分を表す「根幹」。

問十二　ここで挙げられている「具体的な物事」は，リンゴが木から地面に向かって落ちるという事実と，月は落ちないという事実である。

問十三　「後世」は「こうせい」。アは「かくせい」，イは「しゅっせ」，ウは「らいせ」，エは「せしゅう」。

問十四　「相関関係と因果関係を取り違える」ことは理由とはいえず，その「取り違え」をする理

由が問われている。「相関関係と因果関係の取り違えからもわかるように」で始まる段落に，私たちは見た目にとらわれて間違った仮説を持ちやすいことが書かれている。

問十五　「相関関係」の例として，本文では子どもが朝食を食べることとその子の成績がいいこと，新聞を読むことと学力が高いことが挙げられている。

問十六　直前に不規則な生活をして，朝食を食べずに学校へ行く子どものことが書かれている。これに続く文では，それとは対照的な，規則正しい生活をする子どものことが書かれていると考え，ウを先頭に置く。その子の親を話題にするオが続く。親の話題を続けるアが続く。別の親の例を挙げるエが続く。ここでの結論となるイが最後になる。

問十七　「新聞を読んでいれば，学力が上がるのかもしれない」の「逆の解釈」なので「学力が高い」→「新聞を読み，ニュースに関心を持つ」ことになる。

問十八　「瞬時に見える」ことがらを直前の内容から読み取ってまとめる。

重要 問十九　「紀元前四世紀」で始まる段落に，アリストテレスの仮説について異なった二点の見方を述べている。

重要 問二十　「私たちが重力や万有引力の法則を知っているから」とあり，「ヘンテコな理論」はこれに反するものであると考え，直前の土を落とす場合と火花が上に向かう場合についてまとめる。

重要 問二十一　直前に「まだ『実証』という手続きには至っていません」とあることと，直後の「勝手な決めつけになってしまう」から考える。

二　（敬語）

①　「私」が主語なので謙譲語を用いる。　②　「父」は身内なので謙譲語を用いる。ウ以外は尊敬語。　③　「先生」が主語なので尊敬語を用いる。ウは「お～なる」と「られ」の尊敬表現が重なっているので正しくない。　④　「お客様」が主語なので尊敬語を用いる。「見る」の尊敬語は「ご覧になる」。　⑤　「いただいた」主体が主語なので謙譲語を用いる。

三　（漢字の書き取り・熟語）

①　アは「固い」，イは「硬く」，ウは「堅い」。　②　アは「図る」，イは「計る」，ウは「量る」。
③　アは「打つ」，イは「撃つ」，ウは「討つ」。　④　アは「聞く」，イは「聴く」，ウは「効く」。
⑤　アは「努める」，イは「務める」，ウは「勤める」。

四　（漢字の読み書き）

①　「子細」は，物事の詳しい事情やわけ。　②　「直に」は「すぐに。間もなく」。　③　「旋風」は大きな反響を呼び起こすような突発的なできごと。　④　「署名」は自分の氏名を書き記すこと。⑤　「寿命」は物が使用に耐える期間。また，命がある間。ここでは前者の意味。　⑥　「披露」は知られていなかったことを広く発表すること。　⑦　「慌てる」は予想外の出来事に出会って落ち着きを失うこと。　⑧　「神業」は神でなければできないような超人的な行為や技術。　⑨　「斤」は重さの単位。一斤は340グラム以上。　⑩　「官吏」は役所で公務に従事する人。また国家公務員の古い言い方。

★ワンポイントアドバイス★

一は文章全体のテーマを把握することが先決である。そのうえで，文脈を正確にたどりながら解答すること。設問自体がテーマ把握のヒントになるものもある。

MEMO

大切なことはメモしておこうネ！

平成29年度

★★★★★★★★★★★★★★★★★★★★★★★★

入 試 問 題

平成29年度

明治大学付属中野高等学校入試問題

【数　学】（50分）〈満点：100点〉

1．次の問いに答えなさい。

(1)　$16x^2-24xy+9y^2-16x+12y-12$ を因数分解しなさい。

(2)　$\left(-\frac{1}{6}x^3y\right)^3\div\left(\frac{3}{4}xy^2\right)^4\times\left(-\frac{3y}{2x}\right)^5$ を計算しなさい。

(3)　$\{(\sqrt{15}+3)^2-(\sqrt{15}-3)^2\}\div\sqrt{48}$ を計算しなさい。

(4)　$\sqrt{\frac{504}{n}}$ が整数となるような正の整数 n は何個あるか求めなさい。

2．次の問いに答えなさい。

(1)　2次方程式 $4x^2+ax+b=0$ の解が $\frac{1}{2}$ と -3 のとき，a，b の値を求めなさい。

(2)　右の図の平行四辺形ABCDの面積を求めなさい。

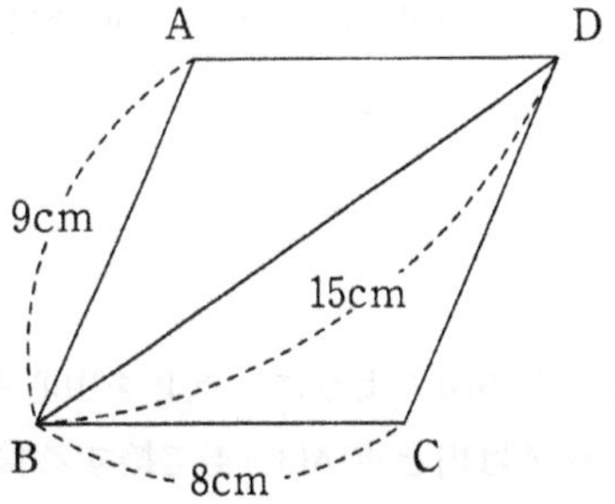

(3)　赤色のカードが3枚，黄色のカードが2枚，青色のカードが3枚あります。カードをよくきって2枚同時にひくとき，カードの色が異なる確率を求めなさい。

(4)　$\sqrt{11}$ の小数部分と $7-\sqrt{11}$ の小数部分との積を求めなさい。

(5)　右の図の $\angle x$ の大きさを求めなさい。

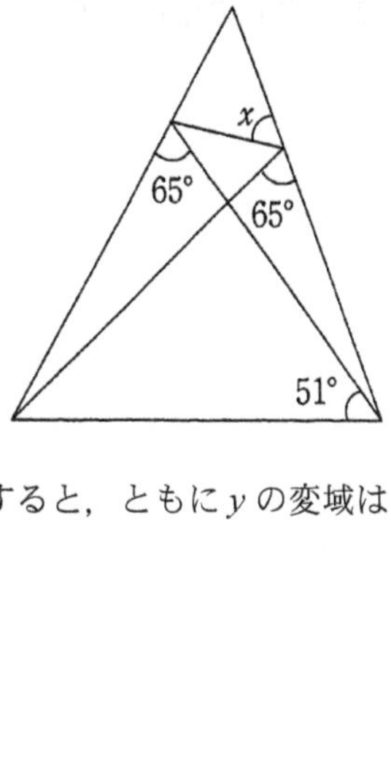

(6)　2つの関数 $y=3x+a$，$y=bx^2$ において，x の変域を $-2\leqq x\leqq c$ とすると，ともに y の変域は $0\leqq y\leqq 18$ となりました。このとき，$a+b+c$ の値を求めなさい。

3. 次の問いに答えなさい。この問題は答えだけではなく，途中式や考え方も書きなさい。

(1) 連立方程式 $\begin{cases} -x+5y=28 \\ ax-3y=-21 \end{cases}$ の解の x，y の値を入れかえると $\begin{cases} 5x+by=13 \\ 2x-7y=31 \end{cases}$ の解となります。

このとき，定数 a，b の値を求めなさい。

(2) 2つの遊園地A，Bがあり，2月の入園者数は同じでした。遊園地Aは3月の入園者数が2月に比べ50％増加し，4月は3月に比べ4％減少しました。また，遊園地Bは2月から毎月 x％ずつ入園者数が増加し，2つの遊園地の4月の入園者数が再び同じになりました。このとき，x の値を求めなさい。

4. 右の図のように，直線 ℓ と x 軸の交点をA，放物線 $y=ax^2$ の交点をB，Cとします。点Cの座標が(4，8)で，AB：BC＝1：3 のとき，次の問いに答えなさい。

(1) 直線 ℓ の式を求めなさい。

(2) 放物線上を動く点をPとします。△OCB＝△PCB となる点Pの x 座標をすべて求めなさい。ただし，点Pと点Oが一致する場合は除きます。

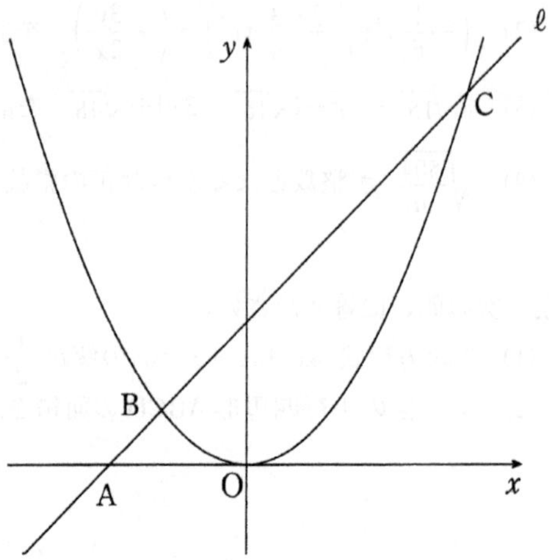

5. 右の図のように，点Pを中心とする円があります。直線 ℓ は円と点A(3，4)で接する接線で，直線 m は y 軸に平行で円と点Cで接する接線です。また，点B(19，－8)は，直線 ℓ と直線 m の交点です。このとき，次の問いに答えなさい。

(1) 点Cの座標を求めなさい。

(2) 点Pの座標を求めなさい。

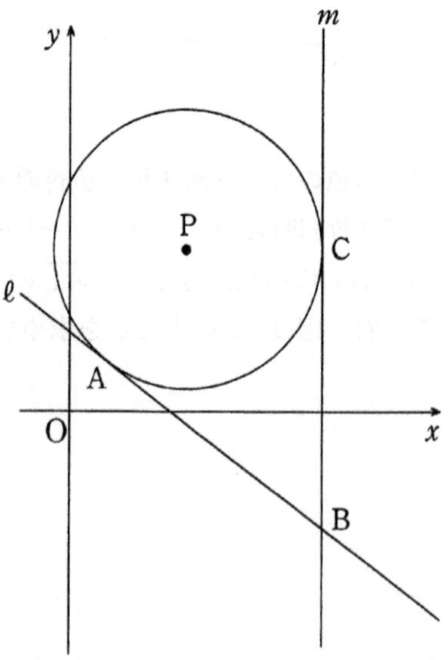

6. 右の図のように，1 辺の長さが 6cm の正三角形 ABC があります。辺 BC 上に点 D をとり，3 点 A，D，C を通る円の直径を DE とします。BD＝2cm とするとき，次の問いに答えなさい。

(1) 直径 DE の長さを求めなさい。

(2) 四角形 ABCE の面積を求めなさい。

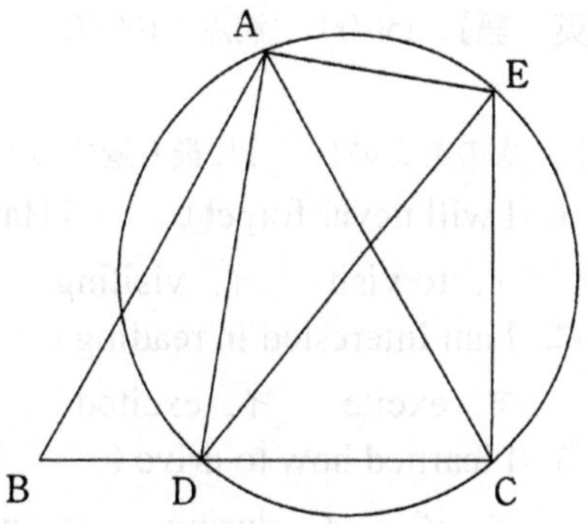

【英　語】（50分）〈満点：100点〉

Ⅰ．次の英文の（　　）に最も適するものを選び，記号で答えなさい。

1. I will never forget (　　　) Hawaii as a child.
   ア．to visit　　イ．visiting　　ウ．visit　　エ．visited
2. I am interested in reading (　　　) books such as Harry Potter.
   ア．excite　　イ．excited　　ウ．exciting　　エ．excitingly
3. I learned how to drive (　　　) I was in the U.S.
   ア．if　　イ．during　　ウ．while　　エ．whether
4. A：Don't buy the expensive bananas; get the cheaper (　　　).
   B：But this tastes a lot better!
   ア．ones　　イ．it　　ウ．another　　エ．those
5. A：Have I kept you (　　　) long?
   B：Not at all.　I've just come here.
   ア．wait　　イ．waiting　　ウ．waited　　エ．have waited
6. A：Look. This is the T-shirt you gave me the other day.
   B：Oh, you're wearing it back to (　　　)!
   ア．forward　　イ．inside　　ウ．top　　エ．front

Ⅱ．[　　]内の定義に当てはまる英語１語を，指定された文字で始め，意味の通る文になるよう（　　）に入れなさい。

1. He (d　　　) Mt. Fuji on his notebook yesterday.
   [to make a picture of something with a pencil or pen]
2. Our cat likes sleeping on the (r　　　) on sunny days.
   [the top outer part of a building]
3. She really worked hard as a (v　　　) after the earthquake.
   [a person who does a job without being paid for it]
4. For young people, staying in a foreign country is great (e　　　).
   [knowledge or skill from doing, seeing, or feeling things]
5. The movie was so (b　　　) that I fell asleep.
   [not interesting or fun]

Ⅲ．次の日本語の内容になるよう[　　]内の語句を並べかえ，英文を完成させなさい。解答は(A) (B) (C)に入るものを書きなさい。

1. 昨夜，彼はなんて不思議なメールを私に送ってきたのだろう。
   (　　　)(A)(　　　)(B)(　　　)(　　　)(C) last night!
   [e-mail / sent / mysterious / me / what / he / a]
2. 大雪のため私たちは学校から家へ帰れなかった。
   (　　　)(　　　)(A)(　　　)(B)(　　　)(C)(　　　).
   [home / from / the heavy snow / from / us / school / going / kept]

3. ニューイングランドで夏を過ごすクジラにとって，最も大きな危険のひとつは通過する船舶だ。

One of (　　)(　　)(A)(　　)(B)(C)(　　) in New England is passing ships.

[their summers / biggest / whales / to / the / spending / dangers]

4. オリンピックのチケット購入はできるだけ簡単にすべきだ。

It (　　)(　　)(A)(　　)(　　)(B)(　　)(　　)(C) to get the Olympic tickets.

[people / possible / be / for / easy / made / as / as / should]

5. なぜ子どもは大人よりもずっとよく笑うのだろうか。

Why do (　　)(　　)(　　)(A)(B)(　　)(C) do?

[more / children / much / adults / than / laugh / often]

6. トムはハロウィンパーティーで着るものを母親にねだった。

Tom (　　)(　　)(A)(B)(　　)(　　)(C) for the Halloween party.

[put / for / to / asked / on / his mother / something]

Ⅳ. 次の英文を読んで，あとの問いに答えなさい。

In Istanbul, Yesim Yilmaz is getting ready for class. Her mother brings her some breakfast, which Yesim eats while looking at her e-mail on her phone. She has forgotten to read a chapter for her science class. No problem — she opens up her computer and downloads a chapter from her online textbook to read on the train.

On Sunday afternoon next to his apartment complex in Seoul, Min-ho Kim is waiting for the bus. At lightning speed, he types a text message to let his friend know he's on his way. Min-ho is never without his phone. In fact, he's already bought a ticket on his phone for a movie he and his friends will see this afternoon. Min-ho laughs as he checks some funny photos his friend Jae-sung has just put online. His bus soon arrives. Min-ho gets on, sits down, opens a game application on his phone, and puts his earphones in his ears. Most of the other people on the bus who are Min-ho's age are doing exactly the same thing.

Yesim and Min-ho are members of Generation Z. (　1　) In fact, many have never seen a video cassette recorder or a telephone with a dial. Members of Gen-Z are people born between the mid-1990s and the early 2000s. They are also sometimes called Generation C. The *C* stands for *content*, *community*, or *creative*.

Their parents spent most of their teenage years listening to cassette players, watching video tapes, playing early video games, and calling friends on their families' telephones. (　2　) Recent study shows that young people in Asia spend an average of 9.5 hours per day online. And marketing companies know this.

Every time they open their page on a social networking site, Gen-Z members don't see only friends' updates and photos. (　3　) Marketing companies work with social media sites to find out where their customers live, what movies, books, and music they like, and who their friends are. The companies use this information to show their customers the advertisements they want them to see.

What does this generation think about marketing companies knowing so much about them? Are they worried about losing their privacy? Not many seem to be very worried about companies knowing how to sell things to them. (4) For example, Valerie Chen in Kaohsiung is upset because her parents want to watch everything she does online. But her parents' eyes are not enough to make her stop using social media. Valerie knows how to limit what her parents can see about her on the social networking sites she uses.

However, keeping information private from parents may not be the only challenge. (5) In fact, some studies show that more than 70% of companies reject people who are looking for jobs because of the information they can see about them online. Because they grew up using social media, maybe Generation Z will be better at protecting their personal information online than the generation before them. Only time will tell.

問 (1)～(5)に適するものをそれぞれ選び，記号で答えなさい。

ア. Many people are now finding out that putting funny pictures on the Web can be a problem when they finish school and start looking for a job.

イ. They also see advertisements for products they might want to buy.

ウ. Generation Z, however, is connected to its music, videos, games, and friends online all day, every day.

エ. Many Gen-Z members are more careful about keeping their private information from their parents.

オ. They are sometimes called "digital natives" because they have grown up with the Internet, mobile phones, and social media since they were children.

Ⅴ. 次の英文を読んで，あとの問いに答えなさい。

The stars in the night sky remain in a fixed position. They do not move from one point to another, but sometimes we see a star that moves very fast, leaving a trail of light behind it like airplane smoke. Actually, this is not a star. It is a meteor burning up as it falls through the Earth's atmosphere. Small meteors burn up completely in the atmosphere. However, larger rocks from space do not burn up completely. Instead, they hit the Earth! Space rocks that hit the Earth are called meteorites.

When a meteorite hits the Earth, it can make a kind of hole, called a crater. Scientists have found more than 170 craters around the world made by meteorites. One of these craters can be seen in the desert of Arizona in the southwestern US. This crater is named Barringer Crater, but most people just call it Meteor Crater. Barringer Crater is not the largest crater in the world, but it is still important. One man who studied this crater helped scientists learn a lot about meteorites and craters formed by meteorites.

In the early 1900s, Daniel Barringer learned about the huge crater in the Arizona desert. He thought the crater must have been formed by a huge meteorite. He also thought that the meteorite probably had a lot of iron in it, and it might be possible to dig up that iron and get rich! Barringer formed a company and started digging. As he searched for iron in and around the crater, Barringer studied the rocks and the shape of the crater. He explained many of the things he found to other scientists. In this way, our knowledge about meteorites and craters increased a lot. That was good news for everyone.

However, there was bad news for Barringer. He never found the iron he was looking for. He lost a lot of money searching for the huge missing meteorite that created the crater in Arizona. Today, scientists think they know why Barringer could not find the meteorite. Barringer was looking for a huge meteorite, but actually, the meteorite that formed the crater was much smaller than Barringer guessed. It was most likely about 25 to 30 meters across. Because any pieces underground would be small, nobody wants to dig for the meteorite anymore. Scientists believe that only a small piece of the meteorite remains underground at the bottom of the crater.

問　本文の内容に合うよう，英文の空所に適するものを選び，記号で答えなさい。

1. The writer says that ＿＿＿＿＿＿＿＿＿＿＿＿.
   ア．meteors are large rocks on the moon
   イ．meteors are the stars in a fixed position in the night sky
   ウ．meteorites are larger than meteors
   エ．meteorites burn and disappear in the Earth's atmosphere
2. The passage explains that Daniel Barringer ＿＿＿＿＿＿＿＿＿＿＿＿.
   ア．was helped by scientists who worked in the early 1900s
   イ．thought a meteorite could make him rich
   ウ．found a meteorite that hit the Earth near his home
   エ．was the first person who found a lot of iron in the crater
3. Thanks to Barringer, ＿＿＿＿＿＿＿＿＿＿＿＿.
   ア．people learned that no meteorites remain underground in the crater
   イ．a good source of iron was found in the Arizona desert
   ウ．people were able to visit Meteor Crater more easily
   エ．scientists learned new things about meteorites and craters
4. The writer says that ＿＿＿＿＿＿＿＿＿＿＿＿.
   ア．there is still a meteorite under Barringer Crater
   イ．the huge meteorite was found in Arizona
   ウ．scientists today know Barringer guessed the correct size of the meteorite
   エ．it is impossible to dig out the meteorite with a lot of iron in it
5. The reading is about ＿＿＿＿＿＿＿＿＿＿＿＿.
   ア．a meteorite that hit the Earth
   イ．a meteorite that scientists are trying to find

ウ. a meteorite that came close to the Earth but didn't hit it

エ. a meteorite that made Barringer rich

Ⅵ. 次の英文を読んで，あとの問いに答えなさい。

Something about the old bicycle at the garage sale caught ten-year-old Justin Lebo's eye. It was a BMX bike with a twenty-inch frame. Justin talked the owner down to $6.50 and asked his mother, Diane, to help load the bike into the back of their car. When he got it home, he wheeled the bike into the garage and showed it proudly to his father.

Justin and his father cleared out a work space in the garage and put the old bike up on a rack. They rubbed the frame until the old paint began to come off and painted it a bright color. They replaced the broken pedal, tightened down a new seat, and restored the grips. In about a week, it looked brand new.

①Soon he forgot about the bike. But the very next week, he bought another bike at a garage sale and fixed it up, too. After a while it bothered him that he wasn't really using either bike. Then he realized that he didn't really like riding the old bikes: he liked the challenge of making something new and useful out of something old and broken.

Justin wondered what he should do with them. They were just taking up space in the garage. He remembered that when he was younger, he used to live near a large brick building called the Kilbarchan Home for Boys. It was a place ②[whose / couldn't / boys / look / for / parents / after] them for one reason or another.

He found "Kilbarchan" in the phone book and called the director, who said the boys would be excited to get two bicycles. The next day when Justin and his mother unloaded the bikes at the home, two boys raced out to greet them. They jumped on the bikes and started riding around the semicircular driveway, doing wheelies, laughing and shouting.

The Lebos watched them for a while, then started to climb into their car to go back home. The boys cried after them, "Wait a minute! [③]" Justin explained that the bikes were for them to keep. "They were so happy." Justin remembers. "It was like they couldn't believe it. It made me feel good just to see them happy."

On the way home, Justin was (④). His mother assumed he was lost in a feeling of satisfaction. But he was thinking about what would happen when those bikes got carried inside and everybody saw them. How could all those kids decide who got the bikes? Two bikes could cause more trouble than they would solve. Actually they hadn't been that hard to build. It was fun. Maybe he could do more ...

"Mom," Justin said as they turned onto their street, "I've got an idea. I'm going to make a bike for every boy at Kilbarchan for Christmas." Diane Lebo looked at Justin out of the corner of her eye. She had never seen him so determined.

When they got home, Justin called Kilbarchan to find out how many boys lived there. There were twenty-one. It was already late June. He had (A) months to make (B) bikes. That was almost a bike a (C). Justin called the home back to tell them of his plan. "I could tell they didn't think I could do it, " Justin remembers. "I knew I could."

Justin knew his best chance to build bikes was almost the way GM or Ford builds cars: in an assembly line. He figured it would take three or four old bikes to produce enough parts to make one good bike. That meant sixty to eighty bikes. Where would he get them?

Garage sales seemed to be the only hope. It was June, and there would be garage sales all summer long. But even if he could find that many bikes, how could he ever pay for them? That was hundreds of dollars.

He went to his parents with a proposal. "When Justin was younger," says his mother, "he used to give away some of his allowance to help others in need. His father and I would donate a dollar for every dollar Justin donated. So he asked us if it could be like the old days, if we'd match every dollar he put into buying old bikes. We said yes."

Justin and his mother spent most of June and July hunting for cheap bikes at garage sales and thrift shops. They would carry the bikes home, and Justin would start stripping them down in the yard.

But by the beginning of August, he had managed to make only ten bikes. Summer vacation was almost over, and school and homework would soon cut into his time. Garage sales would dry up when it got colder, and Justin was out of money. Still he was determined to find a way.

[D] A neighbor wrote a letter to the local newspaper describing Justin's project, and an editor thought it would make a good story. In her admiring article about a boy who was devoting his summer to help kids he didn't even know, she said Justin needed bikes and money, and she printed his home phone number.

[E] "There must have been a hundred calls," Justin says. "People would call me up and ask me to come over and pick up their old bikes. Or I'd be working in the garage, and a station wagon would pull up. The driver would leave a couple of bikes by the curb. It just snowballed."

[F] Once again, the boys raced out of the home and jumped on the bikes, tearing around in the snow.

And once again, their joy inspired Justin. They ⑤[bikes / him / how / were / reminded / important] to him. Wheels meant freedom. He thought about how much more the freedom to ride must mean to boys like these who had so little freedom in their lives. He decided to keep on building.

"First I made eleven bikes for the children in a foster home my mother told me about. Then I made ten little bikes and tricycles for children with AIDS. Then I made twenty-three bikes for the Paterson Housing Coalition."

In the four years since he started, Justin Lebo has made between 150 and 200 bikes and given them all away. He has been careful to leave time for his homework, his friends, his coin collection, his new interest in marine biology, and of course, his own bikes.

Reporters and interviewers have asked Justin Lebo the same question over and over:

"[⑥]" The question seems to make him uncomfortable. It's as if they want him to say what a great person he is. Their stories always make him seem like a saint, which he knows he isn't. "Sure it's nice of me to make the bikes," he says, "because I don't have to. But I want to. In part, I do it for myself. I don't think you can ever really do anything to help anybody else if it doesn't make you happy."

"Once I overheard a kid who got one of my bikes say, 'A bike is like a book; it opens up a whole new world.' That's how I feel, too. It made me happy to know that kid felt that way. That's why I do it."

注）BMX　モトクロス用の　load　積む　bother　悩ませる　semicircular　半円の
assume　思う　satisfaction　満足(感)　determined　決意が固い
GM or Ford　ゼネラル・モーターズやフォード（アメリカ合衆国の自動車会社）
assembly line　組み立てライン　figure　計算する　allowance　小遣い　thrift shop　中古品屋
strip ～ down　～を分解する　editor　編集者　admiring　賞賛した　devote　捧げる
curb　（道路の）縁石　tricycle　三輪車　marine biology　海洋生物学　saint　聖者
overhear　偶然耳にする

問1. 下線部①の理由として最も適切なものを選び，記号で答えなさい。

ア. He finished the challenge of building the bike.
イ. He bought another broken bike at a yard sale.
ウ. He liked cycling better than fixing an old bike up.
エ. The bike looked brand new from the beginning.

問2. 下線部②の［　　］内の語句を正しく並べかえなさい。

問3. [③] に適するものを選び，記号で答えなさい。

ア. Thank you so much!
イ. Don't go without us!
ウ. You forgot your bikes!
エ. Why don't you fix our bikes up?

問4. (④)に適するものを選び，記号で答えなさい。

ア. free　イ. happy　ウ. angry　エ. silent

問5. (A)～(C)に適するものをそれぞれ選び，記号で答えなさい。

A　ア. four　イ. six　ウ. eight　エ. ten
B　ア. two　イ. three or four　ウ. nineteen　エ. twenty-one
C　ア. day　イ. week　ウ. month　エ. year

問6. [D] − [E] − [F] に入る文の組み合わせとして適切なものを選び，記号で答えなさい。

1. Overnight, everything changed.
2. The week before Christmas Justin delivered the last of the twenty-one bikes to Kilbarchan.
3. At the end of August, Justin got a break.

ア. 1−2−3　イ. 1−3−2　ウ. 2−1−3
エ. 2−3−1　オ. 3−1−2　カ. 3−2−1

問7. 下線部⑤の[　　]内の語句を正しく並べかえなさい。

問8. [⑥]に適するものを選び，記号で答えなさい。

ア. What is your next plan?　　イ. How did you do it?

ウ. Who told you to do it?　　エ. Why do you do it?

問9. 本文の内容に合うものを2つ選び，記号で答えなさい。

ア. Justin liked saving the bikes from being thrown away.

イ. Justin was happy that the boys at the Kilbarchan Home enjoyed the bikes so much.

ウ. Justin was fond of the challenge of collecting bicycles.

エ. Justin decided to continue building bikes because he knew how much he could earn.

オ. Justin loved the satisfaction of doing things for other people.

カ. Justin spent his time not only repairing bikes but also doing many other things.

キ. Justin decided to help others as his parents told him to.

⑤ □から出たさび　（自分の悪い行いのために自分が苦しむこと）

三、次の①～⑤の□には同じ文中にある語の対義語が入ります。当てはまる言葉を、後の語群から組み合わせて作り、漢字に改めて答えなさい。

① 複雑で具体的な内容を分かりやすく説明するには、多くの事例を□化することが必要だ。

② 質素な生活を目標にしているが、煩雑な日常の中で□に陥りがちである。

③ 浪費を慎み、収入に見合った消費生活をし、できる限りの□を心掛けている。

④ 内容重視の採点で、創造的な作品を重視しており、他の□は認めない。

⑤ 空想を膨らますのもよいが、現実の世界で実践できるか否かが重要で、その□の真価が問われる。

【語群　しょう・けん・ほう・ちゅう・やく・ろん・か・も・り・び】

四、次の①～⑦の――線部を漢字に改め、⑧～⑩の――線部の読みをひらがなで答えなさい。

① 砂上のロウカク。　② 販売員をヤトう。

③ 病気の進行をソシする。　④ 期待と不安がコウサクする。

⑤ 何のゴラクもない。　⑥ シュショウな心がけ。

⑦ ヒレツな手段。　⑧ 会議に諮って決める。

⑨ 義務を怠る。　⑩ 赦免を請う。

問十、――線⑨「木の命に入りこみ、木に協力してもらう」とありますが、このような自然に対する接し方と対照的な接し方を述べたところを、本文中から二十字以内で抜き出して答えなさい。

問十一、⑩に共通して当てはまる言葉を、本文中から抜き出して答えなさい。

問十二、――線⑪「これ」の指示内容を答えなさい。

問十三、――線⑫「できないことは、そのうち科学技術の進歩で可能になる」とありますが、これと対照的な考え方を述べた一文を本文中から抜き出し、その最初の五字を答えなさい。

問十四、――線⑬「ごくあたりまえのこと」の内容を、本文中の言葉を用いて答えなさい。

問十五、――線⑭「教員の知識に振り回されるな」とありますが、「新入生」はどうすべきだと言っていますか。本文中から四十五字以内で抜き出し、その最初と最後の五字を答えなさい。

問十六、⑮に当てはまる言葉を、本文中から十字前後で抜き出して答えなさい。

問十七、――線⑯「世界が消えてしまった」とありますが、「私」のどのような状態を表現していますか。次の説明文の□に当てはまる言葉を答えなさい。

【読書に□している状態。】

問十八、――線⑰「何をか懼れん」とありますが、その意味することを次の(ア)～(エ)の中から一つ選び、記号で答えなさい。

(ア)何かを恐れている　(イ)何かが恐ろしいだろう

(ウ)何も恐れることはない　(エ)恐れるものがあるべきだ

問十九、次の段落は本文中から抜いたものです。どこへ入れるのが適切ですか。その直後の五字を答えなさい。

> このことを、二宮尊徳は「水車」の喩《たと》え話でとてもうまく語っている。水車は水の流れに沿って回っている。それが回るのは、半分は水が落ちる力によるが、あとの半分は水を押し上げて上って来る水車の働きによる。人が自然の助力を得るのは、こんなふうにしてである。

問二十、本文中に書かれている「大工の考え方や姿勢」と異なるものを、次の(ア)～(キ)の中から全て選び、記号で答えなさい。

(ア)神様に従うように自然のありように慎重に従う。

(イ)数学的な関係や科学を通して物事や自然を考えていく。

(ウ)木や石などの自然に触れながら勘と技を磨く。

(エ)天という自然のもとで生きる知恵を大切にしていく。

(オ)知識と計算にもとづいて勘や技術を身につけていく。

(カ)物事にはできることとできないことがあることを知っている。

(キ)人間は科学技術によって無限の可能性を広げていく。

二、①～⑤が（　）の中の意味を表す慣用句になるように、□に当てはまる漢字一字をそれぞれ答えなさい。

① 取り付く□もない　（態度が冷たく話にもならない）

② □が浮く　（軽はずみな言動に対して不快に思う）

③ □が知らせる　（何となく予感がする）

④ やぶから□　（突然物事を行うこと）

むことは、私の最大の幸福であり、生きがいである。君たちも、そういう本に出会ったらいい。古典の愛読は、君たちめいめいの気質をかけてなされる一生の事業だと言ってもいいくらいだ。

最後にこういう話をしよう。孔子の教えを記録した『論語』には、こんな話がある。あるとき、弟子が孔子に「君子の持つべき心境とは、どのようなものでしょうか」と尋ねた。君子というのは、智慧《ちえ》のある正々堂々とした人のことだ。これに対して孔子は言った。「君子は憂えず懼《おそ》れず」であると。弟子には意外な答えだった。そんな人、ばかじゃないかと思ったのだろう。一体どうしてですかと、もう一度訊《き》くと、孔子は「身に省みて恥じることなくば、何をか憂えん、⑰何をか懼れん」と言った。

いい言葉じゃないか。人間はこれでいいのだ。恥じるのは、身ひとつの自分の力を偽っているからだろう。わかりもしないことを、わかったように見せかけたりして。するといろんなことが心配で、怖くてたまらなくなる。そこでまた嘘《うそ》をつく。「身を省みる」とは、身ひとつの自分にいつも誠実に素直に帰ってみるということだろう。だから、君子の学問は、いつも独学なのである。

（前田英樹の文章による『何のために「学ぶ」のか』所収）

※　金次郎＝二宮金次郎（尊徳）。江戸時代末期の農政家。本文の前に、金次郎が不運な境遇にも不平を言わずに学問と農業に励んだことが書かれている。

問一、――線①「大工」とありますが、筆者は「大工」をどのような人として捉えていますか。――線①より後の部分から十五字以内で抜き出して答えなさい。

問二、――線②「自分が何をすればいいか、だれも言ってくれなかった」とありますが、「親方」たちが何も言わなかった理由を、本文中から一文で抜き出し、その最初の五字を答えなさい。

問三、――線③「一人前」とありますが、「親方」が「高橋さん」を「一人前」と認めたのは、「えらく腕を上げていた」ことの他にも理由があると考えられます。その理由の説明になるように、次の文の［　　］に当てはまる言葉を本文中から十五字以内で抜き出して答えなさい。

【［　　］ものを身につけたから。】

問四、――線④「その」と同じ品詞のものを、〜〜線ⓐ〜ⓓの中から一つ選び、記号で答えなさい。

問五、［A］〜［C］に当てはまる言葉を、次の(ア)〜(オ)の中からそれぞれ選び、記号で答えなさい。

(ア)ところで　(イ)ところが　(ウ)だから　(エ)むしろ
(オ)それから

問六、――線⑤「独自に身につける」とありますが、「身につける」方法を、本文中から七字以内で抜き出して答えなさい。

問七、――線⑥「木を読む」とはどのようなことですか。本文中の言葉を用いて答えなさい。

問八、――線⑦「近代以降」がかかっている部分を、次の(ア)〜(エ)の中から一つ選び、記号で答えなさい。

(ア)自然を相手に　(イ)身につけてきた　(ウ)大切な技は
(エ)失われてきた

問九、［⑧］に当てはまる言葉を、本文中から五字で抜き出して答えなさい。

中で、言い換えると天のもとで生きる知恵というものがあるだろうか。これがないと人類は大変なことになってしまう。

⑪これは、高橋さんに聞いた話だが、大工と建築士の間では、柱一本立てるのにもたびたび意見が食い違う。知識と計算で物事を考える人と、身ひとつの勘と技で仕事をする人とではそうなるだろう。それから、高橋さんはこんなことも言う。「仕事にはできることとできねえことがある。素人はそこんところがわからねえから困るんだ」と。できないことがあるのは、自然が与える物の性質に従っているからである。もし、できないことがなくなったら、仕事は成り立たなくなる。水のないプールでは泳げないようなものだ。建築士はそうは考えない。⑫できないことは、そのうち科学技術の進歩で可能になる、できないことを放っておくのは恥だと思っている。私たち素人もだいたいそういう考えでいる。これじゃ、人間に大事なことが、何もわからなくなるのではないか。

学問でもほんとうは同じである。考えられないことがあるということは、学問が可能になるための大切な条件である。我が身を離れた空想はいくらでもできる。が、それは空想でしかない。学問はしっかりとした対象を持たなくてはならない。その対象の性質にうまく、深く入り込まなくてはならない。身ひとつ、心ひとつで入り込む。その中でできることがどんなにわずかなことか、ほんとうの学問で苦労した人は、皆知っている。社会に出て担う仕事も、多くはそうなのではないだろうか。ただ、科学技術の発達に目を奪われて、たくさんの人がこの⑬ごくあたりまえのことを忘れているように思う。

私は大学で教員をやっているが、まず新入生に言うことは、⑭教員の知識に振り回されるなということである。教員は専門的な知識をたくさん持っている。そればっかりやっているのだから、当然である。そしてそういうものは、すぐに古くなる。君たちが教員から学ぶべきなのは専門知識ではなく、彼らがものを考えるときの身ぶりや型なのだ。そこにその人のほんとうの力が現われている。もし、君たちが「ちょっといいな」と思う先生に出会うとする。そこで君たちが惹《ひ》かれているのは、そういう身ぶりや型だ。それは先生自身がはっきり取り出して教えられるもんじゃない。学ぶ側の人が、見抜いて型を盗む。それしかできない。やっぱり独学になる。

大工の高橋さんも、親方からそういう型を盗んだ。盗ませる以外に教える方法がないことを、親方もよく知っていた。だから、十代の高橋さんは成長できた。勉強でもそれは同じで、目標とする人が学問に身ひとつで取り組み考えるときの型を見て、それを自分でもやってみるといい。いやでも、それは自分だけのものになる。体と同じで、人の心の性質はみな違うから。またそんなふうに身につけた型は、古くならない。使うたびに、深くなり、いきいきとし、自分を新しくしていく。

もう一つ、私が新入生に勧めることは、大学生の間に、自分が【⑮】古典に出会えということだ。それは一冊でもいい。私は大学生のある日、フランスのアンリ・ベルクソンという哲学者が書いた「心と体」という短いエッセイに出くわした。それはほんとうにばったりと出くわしたのである。JR中野駅から東京駅に行く電車の中で、偶然それを読みはじめた。数ページ読んだところから⑯世界が消えてしまった。時間にして二〇分ほど。とても読みとおせる量じゃない。でも読んでしまった。ページをめくった記憶などない。それから今日まで、ベルクソンの全集は読んで、読んで、読み終わることのない本になっている。この人の本を読う。ⓒそれはただの知識だから。自分の体を使って発見したものは忘れない。ⓓそういうものは知識じゃなく、身についた自分の技になっている。

　人間の体は、手も足も一人ひとり違う。大工が木を削るにしても、④そのときの感覚、高橋さんの言葉では「勘」は、人によって異なる。木と体と鉋、この三つの間にできる関係は、一〇〇人いたら一〇〇とおりある。これを口先で教える方法は絶対にない。これは職人ならだれでも知っていることだろう。［Ａ］各々が⑤独自に身につける必要がある。自分なりにあれこれと取り組んでみて、わかる以外にはない。［Ｂ］大工というものは、自分の扱う木がどう育ってきて、これからどういうふうに変化するか、どう反って、どう縮むか、木を持っただけでじかに感じられるようになる。でないと、生きたいくつもの木をどう組み合わせたらいいかはわからない。

　［Ｃ］、電気鉋しか使わない現代の大工さんは、もうそうした感覚を失っている。感覚なしでも、機械が全部やってくれるから。それから無垢《むく》の木を扱うことがほとんどなくなった。工業製品の合板は、死んでいて、変化しない。部品として組み立てるだけでいい。これじゃ、⑥木を読むなんて技が育つわけがない。鉋をかける技もなく、木を読むことのできない大工は、高橋さんのような職人からするともう大工とは言えない。建設会社の社員である。

　もちろん、これは大工の世界に限らない。⑦近代以降、人間が自然を相手に身につけてきた大切な技はどんどん失われてきた。私たちは、機械の便利さに慣れきって、身ひとつの「勘」でしか磨かれない技を持てなくなってきている。［⑧］は、ここでも失われてしまった。

　話は変わるけれども、昔の儒学では「天を敬する」ということが一番重んじられた。「天」は神さまのことだと言ってもいい。最も深い意味での「自然」のことだと言ってもいい。身ひとつで独学する心は、おのずと「天」に通じている。「天」が助けてくれなければ、独学は実を結ばない。

　人は自然に逆らっては何もできない。大工の高橋さんにしても、すべては生きた木との相談ずくでしか仕事はできない。⑨木の命に入りこみ、木に協力してもらうのだ。これは学問でも同じである。対象への愛情がないところに学問というものは育たないと私は思う。対象を愛する気持ちは、結局は「天を敬する」気持ちから来る。神さまに従うように自然のありように慎重に従う。

　西洋の近代とは、自然を科学の力でねじ伏せようとしてきた時代ではないか。むろん、そんなことはできないのだが、できる気になってしまっている。

　科学は、あらゆるものを数の関係に置き換えて、〈物に有用に働きかける〉ことを目的にしている。つまり、自分の都合に合わせて、自然を利用するわけだ。だから、物にも自然にも、おのずと［⑩］や敬意を持たなくなる。口では持っているようなことも言うが、物とつき合う体も技も欠いているのだから、［⑩］は育ちようがない。

　建築もそうで、工業生産品を組み立ててつくる建物は、全部数学的な関係をあてはめて考えられたものだ。それを考える人を建築士というのだが、建築士は図面を引くだけで、木にも石にもじかに触れるということがない。触れたって、そこから何かを摑《つか》む技を持っていない。何でも数のうえの計算で済ませる。この計算がどんなに高いビルをどれほど建てたかはだれでも知っている。でも、そういうやり方に、人間が自然の

【国語】（五〇分）〈満点：一〇〇点〉

【注意】字数指定がある問いでは、句読点・記号なども一字として数えます。

一、次の文章を読んで、後の問いに答えなさい。（字数指定がある問いでは、句読点・記号なども一字として数えます。）

生涯愛読して悔いのない本を持ち、生涯尊敬して悔いのない古人を心に持つ。これほど強いことはないのではないかと、私などは思っている。こういうものは、独学によってでなければ得られない。これを持つことのできない人は、どんなにたくさんのことを知っていたってつまらない。独学の覚悟がない人は、つまらない。

皆さんがこれから社会に出て、どのような仕事に就くのかはわからないが、そこで必要なこともやっぱり独学する心ではないか。そういう心を持った人は、どこにいても、何をしても強い。愚痴を言ったり、恨んだり、不運を嘆いたりはしない。※金次郎が子どものときにしたことを見れば、それはわかる。

独学する心は、学問や読書にだけあるのではもちろんない。およそ人が生きるために学ぶ行為の中では、いつも必要とされているものではないだろうか。例えば、私が去年知り合った大工さんは独学の権化のような人だ。自分の家を改築したときに、この人に来てもらった。歳は当時六五歳だった。名前は高橋茂さん、①大工としての腕もとびきりだが、生きる姿もすばらしい。

高橋さんが子どもだった頃は集団就職の全盛期。この人は中学卒業後に埼玉へ出て、大工の親方に弟子入りをした。ⓐそこで一番つらかったのは、②「自分が何をすればいいか、だれも言ってくれなかったこと」だったそうだ。作業現場に行っても、指示がこない。親方の仕事を後ろから見ていると「仕事の邪魔だ」とか「ぼーっとしているな」などと怒鳴られる。棒で殴られたこともあったそうだ。働きに出て、何をしたらいいかわからないほどつらいことはない。中学を出て親元から離れたばかりの子どもだから、さぞつらかっただろう。

でも、現場にしばらく通っていくうちに、自分が何をすればいいのかが段々とわかってきた。そうすると、親方と自分の差というものが、おのずと見えてくる。親方の鉋《かんな》から出る削り屑《くず》を見て、びっくりする。「どうやったらこんな具合に削れるんだろうか」と考える。夜、皆の仕事が終わり、後片付けもすませてから、一人で鉋を手に取って不用な木材を削ってみる。見よう見まねだ。そうするうちに仕事がだんだんとおもしろくなってきたという。奉公に入ってから一年くらいでⓑそうなった。大した進歩、大した教育じゃないか。

大工の奉公働きには、給料なんかない。もらえるのは、何百円かのこづかいだけ。まだ見習いだから、とにかく仕事以外にすることがない。気がついたら、えらく腕を上げていた。働きはじめて五年目に、親方がいきなり「お前はもう③一人前だから給料を出す」と言った。一人前の職人に払う給料をいきなりくれたそうだ。年功序列なんかじゃない。これもまた、ため息の出るほどすばらしいシステムである。

ここで君たちに考えてもらいたいのは、なぜ、親方は高橋さんに何も教えなかったのか？ということである。もちろん、意地悪をしているのでも、技術を隠しているわけでもない。口で教えることで死んでしまう技が大工の技だからだ。言葉で教えられたものは、すぐに忘れてしま

MEMO

大切なことはメモしておこうネ！

平成29年度

解答と解説

《平成29年度の配点は解答用紙に掲載してあります。》

＜数学解答＞

《学校からの正答の発表はありません。》

1. (1) $(4x-3y-6)(4x-3y+2)$ (2) $\dfrac{1}{9}$ (3) $3\sqrt{5}$ (4) 4個

2. (1) $a=10$, $b=-6$ (2) $16\sqrt{14}\text{cm}^2$ (3) $\dfrac{3}{4}$ (4) $7\sqrt{11}-23$ (5) $\angle x=64$度

(6) $\dfrac{89}{8}$

3. (1) $a=2$, $b=4$ (2) $x=20$

4. (1) $y=x+4$ (2) $x=2$, $1\pm\sqrt{17}$

5. (1) C(19, 12) (2) P(9, 12)

6. (1) $\dfrac{4\sqrt{21}}{3}\text{cm}$ (2) $13\sqrt{3}\,\text{cm}^2$

＜数学解説＞

1. (因数分解，単項式の乗除，平方根，数の性質)

(1) $16x^2-24xy+9y^2-16x+12y-12=(4x-3y)^2-4(4x-3y)-12=(4x-3y-6)(4x-3y+2)$

(2) $\left(-\dfrac{1}{6}x^3y\right)^3\div\left(\dfrac{3}{4}xy^2\right)^4\times\left(-\dfrac{3y}{2x}\right)^5=-\dfrac{x^9y^3}{6^3}\times\dfrac{4^4}{3^4x^4y^8}\times\left(-\dfrac{3^5y^5}{2^5x^5}\right)=\dfrac{(2^2)^4\times3^5}{(2^3\times3^3)\times3^4\times2^5}=\dfrac{1}{9}$

(3) $\{(\sqrt{15}+3)^2-(\sqrt{15}-3)^2\}\div\sqrt{48}=\dfrac{\{(\sqrt{15}+3)+(\sqrt{15}-3)\}\{(\sqrt{15}+3)-(\sqrt{15}-3)\}}{4\sqrt{3}}=\dfrac{2\sqrt{15}\times6}{4\sqrt{3}}=$
$3\sqrt{5}$

基本 (4) $504=2^3\times3^2\times7$より，題意を満たす正の整数nは，2×7，$2^3\times7$，$2\times3^2\times7$，$2^3\times3^2\times7$の4個。

2. (2次方程式，面積，確率，平方根，角度，関数)

(1) $4x^2+ax+b=0\cdots$①に$x=\dfrac{1}{2}$を代入して，$4\times\dfrac{1}{4}+\dfrac{1}{2}a+b=0$　$a+2b=-2\cdots$②　①に$x=-3$を代入して，$4\times9-3a+b=0$　$3a-b=36\cdots$③　②＋③×2より，$7a=70$　$a=10$　これを②に代入して，$2b=-12$　$b=-6$

重要 (2) Dから直線BCにひいた垂線をDHとし，CH＝$x$cmとおく。三平方の定理より，DH^2について，$BD^2-BH^2=CD^2-CH^2$　$15^2-(x+8)^2=9^2-x^2$　$225-x^2-16x-64=81-x^2$　$16x=80$　$x=5$　よって，$DH=\sqrt{9^2-5^2}=2\sqrt{14}$より，平行四辺形ABCD＝$8\times2\sqrt{14}=16\sqrt{14}$($\text{cm}^2$)

(3) カードの選び方の総数は$8\times7\div2=28$(通り)　このうち，カードの色が同じになるのは，赤色と青色がそれぞれ3通り，黄色が1通りあるから，求める確率は，$1-\dfrac{3+3+1}{28}=\dfrac{3}{4}$

(4) $3<\sqrt{11}<4$より，$\sqrt{11}$の小数部分は$\sqrt{11}-3$　また，$-4<-\sqrt{11}<-3$だから，辺々に7を加えて$3<7-\sqrt{11}<4$より，$7-\sqrt{11}$の小数部分は$7-\sqrt{11}-3=4-\sqrt{11}$　よって，求める値は，$(\sqrt{11}-3)(4-\sqrt{11})=4\sqrt{11}-11-12+3\sqrt{11}=7\sqrt{11}-23$

基本 (5)　右の図のようにA～Eをとると，$\angle BAC=\angle BDC$だから，4点A，B，C，Dは同一円周上にある。よって，弧ABの円周角だから，$\angle ADB=\angle ACB=51^\circ$より，$\angle x=180^\circ-51^\circ-65^\circ=64^\circ$

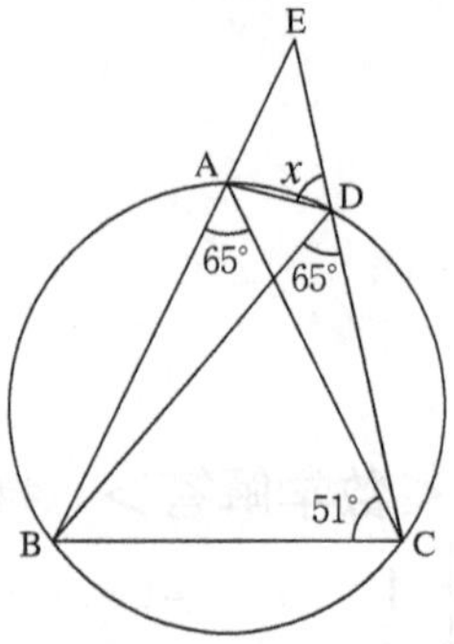

(6)　$y=3x+a$に$x=-2$，$y=0$を代入して，$0=-6+a$　$a=6$　$y=3x+6$に$x=c$，$y=18$を代入して，$18=3c+6$　$c=4$　よって，$y=bx^2$に$x=4$，$y=18$を代入して，$18=16b$　$b=\frac{9}{8}$　したがって，$a+b+c=6+\frac{9}{8}+4=\frac{89}{8}$

3.　(連立方程式，2次方程式の応用)

(1)　$-x+5y=28$…①，$ax-3y=-21$…②，$5x+by=13$のxとyを入れかえて$bx+5y=13$…③，$2x-7y=31$のxとyを入れかえて$-7x+2y=31$…④　①×7－④より，$33y=165$　$y=5$これを①に代入して，$-x+25=28$　$x=-3$　これらのx，yの値を②に代入して，$-3a-15=-21$　$a=2$　これらのx，yの値を③に代入して，$-3b+25=13$　$b=4$

(2)　2月の入園者数をa人とすると，遊園地Aでは，3月の入園者数は$(1+0.5)a=1.5a$(人)，4月の入園者数は$1.5a\times(1-0.04)=1.44a$(人)と表せる。また，遊園地Bでは，3月の入園者数は$\left(1+\frac{x}{100}\right)a$人，4月の入園者数は$\left(1+\frac{x}{100}\right)^2a$人と表せる。よって，$\left(1+\frac{x}{100}\right)^2a=1.44a$　$\left(1+\frac{x}{100}\right)^2=1.44$　$1+\frac{x}{100}=\pm1.2$　$x=-100\pm120=20$，-220　$x>0$より，$x=20$

重要 4.　(図形と関数・グラフの融合問題)

(1)　Cは$y=ax^2$上の点だから，$8=a\times4^2$　$a=\frac{1}{2}$　2点B，Cからx軸にひいた垂線をそれぞれBD，CEとすると，平行線と比の定理より，BD：CE＝AB：AC＝1：(1＋3)＝2：8　よって，点Bのy座標は2となるから，$y=\frac{1}{2}x^2$に代入して，$2=\frac{1}{2}x^2$　$x^2=4$　$x=\pm2$　したがって，B$(-2, 2)$　直線ℓの式を$y=mx+n$とおくと，2点B，Cを通るから，$2=-2m+n$，$8=4m+n$　この連立方程式を解いて，$m=1$，$n=4$　よって，$y=x+4$

(2)　点Pが曲線OC上にあるとき，△OCB＝△PCBより，OP//BCだから，直線OPの式は$y=x$　$y=\frac{1}{2}x^2$と$y=x$からyを消去して，$\frac{1}{2}x^2=x$　$x^2-2x=0$　$x(x-2)=0$　$x=0$，2　よって，点Pのx座標は2　また，点Pが直線ℓの上方にあるとき，F$(0, 8)$とすると，△FCB＝△OCBだから，点Fを通る直線$y=x+8$と$y=\frac{1}{2}x^2$との交点がPとなる。$y=\frac{1}{2}x^2$と$y=x+8$からyを消去して，$\frac{1}{2}x^2=x+8$　$x^2-2x=16$　$(x-1)^2=16+1$　$x-1=\pm\sqrt{17}$　$x=1\pm\sqrt{17}$　よって，点Pのx座標は，2と$1\pm\sqrt{17}$

5.　(1次関数と図形)

重要 (1)　$AB=\sqrt{(19-3)^2+(-8-4)^2}=\sqrt{400}=20$　円外の1点からひいた接線の長さは等しいから，BC＝BA＝20　よって，点Cのy座標は$-8+20=12$より，C$(19, 12)$

(2)　点Pのx座標を$p(>0)$とすると，PA＝PCより，$PA^2=PC^2$　$(p-3)^2+(12-4)^2=(19-p)^2$　$p^2-6p+9+64=p^2-38p+361$　$32p=288$　$p=9$　よって，P$(9, 12)$

重要 6.（平面図形の計量）

(1)　AからBCにひいた垂線をAHとすると，$BH=\frac{1}{2}BC=3$だから，$DH=3-2=1$　また，$AH=\sqrt{3}BH=3\sqrt{3}$　△ADHに三平方の定理を用いて，$AD=\sqrt{1^2+(3\sqrt{3})^2}=\sqrt{28}=2\sqrt{7}$　DEは直径だから，$\angle DAE=90^\circ$　弧ADの円周角だから，$\angle AED=\angle ACD=60^\circ$　よって，AD：DE＝$\sqrt{3}$：2だから，$DE=\frac{2\times2\sqrt{7}}{\sqrt{3}}=\frac{4\sqrt{21}}{3}$(cm)

(2)　$\angle DCE=90^\circ$，$DC=6-2=4$より，$CE=\sqrt{\left(\frac{4\sqrt{21}}{3}\right)^2-4^2}=\frac{8\sqrt{3}}{3}$　弧AEの円周角だから，$\angle ACE=\angle ADE=30^\circ$　EからACにひいた垂線をEIとすると，$EI=\frac{1}{2}CE=\frac{4\sqrt{3}}{3}$　よって，$\triangle ACE=\frac{1}{2}\times6\times\frac{4\sqrt{3}}{3}=4\sqrt{3}$　また，$\triangle ABC=\frac{1}{2}\times6\times3\sqrt{3}=9\sqrt{3}$　したがって，四角形$ABCE=9\sqrt{3}+4\sqrt{3}=13\sqrt{3}$($cm^2$)

★ワンポイントアドバイス★

記述式問題は2題に減ったが，出題構成もほぼ変わらず，あらゆる分野から標準レベルの問題が出題されている。過去の出題例をよく研究しておくとよい。

＜英語解答＞ 《学校からの正答の発表はありません。》

Ⅰ　1 イ　2 ウ　3 ウ　4 ア　5 イ　6 エ

Ⅱ　1 drew　2 roof　3 volunteer　4 experience　5 boring

Ⅲ　1 A a　B e-mail　C me　2 A us　B going　C from
3 A dangers　B whales　C spending
4 A made　B as　C people　5 A more　B often　C adults
6 A for　B something　C on

Ⅳ　1 オ　2 ウ　3 イ　4 エ　5 ア

Ⅴ　1 ウ　2 イ　3 エ　4 エ　5 ア

Ⅵ　問1 ア　問2 for boys whose parents couldn't look after　問3 ウ　問4 エ
問5 A イ　B ウ　C イ　問6 オ
問7 reminded him how important bikes were　問8 エ　問9 イ，カ

＜英語解説＞

Ⅰ（語句補充・選択：動名詞，接続詞，代名詞，分詞，熟語）

1「私は子供の時にハワイに行ったことを決して忘れないだろう」 forget ～ing「～したことを忘れる」 forget to ～「～するのを忘れる」

2「私はハリー・ポッターのようなわくわくする本を読むことに興味がある」 exciting「(物が人を)わくわくさせるような」 excited「(人が)わくわくしている」

3「私は合衆国にいた間に運転の仕方を習った」 接続詞 while「～している間に」

4 A：その高いバナナを買わないで。安いほうにして。／B：でもこれのほうがずっとおいしいよ！

ones は前に出た名詞の複数形(ここでは bananas)の代わりをする。

5 A：長い時間お待たせしましたか？／B：全然。ちょうど来たところです。〈keep ＋目的語＋補語〉「～を…のままにする」「待っている状態のまま」なので waiting とする。

6 A：見て。これはあなたが先日私にくれたTシャツよ。／B：後ろ前に着ているよ！ back to front「後ろ前に」

基本 Ⅱ （語彙：単語）

1 「彼は昨日ノートに富士山の絵を描いた」「鉛筆やペンで何かの絵を作ること」 draw 「～を描く」の過去形を入れる。draw － drew － drawn

2 「うちのネコは晴れた日に屋根の上で寝るのが好きだ」「建物の一番上の外側の部分」

3 「彼女は地震の後ボランティアとして本当に熱心に働いた」「お金が支払われることなく仕事をする人」

4 「若者にとって外国に滞在することは素晴らしい経験だ」「何かをしたり，見たり，感じたりすることで得られる知識や技術」

5 「その映画はとても退屈だったので私は寝てしまった」「面白くない，または楽しくない」

重要 Ⅲ （語句整序：感嘆文，文型，前置詞，動名詞，比較，分詞，助動詞，受動態，不定詞，熟語）

1 What a mysterious e-mail he sent me (last night !) 感嘆文〈What a ＋形容詞＋名詞＋主語＋動詞！〉「なんて…な～なんだろう！」

2 The heavy snow kept us from going home from school. 直訳は「大雪が私たちを学校から帰宅させなかった」〈keep ＋人＋ from ～ing〉「(人)に～させない」 go home「帰宅する」

3 (One of) the biggest dangers to whales spending their summers (in New England is passing ships.) 〈one of the ＋最上級＋名詞の複数形〉「最も…な～の1つ」 spending their summers in New England は whales を後ろから修飾する現在分詞句。

4 (It) should be made as easy as possible for people (to get the Olympic tickets.) 形式主語構文で It は to 以下を指す。should be made は受動態。直訳は「人々がオリンピックチケットを手に入れることは，できるだけ簡単になされるべきだ」 as … as possible「できるだけ」

5 (Why do) children laugh much more often than adults do? often「頻繁に」の比較級は more often。それに比較級を強める much「ずっと」を付けて much more often となる。

6 (Tom) asked his mother for something to put on (for the Halloween party.) 〈ask ＋人＋ for ＋物〉「(人)に(物)を頼む」 put on「～を着る」 something to put on「着るもの」

やや難 Ⅳ （長文読解問題・社会：脱文補充）

（全訳） イスタンブールでイェシム・ユルマズは授業の準備をしている。母親が彼女に朝食を持ってきて，イェシムは携帯のメールを見ながらそれを食べる。彼女は理科の授業のために1章を読むのを忘れてしまった。でも大丈夫。彼女はコンピュータを開き，電車の中で読めるようネット上の教科書から1章をダウンロードする。

日曜の午後，ソウルの自宅の大規模マンションの隣で，キム・ミンホはバスを待っている。稲妻のような速さで，彼は友人に自分がこれから行くところだと知らせるためのメールを打つ。ミンホは常に携帯電話を持っている。実際，彼はすでに携帯で映画のチケットを買っており，彼と友人たちはその日の午後その映画を見るつもりだ。ミンホは友人のジェスンがたった今アップしたばかりのおかしな写真をチェックし，笑う。彼のバスはすぐに到着する。ミンホは乗って，座り，携帯のゲームアプリを開き，耳にイヤホンを付ける。バスに乗っているミンホと同年代のほとんどの人たちが，まったく同じことをしている。

イェシムとミンホはZ世代だ。(1)彼らは「デジタルネイティブ」と呼ばれることもある，なぜなら彼らは子供の時からインターネットや携帯電話，ソーシャルメディアと共に育っているからだ。実際，多くがビデオカセットレコーダーやダイヤル式電話を見たことがない。Z世代は1990年代中頃から2000年代初頭に生まれた人々だ。彼らはまた，C世代と呼ばれることもある。Cはcontent（コンテンツ），community（コミュニティ，共同体），creative（創造的な）を表している。

彼らの両親は10代のほとんどの時間をカセットプレーヤーを聞いたり，ビデオテープを見たり，初期のテレビゲームで遊んだり，友人の家に電話をかけて過ごした。(2)しかしZ世代は毎日，一日中，オンラインで音楽，動画，ゲーム，友人とつながっている。最近の研究によると，アジアの若者は平均で1日9.5時間をオンラインで過ごしている。そしてマーケティング会社はこのことを知っている。

SNSの自分のページを開く度に，Z世代の人々は友人のアップデートや写真を見るだけではない。(3)彼らは買う興味を持つかもしれない商品の広告も目にする。マーケティング会社はソーシャルメディアサイトと協力し，自分たちの顧客がどこに住んでいるか，どんな映画や本，音楽を好むか，そして友人は誰かを見つけ出す。企業はこの情報を使って，見てもらいたい広告を顧客に見せる。

この世代の人々は，マーケティング会社が自分たちのことを非常によく知っていることをどう思っているのか。彼らはプライバシーを失うことを心配しているか。企業が彼らに物を売る方法を知っていることについて，とても心配している人はあまり多くないようだ。(4)多くのZ世代の人々は，自分たちの個人的な情報を親から秘密にすることにもっと多くの注意を払っている。たとえば，孝雄市に住むヴァレリー・チェンは，両親が彼女がオンラインでしているすべてのことを見張りたがるので動揺している。しかし両親の目は，彼女にソーシャルメディアをやめさせるのには不十分だ。ヴァレリーは，自分の使っているSNS上で両親が自分について閲覧できるものを制限する方法を知っている。

しかしながら，両親から情報を秘密にすることは，唯一の挑戦ではないかもしれない。(5)今や多くの人が，ウェブ上におかしな写真を載せることは学校を卒業して仕事を探すときに問題になりうると理解しつつある。実際にいくつかの研究によると，企業の70%以上が，ネット上で見られる求職者に関する情報が原因で，その求職者を不採用にする。Z世代の人々はソーシャルメディアと共に育ったので，自分たちの前の世代よりもネット上で自分の個人情報を守るのが上手になるかもしれない。時がたてばわかるだろう。

問　全訳下線部参照。

V （長文読解問題・自然科学的論説文：内容吟味）

（全訳）　夜空の星は固定された場所にとどまる。それらはある場所からある場所へと動かないが，時々，飛行機雲のような光の尾を残す，非常に速く動く星を見かけることがある。実際はこれは星ではない。それは地球の大気を落下するときに燃え上がる流星体だ。小さな流星体は大気中で完全に燃えて尽きてしまう。しかし宇宙から来た大きな岩は完全には燃え尽きない。代わりに，それらは地球に衝突する。地球に衝突する宇宙の岩は隕石と呼ばれる。

隕石が地球に衝突した時，クレーターと呼ばれる一種の穴を作ることがある。科学者たちは世界中で隕石によって作られた170以上のクレーターを発見した。これらのクレーターの1つは，アメリカ南西部のアリゾナの砂漠で見ることができる。このクレーターはバリンジャー・クレーターという名だが，ほとんどの人は単に隕石のクレーターと呼んでいる。バリンジャー・クレーターは世界最大のクレーターではないが，重要だ。このクレーターを研究した1人の男性は，科学者たちが隕石や隕石によって形成されたクレーターについて多くを学ぶのに役立った。

1900年代初頭，ダニエル・バリンジャーはアリゾナ砂漠の巨大なクレーターについて知った。彼はそのクレーターが巨大な隕石によって作られたに違いないと思った。彼はまた，その隕石には多くの鉄が含まれていて，その鉄を掘って金持ちになれるかもしれないと考えた。バリンジャーは会社を作り，掘り始めた。クレーターの中や周りで鉄を探す時に，バリンジャーは岩やクレーターの形を研究した。彼は自分が発見した多くの物を他の科学者たちに説明した。このようにして私たちの隕石やクレーターに関する知識が大いに増えた。それは皆にとって良いニュースだった。

しかしバリンジャーには悪いニュースがあった。彼は探していた鉄を決して見つけることがなかった。彼はアリゾナにクレーターを作り出した巨大な行方不明の隕石を探して，大金を失った。現在，科学者たちはバリンジャーが隕石を見つけられなかった理由を知っていると思っている。バリンジャーは巨大な隕石を探していたが，実際は，そのクレーターを作った隕石はバリンジャーが推測したよりもずっと小さかったのだ。それはおそらく直径25～30メートルだったようだ。地下のかけらはどれも小さいので，誰ももはやその隕石を掘り当てようとはしない。科学者たちはクレーターの底の地下にほんの小さな隕石のかけらが残っていると信じている。

1「筆者は，隕石は流星体より大きいと述べている」 第1段落第5～8文参照。

2「文章によると，ダニエル・バリンジャーは隕石が自分を金持ちにしてくれると考えた」 第3段落第3文参照。

3「バリンジャーのおかげで科学者たちは隕石やクレーターについて新しいことを学んだ」 第2段落最終文および第3段落第6，7文参照。

4「筆者は，大量の鉄が含まれた隕石を掘り出すのは不可能だ，と述べている」 最終段落最終文参照。

5「この読み物は地球に衝突した隕石に関するものだ」 第1段落は流星体と隕石の説明，第2段落から最終段落はバリンジャー・クレーターについて述べている。

Ⅵ （長文読解問題・紹介文：内容吟味，語句整序，関係代名詞，文補充・選択，語句補充・選択，間接疑問，内容一致）

（全訳） ガレージセールに出された古い自転車の何かが，10歳のジャスティン・レボの目を捕らえた。それは20インチのモトクロス用自転車だった。ジャスティンは所有者と話して6ドル50セントに値下げしてもらい，母親のダイアンにその自転車を車の後ろに乗せるのを手伝ってもらった。家に着くと，彼は自転車を運転してガレージに行き，父親に誇らしげに見せた。

ジャスティンと父はガレージの作業スペースをきれいにし，その古い自転車を棚に乗せた。彼らは古い塗装が取れるまでフレームをこすり，明るい色に塗った。壊れたペダルを取り替え，新しい座席をしっかりと取り付け，ハンドルのグリップを修復した。約1週間でそれは新品のように見えた。

①すぐに彼はその自転車のことを忘れた。しかし，まさにその翌週に彼はガレージセールでもう1台の自転車を買って修理した。しばらくして，自分がどちらの自転車もあまり使っていない，ということが気にかかるようになった。そして彼は古い自転車に乗ることがあまり好きではないということに気付いた。彼は古くて壊れている物から新しくて役に立つ物を作るという挑戦が好きなのだった。

ジャスティンはそれらをどうしようか悩んだ。それらはガレージの中で場所を取っていた。彼はもっと幼かった頃，キルバーチャン少年の家という大きなレンガの建物の近くに住んでいたことを思い出した。そこは何らかの理由で②親が面倒を見られない少年のための場所だった。

彼は電話帳でキルバーチャンを見つけ，施設長に電話し，施設長は少年たちは2台の自転車をもらって喜ぶだろう，と言った。翌日ジャスティンと母親がホームで自転車を下ろすと，2人の少年が彼らに挨拶しようと競って出てきた。彼らは自転車に飛び乗り，半円の私道の周りを走り始め，ウィリーをしたり，笑ったり，叫んだりした。

レボ家の2人は彼らをしばらく見て，それから車に乗り込んで家に帰ろうとした。少年たちは後ろから大声で「待って！　③自転車を忘れてるよ！」と叫んだ。ジャスティンは，その自転車は彼らが持っていていいと説明した。「彼らは本当に喜んでいました」とジャスティンは覚えている。「彼らは信じられないようでした。彼らが喜んでいるのを見るだけで，僕は良い気持ちになりました」

家に帰る途中，ジャスティンは④黙っていた。母は彼が満足な気分にふけっているのだと思った。しかし彼はあの自転車が中に運び込まれ，みんなが見たらどうなるのかと考えていた。誰が自転車を手に入れるのか，どうやって子供たちみんなで決められるだろうか。2台の自転車が多くの問題を引き起こしかねない。実際のところ，自転車を組み立てるのはそれほど難しくなかった。楽しかった。もしかしたら自分はもっとできるかもしれない…

「ママ」 ジャスティンは自宅のある通りに入ってくる時に言った。「僕に考えがある。クリスマスにキルバーチャンの男の子たち全員に自転車を作るよ」 ダイアン・レボは横目でジャスティンを見た。彼がそこまで決然としているのを彼女は見たことがなかった。

彼らが帰宅すると，ジャスティンはキルバーチャンに電話して少年たちが何人そこで暮らしているか聞いた。21人だった。すでに6月下旬だった。彼には(B)19台の自転車を作るのに(A)6か月しかない。それはほとんど(C)1週間に1台だ。ジャスティンはホームに電話をかけ直し，自分の計画について話した。「彼らは僕がそんなことをできるはずがないと思っていると，僕にはわかりました。でも自分ではできるとわかっていました」とジャスティンは思い出す。

ジャスティンは，自転車を作ることができる最高の公算は，ゼネラル・モーターズやフォードが車を作る方法だとわかっていた。組み立てラインだ。1台の良い自転車を作るのに十分なパーツを生むには3台か4台の古い自転車が必要だろうと計算した。それは60台から80台の自転車ということだ。彼はどこでそれらを手に入れることができるだろうか。

ガレージセールが唯一の望みのように思われた。その時は6月で，夏の間中ガレージセールがあるだろう。しかしたとえ彼がそれほどたくさんの自転車を見つけることができたとしても，どうやって支払うことができるのか。数百ドルするだろう。

彼はある提案を持って両親のところへ行った。彼の母親が言う。「もっと幼かった頃，ジャスティンは困っている人を助けるためにお小遣いのいくらかをあげていました。ジャスティンが1ドル寄付するごとに彼の父親と私も1ドル寄付したものです。そこで彼は私たちに昔と同じようにできないかとたずねました。彼が古い自転車を買うのに使う金額と同額を私たちが出してくれないかと。私たちは承諾しました」

ジャスティンと母はガレージセールや中古品店で安い自転車を探して6月と7月のほとんどを費やした。彼らが自転車を家に持ち帰ると，ジャスティンが庭でそれを分解し始めた。

しかし8月の始めまでに彼はなんとか10台を作れただけだった。夏休みはもうすぐ終わりで，まもなく学校と宿題が彼の時間に食い込んでくるだろう。ガレージセールは寒くなってくるとなくなってしまい，ジャスティンはお金が尽きていた。それでも彼は何か方法を見つけようと決心していた。

D8月の終わりにジャスティンは休みを取った。近所の人が地元の新聞社に手紙を書いてジャスティンの計画を詳しく伝え，編集者がそれは良い話になるだろうと考えた。彼女は自分の記事の中で見知らぬ子供を助けるために夏休みをささげている少年について称賛し，ジャスティンが自転車とお金を必要としていることを書き，彼の自宅の電話番号を載せた。

E一晩ですべてが変わった。「電話が100回ぐらいあったにちがいありません」とジャスティンは言う。「人々は僕に電話をかけてきて，古い自転車を引き取りに来てくれないかと言いました。また，僕がガレージで作業していると，ステーションワゴンが止まって，ドライバーが数台の自転車を道路の縁石に置いて行ってくれました。それは雪だるま式に増えました」

F クリスマスの前の週に，ジャスティンは21台のうちの最後の自転車をキルバーチャンに届けた。再び，少年たちがホームから競って出てきて自転車に飛び乗り，雪の中を駆け回った。

そしてもう一度，彼らの喜びがジャスティンに刺激を与えた。彼らは⑤彼に自転車が自分にとってどれほど大切か思い出させた。車輪は自由を意味する。自由がほとんどない暮らしをしているこれらの少年たちにとって，自転車に乗れる自由はずっと多くの意味があるにちがいないと彼は考えた。彼は組み立て続けることに決めた。

「最初に僕は母が話してくれた養護施設の子供たちのために11台の自転車を作りました。それから僕はエイズの子供たちのために小さい自転車10台と三輪車を作りました。それからパターソン団地のために23台の自転車を作りました」

ジャスティン・レボは始めてから4年で150台から200台の自転車を作り，そのすべてをあげている。彼は宿題，友達，コイン収集，新しく興味を持つようになった海洋生物学，そしてもちろん自分の自転車のために，時間を残しておくよう注意している。

記者やインタビュアーはジャスティン・レボに何度も同じ質問をする。「⑥なぜ君はそうするのですか」と。その質問は彼を不快にさせるようだ。それはまるで彼らが彼に自分は何て素晴らしい人間なのかと言わせたいかのようだ。彼らの話はいつも彼を聖人のように見せるが，自分は聖人ではないと彼は知っている。「もちろん，僕が自転車を作るのは良いことです」と彼は言う。「だってそうする必要はないのだから。でも僕はそうしたいんです。ある意味，僕はそれを自分のためにしています。もし自分が幸せな気分になれないなら，他の人を助けることなど何もできないと思います」

「僕の自転車を手に入れた子供が『自転車は本みたいだ。まったく新しい世界を開けてくれる』と言うのを，偶然耳にしたことがあります。僕もそのように思います。その子もそのように感じたと知って，僕はうれしくなりました。それが僕がそうする理由です」

重要 問1　同段落最終文参照。同じの趣旨のア「彼は自転車を組み立てるという挑戦を終えたから」が適切。

やや難 問2　whose は所有格の関係代名詞で先行詞は boys である。look after ～「～を世話をする」 for one reason or another「何かの理由で」

問3　ホームの少年たちは，ジャスティンがその自転車を自分たちにくれたとは思わず，ジャスティンが自転車を忘れていると思った。

問4　2つ後の文参照。考え事をしていたので，黙っていた。silent「静かな，黙って」

問5　(A)　その時は6月下旬だったので，12月のクリスマスまでは6か月。　(B)　21人の少年のために21台の自転車が必要だが，すでに2台プレゼントしているので，残りは19台。　(C)　空所直前の a は「～につき」を表す。a bike a week なら「1週間に自転車1台」。

問6　全訳下線部参照。

問7　〈remind ＋人＋間接疑問〉「(人)に～を思い出させる」〈how ＋形容詞〉「どれほど～か」

問8　空所⑥から文末までジャスティン自身が自転車を作る理由を述べていることから，エが適切。

重要 問9　ア「ジャスティンは自転車が捨てられてしまうのを防ぐことが好きだった」(×)　イ「ジャスティンは，キルバーチャン・ホームの少年たちが自転車をとても楽しんでいることに喜んだ」(○)　ウ「ジャスティンは自転車を集めるという挑戦が好きだった」エ「ジャスティンは自転車を作り続けることに決めた，なぜならどれほど稼ぐことができるか知っていたからだ」(×)　オ「ジャスティンは他の人のために何かをする満足感が大好きだった」(×)　カ「ジャスティンは自転車を修理するだけでなく，他に多くのことをして自分の時間を過ごした」(○)　空所⑥の

直前の段落参照。　キ「ジャスティンは両親にするように言われたので，他の人々を助けることにした」(×)

★ワンポイントアドバイス★

Ⅳの長文読解問題は，Z世代と呼ばれる若者たちを紹介する文。近年，このようにコンピュータ，インターネット，スマホ，SNSなどに関する文章が出題されるようになっている。現代社会の重要テーマの1つとして関心を持とう。

＜国語解答＞《学校からの正答の発表はありません。》

一　問一　身ひとつの勘と技で仕事をする人(15字)　問二　口で教える　問三　自分の体を使って発見した(12字)　問四　d　問五　A　ウ　B　オ　C　イ　問六　型を盗む　問七　(例)　いくつもの生きた木を組み合わせて使うために，自分の扱う木の育ちや加工したときの変化を，その木を持っただけでじかに感じられるようになること。

問八　エ　問九　独学する心　問十　木にも石にもじかに触れるということがない(20字)　問十一　愛情　問十二　(例)　世の中には，できることとできないことがあるが，素人にはそれがわかっていない。　問十三　その中でで　問十四　(例)　身ひとつ，心ひとつである分野に入り込んでも，できるのはわずかなこと。　問十五　目標とする～やってみる　問十六　生涯愛読して悔いのない(11字)　問十七　没頭　問十八　ウ

問十九　西洋の近代　問二十　イ・オ・キ

二　①　島　②　歯　③　虫　④　棒　⑤　身

三　①　抽象　②　華美　③　倹約　④　模倣　⑤　理論

四　①　楼閣　②　雇(う)　③　阻止　④　交錯　⑤　娯楽　⑥　殊勝

⑦　卑劣　⑧　はか(って)　⑨　おこた(る)　⑩　しゃめん

＜国語解説＞

一　(論説文ー内容吟味，文脈把握，指示語，接続語，脱語補充，語句の意味，修飾語，品詞)

問一　「これは，高橋さんに」で始まる段落に大工と建築士の違いが述べられ，建築士は「知識と計算で物事を考える人」，大工は「身ひとつの勘と技で仕事をする人」とある。

問二　「ここで君たちに」で始まる段落に，大工の技は口頭で教えると「死んでしまう」ものだと述べている。高橋さんの先輩の大工たちはそのことを知っていたので，あえて口で教えなかったのである。

問三　大工として一人前と言われるには，知識よりも技が必要である。その技については，「ここで君たちに」で始まる段落に，自分の体を使って発見したものは，知識ではなく，身についた自分の技になっているとある。

問四　「その」は指示語で，文章の主語にすることはできず，常に直後の体言を修飾する連体詞である。dが同様に連体詞。aとcは文章の主語にすることができる代名詞。bは直後の用言(ここでは「なった」)を修飾する副詞。

問五　Aは，前文に理由，後文にそこから導かれる結論が書かれている。Bは，大工が技を身につける過程が時間の順に書かれていることに着目する。Cは，これまでの内容とは逆のことを導い

ている。

問六　「私は大学で」で始まる段落の後半に着目する。「学ぶ側の人が，見抜いて型を盗む。それしかできない」とある。大工の高橋さんが技を見て修得したようにも大学での学問も同様の方法が要求されるのである。

問七　「木を読む」とは，その木の独特の性質を理解して，大工として適切に用いることである。そのために具体的にしなければならないことが「人間の体は」で始まる段落の後半に書かれているので，この部分をもとにまとめる。

基本　問八　「近代以降」と，それぞれの語とを順につなげてみて，うまく意味の上でつながる最も離れた位置にある語を答える。

問九　冒頭以下の三段落において，独学をする心の重要性と，現代はその心が失われてしまった時代であることが述べられる。大工の高橋さんの話題も，これを具体的に読者に理解させる目的で書かれたものである。この内容を読み取って考える。

問十　傍線部は，自然と深く接することで，自然を自分の味方につけるという内容である。これと対照的な接し方は，自然を直接相手にせず，単に机上の理論や数字だけですませる建築士の仕事であることが，これより後に述べられている。

問十一　自然の分野では存在しないものを，「敬意」と並列する抽象的名詞から考える。

問十二　この段落の高橋さんの意見をまとめる。自然が与えるものの性質に従えば，科学技術の進歩に関わらず，できることとできないことがあると述べている。

やや難　問十三　傍線部では，科学技術の進歩によって，すべてのことができるようになると述べているので，これと対照的な内容は，すべてのことができるようになるわけではないことになる。こうした意味をもつ一文を探す。

問十四　科学技術にもできないことがあり，学問でも考えられないことがある。社会において担う仕事もこれと同様で，「できることがどんなわずかなことか……知っている」とある。この内容をまとめるとよい。

問十五　大工の技をつける場合でも，大学での勉強でも同じことで「学ぶ側の人が，見抜いて型を盗む」ことが重要だと述べる。ここでは勉強の話題なので，「大工の高橋さんも」で始まる段落の「勉強でもそれは同じで」以下の内容に着目する。

問十六　「古典」「一冊でもいい」とあるので書物が話題であると考える。さらにこれ以降に，筆者が学生時代にベルクソンの著書に出会い，今もそれを愛読していると書かれていることにも着目する。

基本　問十七　筆者は読みはじめた「心と体」という本に熱中して，電車の中のひとがすべて気にならなくなってしまった状態のことである。

問十八　「何をか～ん」は反語の形で，「何を～することがあろうか，いやない」。ここでは，「何を懼れることがあろうか，いや何も懼れるものなどない」という意味になる。

やや難　問十九　「西洋の近代とは」で始まる段落に，「自然を科学でねじ伏せようとしてきた」ことが述べてあり，挿入文では「人が自然の助力を得る」とあり，対照的であることに着目する。

重要　問二十　イとキは，科学的な考え方や仕事の仕方に対して懐疑的で，科学では説明ができないような人間の技を大切にする大工の考え方とは合わない。またオは「知識や計算」が誤りである。

二　（慣用句）

①「部長に新しいプランを提案したが，取り付く島もなかった」などと用いる。　②「歯が浮くようなお世辞はお断りだ」などと用いる。　③「虫の知らせなのか，途中で引き返したので事故にあわずにすんだ」などと用いる。　④「やぶから棒にそんな話をされても返答のしようがない」

などと用いる。　⑤「夏休みの最後になって宿題に追われるのは，身から出たさびだ」などと用いる。

三　(対義語)

①「具体」の対義語は，共通の性質を抜き出して一般化するという意味の「抽象」。　②「質素」の対義語は，派手でぜいたくという意味の「華美」。　③「浪費」の対義語は，金や物をむだづかいせず切り詰める意味の「倹約」。　④「創造」の対義語は，他のものをまねるという意味の「模倣」。　⑤「実践」の対義語は，筋道の通った考えという意味の「理論」。

四　(漢字の読み書き)

①「楼閣」は，高層の高い建物のこと。「砂上の楼閣」は，物事の基礎がしっかりしていなくてくずれやすいもののたとえ。　②「雇」の音読みは「コ」，熟語は「雇用」「解雇」など。　③「阻止」は，ものごとを食い止めること。　④「交錯」は，いくつものものが入りまじること。
⑤「娯楽」は，心をなぐさめ，楽しませるもの。　⑥「殊勝」は，行動や心がけがけなげで感心できること。　⑦「卑劣」は，性質や行いがずるくて下劣なこと。　⑧「諮る」は，自分より下位にあるものに意見などを求めること。　⑨「怠」の音読みは「タイ」，熟語は「怠慢」「怠惰」など。　⑩「赦免」は，罪やあやまちを許すこと。

★ワンポイントアドバイス★

一は長文だが，全体のテーマを把握すればそれほど難解ではない。一読して，タイトルや設問文・選択肢なども参考にしてキーワードを探して読み進めるとよい。

MEMO

大切なことはメモしておこうネ！

解答用紙集

○月×日　△曜日　天気（合格日和）

◆ご利用のみなさまへ
＊解答用紙の公表を行っていない学校につきましては、弊社の責任において、解答用紙を制作いたしました。
＊編集上の理由により一部縮小掲載した解答用紙がございます。
＊編集上の理由により一部実物と異なる形式の解答用紙がございます。

人間の最も偉大な力とは、その一番の弱点を克服したところから生まれてくるものである。　──カール・ヒルティ──

東京学参株式会社

明治大学付属中野高等学校　2024年度

◇数学◇

※ 115%に拡大していただくと，解答欄は実物大になります。

1	(1)		(2)	
	(3)		(4)	$\angle x=$ 度

2	(1)		(2)	
	(3)	cm^2	(4)	$a=$ ， $b=$
	(5)			

3	(1)		答	$a=$
	(2)		答	$x=$

4	(1)	P (　　　,　　　)
	(2)	

5	ア		イ		ウ	
	エ		オ		カ	

6	(1)	cm
	(2)	cm
	(3)	cm^2

明治大学付属中野高等学校　2024年度

◇英語◇

※ 122%に拡大していただくと，解答欄は実物大になります。

I

1		2		3		4		5		6	

II

1		2		3	
4		5			

III

	A	B	C
1			
2			
3			
4			
5			
6			

IV

1		2		3		4		5	

V

1		2		3		4		5	

VI

問1		問2		問3		問4		問5		問6	

問7	

問8	

問9		

◇国語◇

明治大学付属中野高等学校　２０２４年度

※１２７％に拡大していただくと，解答欄は実物大になります。

一

問一

問二

問三　〜

問四

問五

問六

問七

問八

問九

問十

問十一

問十二　a　b

問十三

問十四　〜　から。

問十五　〜

問十六　〜

問十七

問十八

問十九

問二十

問二十一

二

①　②　③　④　⑤

三

①　②　③　④　⑤

四

①　②　③　④　⑤

⑥　⑦　⑧　⑨　⑩

明治大学付属中野高等学校　　2023年度

◇数学◇

※ 102%に拡大していただくと，解答欄は実物大になります。

1	(1)		(2)	
	(3)	$x=$	(4)	点

2	(1)	$k=$	(2)	$a=$　　　，$b=$
	(3)	$\angle x=$　　　度	(4)	
	(5)		(6)	$n=$

3	ア		イ		ウ	

4	(1)	g		
	(2)		答	$x=$

5	(1)	cm^3
	(2)	cm

6	(1)	
	(2)	E (　　　　,　　　　)
	(3)	

明治大学付属中野高等学校　2023年度

◇英語◇

※ 122％に拡大していただくと，解答欄は実物大になります。

I

1		2		3		4		5		6	

II

1		2		3	
4		5			

III

	A	B	C
1			
	A	B	C
2			
	A	B	C
3			
	A	B	C
4			
	A	B	C
5			
	A	B	C
6			

IV

1		2		3		4		5	

V

1		2		3		4		5		6	

VI

問1		問2		問3		問4		問5		問6		問7	

問8	①	②

◇国語◇

明治大学付属中野高等学校　２０２３年度

※ １２７%に拡大していただくと，解答欄は実物大になります。

一

問一 〜

問二 〜 すること。

問三 A B

問四

問五

問六

問七

問八

問九

問十

問十一

問十二

問十三

問十四

問十五 なおさら です。

問十六

問十七 〜 考え方。

問十八

問十九

問二十

問二十一

二

① ② ③ ④ ⑤

三

① → →
② → →
③ → →
④ → →
⑤ → →

四

① ② ③ ④ ⑤ ⑥ ⑦ ⑧ ⑨ ⑩

※ 120%に拡大していただくと，解答欄は実物大になります。

1	(1)	$x=$	(2)	
	(3)		(4)	

2	(1)	$\angle ADC=$ 度	(2)	
	(3)	$\angle AED=$ 度	(4)	$a=$ ，$b=$
	(5)		(6)	$x=$ ，$y=$ ，$a=$

3	(1)	cm^2
	(2)	① ② 答 cm

4	(1)	
	(2)	A（　　　　，　　　　）
	(3)	

5	(1)	$a=$			
	(2)	ア		イ	
		ウ		エ	
		オ			

明治大学付属中野高等学校　2022年度

◇英語◇

※ 133％に拡大していただくと，解答欄は実物大になります。

I

1		2		3		4		5		6	

II

1		2		3	

4		5	

III

	A	B	C
1			
	A	B	C
2			
	A	B	C
3			
	A	B	C
4			
	A	B	C
5			
	A	B	C
6			

IV

1		2		3		4		5	

V

1		2		3		4		5	

VI

問1		問2		問3		問4	

問5	

問6		問7	

問8	

問9		問10	

◇国語◇

明治大学付属中野高等学校　２０２２年度

※１２８％に拡大していただくと、解答欄は実物大になります。

一

問一　問二　問三　問四　問五　問六　問七　問八　問九　問十　問十一　問十二　問十三（⑫　⑬）　問十四　問十五　問十六　問十七　問十八　問十九　問二十　問二十一

二

① 記号　漢字
② 記号　漢字
③ 記号　漢字
④ 記号　漢字
⑤ 記号　漢字

三

①　②　③　④　⑤

四

①　②　③　④　⑤
⑥　⑦　⑧　⑨　⑩

明治大学付属中野高等学校　2021年度

◇数学◇

※ 112%に拡大していただくと，解答欄は実物大になります。

1	(1)		(2)	
	(3)	$n=$	(4)	分

2	(1)	$n=$	(2)	$\angle x=$ 度
	(3)		(4)	

3	(1)		答	$x=$

3	(2)	

4	(1)		(2)	
	(3)			

5	(1) ア		(1) イ	
	(2)	$x =$ 　　　　, $y =$		

6	(1)		(2)	

明治大学付属中野高等学校　2021年度

◇英語◇

※ 130%に拡大していただくと，解答欄は実物大になります。

Ⅰ

1		2		3		4		5		6	

Ⅱ

1		2		3	
4		5			

Ⅲ

	A	B	C
1			
2			
3			
4			
5			
6			

Ⅳ

1		2		3		4		5	

Ⅴ

1		2		3		4		5	

Ⅵ

問1		問2		問3		問4	

問5	

問6	

問7	

問8		問9		

明治大学付属中野高等学校　２０２１年度

※１３２％に拡大していただくと、解答欄は実物大になります。

◇国語◇

一

問一　問二　問三　問四

問五　　　　　　　　　　ということ。

問六　Ⅰ　Ⅱ

問七　A　B　C

問八

問九

問十

問十一

問十二　⑩　⑪

問十三

問十四

問十五

問十六

問十七　⑯　⑰

問十八

問十九

問二十

二

①　②　③　④　⑤

三

①　②　③　④　⑤

四

①　②　③　④　⑤

⑥　⑦　⑧　める　⑨　⑩　て

明治大学付属中野高等学校　2020年度　◇数学◇

※124%に拡大していただくと，解答欄は実物大になります。

1	(1)		(2)	
	(3)		(4)	$a=$

2	(1)	通り	(2)	$a=$　　，$b=$	(3)	cm
	(4)	cm^2	(5)	(　　，　　)	(6)	km

3	(1)	cm
	(2)	途中式や考え方 答　　cm

4	(1)	AB=	(2)	C(　　,　　)

5	人

6	(1)	倍	(2)	$x=$

明治大学付属中野高等学校　2020年度　◇英語◇

※136％に拡大していただくと，解答欄は実物大になります。

I

1		2		3		4		5		6	

II

1		2		3		4	
5							

III

	A	B	C
1			
2			
3			
4			
5			
6			

IV

1		2		3		4		5	

V

1		2		3		4		5	

VI

問1		問2		問3		問4		問5	
問6									
問7		問8		問9					

◇国語◇

明治大学付属中野高等学校　２０２０年度

※１４５％に拡大していただくと、解答欄は実物大になります。

一

問一

問二

問三

問四

問五　　点と　　点。

問六　A　B

問七

環境破壊の問題	
社会的な問題	

問八

問九

問十

問十一

問十二

問十三　マレーシア政府が

問十四

問十五

問十六

問十七　　こと。

問十八

問十九

問二十

二

①	②	③	④	⑤

三

①	②	③	④	⑤

四

①	②	③	④	⑤
⑥	⑦	⑧	⑨	⑩

※この解答用紙は137％に拡大していただくと，実物大になります。

４．５．６の解答欄は裏面にあります。

1	(1)		(2)			
	(3)			(4)	$k=$	

2	(1)	$a=$ ， $b=$		(2)	
	(3)		(4)	小学生 人	中学生 人	高校生 人

	(1)	(2)
3	途中式	途中式
	C（ ， ）	四角形 ABP' P'' の面積

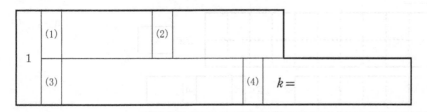

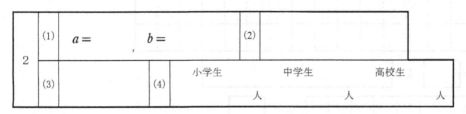

4	(1)	cm	(2)	cm

5	(1)	cm^2	(2)	AE : EF : FC = : :

6	(1)	cm^2	(2)	cm

明治大学付属中野高等学校　　2019年度

◇英語◇

※この解答用紙は137％に拡大していただくと，実物大になります。

I

1		2		3		4		5		6	

II

1		2		3		4	
5							

III

	A	B	C
1			
2			
3			
4			
5			
6			

IV

1		2		3		4		5	

V

1		2		3		4		5	

VI

問1		問2		問3		問4		問5	

問6	
問7	

問8		問9		問10	A		B	

◇国語◇

明治大学付属中野高等学校　２０１９年度

※この解答用紙は１３３％に拡大していただくと、実物大になります。

一

問一

問二　問三

問四　〜

問五　問六　問七　⑥　⑦　⑧

問八

問九

問十　問十一　問十二　問十三

問十四　問十五　問十六

問十七

問十八

問十九　問二十　問二十一

二

①　②　③　④　⑤

三

①　記号　②　記号　③　記号

④　記号　⑤　記号

四

①　②　③　④　⑤

⑥　⑦　⑧　⑨　⑩　れて

明治大学付属中野高等学校　平成30年度　◇数学◇

※この解答用紙は137％に拡大していただくと，実物大になります。

1	(1)		(2)	$x=$
	(3)		(4)	$a=$

2	(1)	度	(2)	$x=$　　, $y=$	(3)	$x=$
	(4)		(5)		(6)	cm^2

3		答	

4	(1)	C(　　　,　　　)	(2)	△OAB : △ABC　=　　　:
	(3)			

5番の解答欄は裏面にあります。

5	(1)	ア					
		イ		ウ		エ	
		オ					
	(2)	cm					
	(3)	cm					

○推定配点○　1・2　各5点×10　　3　10点　　4　各7点×3
5　(1)　各1点×5　　(2)・(3)　各7点×2　　　計100点

/100

明治大学付属中野高等学校　　平成30年度

◇英語◇

※この解答用紙は145％に拡大していただくと，実物大になります。

I

1		2		3		4		5		6	

II

1		2		3		4	
5							

III

	A	B	C
1			
2			
3			
4			
5			
6			

IV

1		2		3		4		5	

V

1		2		3		4		5	

VI

問1		問2		問3	
問4		問5		問6	
問7					
問8				問9	

◯推定配点◯　Ⅰ・Ⅱ　各2点×11　Ⅲ～Ⅵ　各3点×26　計100点

100

◇国語◇

明治大学付属中野高等学校　平成30年度

※この解答用紙は139%に拡大していただくと、実物大になります。

一

問一

問二 　　から。

問三 A　B

問四

問五

問六

問七

問八

問九 a　b　c

問十

問十一

問十二

問十三

問十四

問十五 X　Y

問十六 →　→　→　→

問十七

問十八

問十九

問二十 　　という理論。

問二十一

二

①　②　③　④　⑤

三

①　②　③　④　⑤

四

①　②　③　④　⑤

⑥　⑦ てる　⑧　⑨　⑩

○推定配点○　一　問二・問五・問十二・問十四・問十五・問十六・問十七　各3点×7
問二十　5点　　他　各2点×17
二　各2点×5
三　各2点×5　　四　各2点×10　　計100点

/100

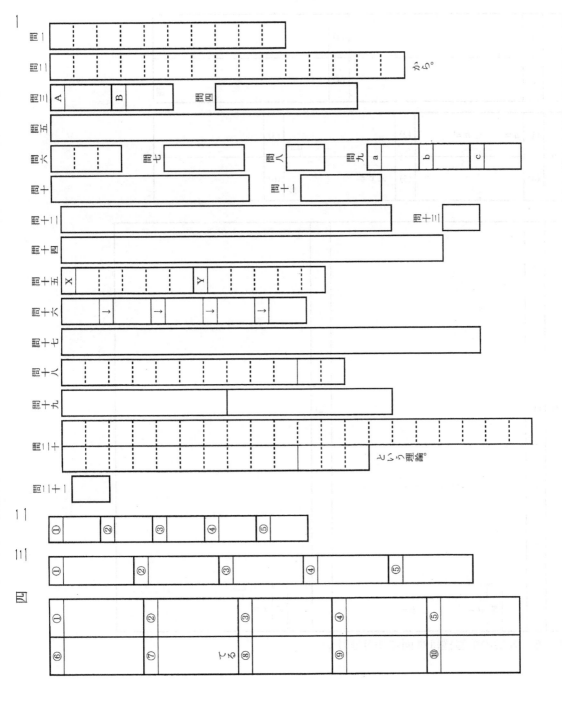

明治大学付属中野高等学校　　平成29年度

◇数学◇

※この解答用紙は137%に拡大していただくと，実物大になります。

1	(1)		(2)	
	(3)		(4)	個

2	(1)	$a=$　　，$b=$	(2)	cm^2	(3)	
	(4)		(5)	$\angle x=$　　度	(6)	

3	(1)	答　$a=$　　，$b=$	(2)	答　$x=$

4，5，6番の解答欄は裏面にあります。

4	(1)		(2)	$x =$

5	(1)	C(　　　　,　　　　)	(2)	P(　　　　,　　　　)

6	(1)	cm	(2)	cm^2

○推定配点○　1・2　各5点×10　　3　各7点×2　　4　(1)　5点　　(2)　7点
5　各6点×2　　6　各6点×2　　計100点

/100

明治大学付属中野高等学校　平成29年度

◇英語◇

※この解答用紙は145％に拡大していただくと，実物大になります。

I

1		2		3		4		5		6	

II

1		2		3		4	
5							

III

	A	B	C
1			
2			
3			
4			
5			
6			

IV

1		2		3		4		5	

V

1		2		3		4		5	

VI

問1

問2

問3　問4　問5 A B C　問6

問7

問8　問9

○推定配点○　Ⅰ・Ⅱ　各2点×11　Ⅲ～Ⅵ　各3点×26（Ⅵ問5は完答）　計100点

/100

平成29年度　明治大学付属中野高等学校

※この解答用紙は139%に拡大していただくと、実物大になります。

◇国語◇

一

問一

問二

問三

問四

問五　A　B　C

問六

問七

問八

問九

問十

問十一

問十二

問十三

問十四

問十五　～

問十六

問十七

問十八

問十九

問二十

二

①　②　③　④　⑤

三

①　②　③　④　⑤

四

①　②　う　③　④　⑤

⑥　⑦　⑧　って　⑨　る　⑩

◎推定配点◎　一　問五　各1点×3　他　各3点×19

二　各2点×5

三　各2点×5

四　各2点×10　計100点

/100

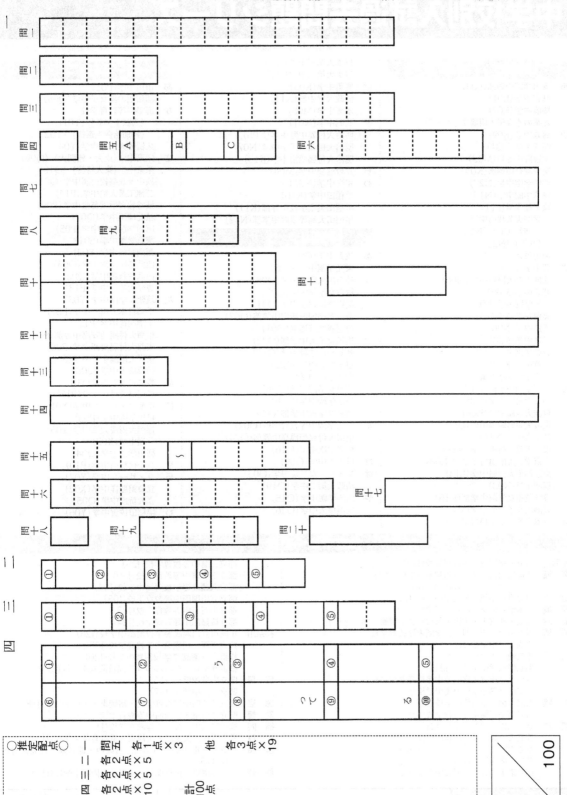

東京学参の
中学校別入試過去問題シリーズ

＊出版校は一部変更することがあります。一覧にない学校はお問い合わせください。

東京ラインナップ

あ　青山学院中等部(L04)
麻布中学(K01)
桜蔭中学(K02)
お茶の水女子大附属中学(K07)
か　海城中学(K09)
開成中学(M01)
学習院中等科(M03)
慶應義塾中等部(K04)
啓明学園中学(N29)
晃華学園中学(N13)
攻玉社中学(L11)
国学院大久我山中学
（一般・CC）(N22)
（ＳＴ）(N23)
駒場東邦中学(L01)
さ　芝中学(K16)
芝浦工業大附属中学(M06)
城北中学(M05)
女子学院中学(K03)
巣鴨中学(M02)
成蹊中学(N06)
成城中学(K28)
成城学園中学(L05)
青稜中学(K23)
創価中学(N14)★
た　玉川学園中学部(N17)
中央大附属中学(N08)
筑波大附属中学(K06)
筑波大附属駒場中学(L02)
帝京大中学(N16)
東海大菅生高中等部(N27)
東京学芸大附属竹早中学(K08)
東京都市大付属中学(L13)
桐朋中学(N03)
東洋英和女学院中学部(K15)
豊島岡女子学園中学(M12)
な　日本大第一中学(M14)
日本大第三中学(N19)
日本大第二中学(N10)
は　雙葉中学(K05)
法政大学中学(N11)
本郷中学(M08)
ま　武蔵中学(N01)
明治大付属中野中学(N05)
明治大付属八王子中学(N07)
明治大付属明治中学(K13)
ら　立教池袋中学(M04)
わ　和光中学(N21)
早稲田中学(K10)
早稲田実業学校中等部(K11)
早稲田大高等学院中学部(N12)

神奈川ラインナップ

あ　浅野中学(O04)
栄光学園中学(O06)
か　神奈川大附属中学(O08)
鎌倉女学院中学(O27)
関東学院六浦中学(O31)
慶應義塾湘南藤沢中等部(O07)
慶應義塾普通部(O01)
さ　相模女子大中学部(O32)
サレジオ学院中学(O17)
逗子開成中学(O22)
聖光学院中学(O11)
清泉女学院中学(O20)
洗足学園中学(O18)
捜真女学校中学部(O29)
た　桐蔭学園中等教育学校(O02)
東海大付属相模高中等部(O24)
桐光学園中学(O16)
な　日本大中学(O09)
は　フェリス女学院中学(O03)
法政大第二中学(O19)
や　山手学院中学(O15)
横浜隼人中学(O26)

千・埼・茨・他ラインナップ

あ　市川中学(P01)
浦和明の星女子中学(Q06)
か　海陽中等教育学校
（入試Ⅰ・Ⅱ）(T01)
（特別給費生選抜）(T02)
久留米大附設中学(Y04)
さ　栄東中学(東大・難関大)(Q09)
栄東中学(東大特待)(Q10)
狭山ヶ丘高校付属中学(Q01)
芝浦工業大柏中学(P14)
渋谷教育学園幕張中学(P09)
城北埼玉中学(Q07)
昭和学院秀英中学(P05)
清真学園中学(S01)
西南学院中学(Y02)
西武学園文理中学(Q03)
西武台新座中学(Q02)
専修大松戸中学(P13)
た　筑紫女学園中学(Y03)
千葉日本大第一中学(P07)
千葉明徳中学(P12)
東海大付属浦安高中等部(P06)
東邦大付属東邦中学(P08)
東洋大附属牛久中学(S02)
獨協埼玉中学(Q08)
な　長崎日本大中学(Y01)
成田高校付属中学(P15)
は　函館ラ・サール中学(X01)
日出学園中学(P03)
福岡大附属大濠中学(Y05)
北嶺中学(X03)
細田学園中学(Q04)
や　八千代松陰中学(P10)
ら　ラ・サール中学(Y07)
立命館慶祥中学(X02)
立教新座中学(Q05)
わ　早稲田佐賀中学(Y06)

公立中高一貫校ラインナップ

北海道　市立札幌開成中等教育学校(J22)
宮　城　宮城県仙台二華・古川黎明中学校(J17)
市立仙台青陵中等教育学校(J33)
山　形　県立東桜学館・致道館中学校(J27)
茨　城　茨城県立中学・中等教育学校(J09)
栃　木　県立宇都宮東・佐野・矢板東高校附属中学校(J11)
群　馬　県立中央・市立四ツ葉学園中等教育学校・
市立太田中学校(J10)
埼　玉　市立浦和中学校(J06)
県立伊奈学園中学校(J31)
さいたま市立大宮国際中等教育学校(J32)
川口市立高等学校附属中学校(J35)
千　葉　県立千葉・東葛飾中学校(J07)
市立稲毛国際中等教育学校(J25)
東　京　区立九段中等教育学校(J21)
都立大泉高等学校附属中学校(J28)
都立両国高等学校附属中学校(J01)
都立白鷗高等学校附属中学校(J02)
都立富士高等学校附属中学校(J03)
都立三鷹中等教育学校(J29)
都立南多摩中等教育学校(J30)
都立武蔵高等学校附属中学校(J04)
都立立川国際中等教育学校(J05)
都立小石川中等教育学校(J23)
都立桜修館中等教育学校(J24)
神奈川　川崎市立川崎高等学校附属中学校(J26)
県立平塚・相模原中等教育学校(J08)
横浜市立南高等学校附属中学校(J20)
横浜サイエンスフロンティア高校附属中学校(J34)
広　島　県立広島中学校(J16)
県立三次中学校(J37)
徳　島　県立城ノ内中等教育学校・富岡東・川島中学校(J18)
愛　媛　県立今治東・松山西中等教育学校(J19)
福　岡　福岡県立中学校・中等教育学校(J12)
佐　賀　県立香楠・致遠館・唐津東・武雄青陵中学校(J13)
宮　崎　県立五ヶ瀬中等教育学校・宮崎西・都城泉ヶ丘高校附属中学校(J15)
長　崎　県立長崎東・佐世保北・諫早高校附属中学校(J14)

公立中高一貫校「適性検査対策」問題集シリーズ

総合編　作文問題編　資料問題編　数と図形編　生活と科学編　実力確認テスト編

私立中・高スクールガイド
THE《ザ》 私立
私立中学＆高校の学校生活がわかる！

〈ダウンロードコンテンツについて〉

本問題集のダウンロードコンテンツ、弊社ホームページで配信しております。現在ご利用いただけるのは「2025年度受験用」に対応したもので、**2025年3月末日**までダウンロード可能です。弊社ホームページにアクセスの上、ご利用ください。
※配信期間が終了いたしますと、ご利用いただけませんのでご了承ください。

高校別入試過去問題シリーズ
明治大学付属中野高等学校　2025年度
ISBN978-4-8141-2926-3

[発行所] 東京学参株式会社
〒153-0043　東京都目黒区東山2-6-4

書籍の内容についてのお問い合わせは右のQRコードから　⇒

※書籍の内容についてのお電話でのお問い合わせ、本書の内容を超えたご質問には対応できませんのでご了承ください。

2024年5月13日　初版